U0635147

文化软权力视野下的家谱研究：
以明清安徽泾县朱氏系列家谱为样本

『全球视野中的中国软实力研究』丛书

胡　键◎主编

张爱华◎著

天津出版传媒集团

天津人民出版社

图书在版编目（CIP）数据

文化软权力视野下的家谱研究：以明清安徽泾县朱氏系列家谱为样本／张爱华著. —— 天津：天津人民出版社,2020.9
（"全球视野中的中国软实力研究"丛书／胡键主编）
ISBN 978 - 7 - 201 - 16199 - 0

Ⅰ.①文… Ⅱ.①张… Ⅲ.①家谱 - 研究 - 泾县 - 明清时代 Ⅳ.①K820.9

中国版本图书馆 CIP 数据核字（2020）第 139715 号

文化软权力视野下的家谱研究:以明清安徽泾县朱氏系列家谱为样本
WENHUA RUANQUANLI SHIYEXIA DE JIAPU YANJIU

出　　版	天津人民出版社
出 版 人	刘　庆
地　　址	天津市和平区西康路 35 号康岳大厦
邮政编码	300051
邮购电话	（022）23332469
电子信箱	reader@ tjrmcbs. com
策划编辑	王　康
责任编辑	王　玲
装帧设计	明轩文化·王烨
印　　刷	三河市华润印刷有限公司
经　　销	新华书店
开　　本	710 毫米×1000 毫米　1/16
印　　张	16.25
插　　页	2
字　　数	250 千字
版次印次	2020 年 9 月第 1 版　2020 年 9 月第 1 次印刷
定　　价	88.00 元

版权所有　侵权必究
图书如出现印装质量问题，请致电联系调换（022-23332469）

总　序

　　这里要送给读者的是关于软实力研究的系列。出版这几本册子的缘起大致在于：自 2005 年以来，本人一直在从事软实力理论研究。2008 年获得国家社科基金立项，经过 4 年的辛勤研究，发表了一系列论文，最终成果以《中国和平崛起过程中的软实力发展方略》(新华出版社，2013 年)出版。2014 年，再次获得国家社科基金的立项，这使我及我的小团队不得不对该问题继续深入研究。实际上，早在 2009 年，我就向我院领导建议建立一个专门研究软实力研究的机构或平台。但是或许是对该问题认识上的偏差而最终被搁置。当然，我们的研究并没有停下来。相反，研究在不断深化，否则，不可能在该问题上再次获得国家社科基金的立项。

　　2013 年"一带一路"倡议提出后，本团队开始把软实力与"一带一路"结合起来进行研究，同样形成了不少相关成果，包括"一带一路"的话语研究、"一带一路"的国家创新力研究、"一带一路"的风险研究等。实际上，就本人而言，早在 2007 年前后就已经在从事新丝绸之路经济带的研究。2008 年到云南省社会科学院参加有关"大陆桥"经济研究的项目评审，并提出了相关的政策建议。经过数年的研究和积累，又恰逢"一带一路"倡议的提出，2015 年底出版了《"一带一路"的战略构想及其实践研究》(时事出版社，2016 年)一书。2016 年 12 月，中央全面深化改革领导小组的会议提出重视"一带一路"软实力研究。其中重要的原因在于，有种观点把"一带一路"视为中国的全球化方案，是中国塑造国际秩序的战略，等等。这使外界对中国产生了一种畏惧感，甚至把中国视为一种威胁。在这种情形下，加强"一带一路"软实力研究可以纠正相关的错误认识。鉴于此，本团队从跨文化交流的视角来研究"一带一路"和软实力的关系，因为"一带一路"的"互通",基础就是民心相通,而跨文化交流则是民心相通的有效路径。

2017 年 3 月,在经过反复汇报、请示以后,我院终于同意成立上海社会科学院软实力研究中心。3 月 17 日,中心揭牌仪式暨"一带一路"软实力论坛召开。而在此之前,本团队获得上海社会科学院创新工程的支持,组建了"全球视野中的中国软实力研究"创新团队。这样,我院软实力研究的团队建设、机构建设暂告一段落,而把全部精力投入到数据收集、田野调查和文本研究之中。

什么是软实力?

"软实力"作为一个学术概念是美国政治学者约瑟夫·奈在 20 世纪 80 年代末 90 年代初提出来的。当时的一个重要背景是,20 世纪 70 年代,美国学术界流行着"美国衰落论",这主要是因为 70 年代苏联正处于咄咄逼人的态势,与美国在第三世界全面争夺霸权,而美国则长期陷于"越战后遗症"之中。所以"美国衰落论"似乎得到了美国主流学术界的接受。然而,约瑟夫·奈认为,美国没有衰落,而是权力发生了扩散,从硬实力扩散到软实力。因此,奈建议,要充分认识软实力的重要性,尤其是要在美国的对外行为中大力推行美国的文化和价值观。尽管奈的观点当时并没有引起重视,但他的认识无疑是前瞻性的,从这些年的实际情况来看,软实力的确成为国际竞争的主战场之一。虽然"软实力"这个概念是美国学者提出来的,但对软实力的关注、运用在中国两千多年前就开始了。《易经》中就强调:"地势坤,君子以厚德载物",即德厚方能承载万物。这实际上就是软实力。《道德经》也有相应的论述。如"天下之至尊驰骋于天地之至坚""上善若水"等。这些都强调软实力的重要性。即便是关于运用军事硬实力的《孙子兵法》也强调"不战而屈人之兵"的软实力手段。由此可见,软实力并非是外来的东西。

关于软实力的来源,奈认为是来自文化、价值和对外政策。同时奈也强调,有形的物质性资源也可能产生软实力。后来被一些学者解读为软实力必须建立在硬实力的基础之上。这个认识既对也不对。当从软实力与大国成长的关系来看,即国家的硬实力是软实力的基础,离开了硬实力,软实力也就失去根基。然而如果纯粹从学术角度来看,软实力不一定需要硬实力。例如,罗马帝国、古希腊都不存在了,但它们的文化、价值迄今对西方乃至整个世界都始终有影响;苏联作为一个国家已经不存在了,但苏联对俄罗斯、其他独联体国家,乃至东欧国家的影响依然存在。从人的角度来看也是一样,马克思、恩格斯已去世了,但他们的伟大思想依然影响着世界;老子、孔子、孟子也早已作古,但他们的思想却依然保持强大的生命力。由此可见,关于软实力与硬实力的关系要区别具体情况。

软实力的内涵是什么?

奈提出"软实力"这个概念,但缺乏理论论证,因而其理论缺陷是非常明显的。20 世纪 90 年代,软实力研究被中国学者引入中国学术界,但最初并没有引起学界的关注。一个重要的原因是,概念的"原产地"美国对此应者寥寥,而在中国最初对文化为核心内容的软实力并没有放在重要位置,更多的是关注经济发展即硬实力。当然,20 世纪 80 年代的国内学术界的确也兴起了一个"文化热"。但是当时整个国家为了解决"短缺经济"问题,尤其是要解决贫困问题,"文化热"迅速被经济发展的势头所掩盖。社会主义市场经济启动后,经济的热潮更是把经济之外的一切都遮盖了。其结果是,经济迅速崛起的时候是文化的日益贫乏。

进入 21 世纪后,社会对文化的需求日益强烈,软实力尤其是文化软实力越来越受到重视,强调增强国家软实力,实施文化强国战略。需要强调的是,无论是从党和政府的文件还是国内学术界来看,中国语境中的软实力与奈所说的软实力的内涵是大相径庭的。换言之,国内学术界所研究的软实力其内涵要远远大于奈所说的软实力。国内学术界所使用的软实力只是借用了奈的软实力的外壳,其内涵则完全"中国化"了。就其内容而言,至少包括以下方面:

一是直接由文化、价值观等无形资源产生的软实力。国内学者对这方面的研究比较多,这主要的原因是,中国有五千年的文明史,文化底蕴非常深厚,文化资源也十分丰富。可以说,中国是一个文化资源大国。不过,文化资源要成为软实力还需要一个转化的过程,更需要一种转化的能力。也就是说,文化资源大国并不一定是软实力大国,更遑论软实力强国。

二是物质性即有形的资源产生的软实力。虽然奈也有此观点,即有形的资源本身也会产生软实力,如美国是世界第一大经济体,而且美国拥有最发达的高校和研究机构,也拥有最先进的科学技术,因此,美国一直就对世界各地的优秀人才具有强大的吸引力。长期来,美国一直就是世界优秀青年的移入国。这种情况首先是因为美国拥有强大的物质性资源。又如,中国经过四十多年的改革开放经济迅速腾飞,科技实力也稳步提升,与此同时,中国的国际地位也得到了前所未有的提高。因此,中国也对世界各国的人们产生了强大的吸引力,相当多的欧美各国的人们越来越多地选择来中国创业和选择到中国定居。这就是中国经济崛起而产生的强大软实力。

三是制度资源产生的软实力。这主要是指好的制度往往能产生更大的经济绩效和社会绩效,也会使制度具有更大的吸引力和社会动员力。这里所说的制度既包括社会制度、政治体制、法律制度等,也包括工作中的运行机制,但我们研究的制度更多的是指前者。

制度作为软实力并非是奈提出软实力概念之后的事。如果我们回顾一下历史,古今中外都不断在探索国家制度,目的是寻找制度的力量,包括制度的生产力、吸引力。《马可·波罗游记》传到欧洲后形成了一股"中国热",这在相当大程度上是因为马可·波罗在东方看到了一种比西方更好的制度,或者说是中国的制度对他产生了一种强大的冲击力。后来,门罗尔萨、莱布尼茨甚至直言不讳地说,中国是世界上统治最好的帝国。这是当年"大元帝国"的制度对欧洲产生的巨大软实力。

然而鸦片战争的失败,震醒了中国一批先进分子,使他们进行反思。最初是器物上的反思,从"师夷长技以制夷"到"中学为体、西学为用"等都是在器物上的反思。及至中国在甲午中日战争的再次战败,中国知识分子开始进行制度反思,寻找一种能够使中国避免亡国灭种并能够实现富国强民的制度。戊戌变法虽然只有百日,但这是中国社会第一次对中国进行制度反思,寻找适合中国且具有强大社会动员能力的社会制度。孙中山领导的资产阶级革命也是在寻找一种美好的制度。当然,这些实践都先后失败了，直到中国共产党的诞生，中国的革命面貌才焕然一新。从此，对制度的探索，就不可推卸地落到中国共产党的肩上。

中国最终选择社会主义制度，不是偶然的，也是历史的选择、人民的选择，特别是因为社会主义制度所具有的强大软实力。过去四十多年的现代化建设取得举世瞩目的成就，原因就是中国共产党领导下的社会主义制度。正是由于坚持社会主义制度，中国才在现代化建设的伟大实践中开创了创造世界现代化奇迹的"中国道路"。

为什么要研究软实力?

对某一问题的学术研究既是实践发展的结果，更是服务实践的需要。从实践发展来看，在中共十九大召开前，社会主义初级阶段的社会主要矛盾是人民日益增长的物质文化生活需要同落后的社会生产之间的矛盾。而经过改革开放和现代化的发展之后，中国社会不仅彻底告别了"短缺经济"，而且人民的物质生活水平也有了前所未有的提高，甚至可以说，人民日益增长的物质生活的需要得到基本满足，并在此基础上人们正在追求一种高质量的幸福生活。但是人们对幸福生活追求既包括对物质生活质量的追求，更包括对文化等精神生活质量的追求。而为了提高人们的文化生活质量，就必须大力发展中国的软实力，实施文化强国战略。正是这样的客观实际促使我们必须重视软实力的研究。

中共十九大召开以后，中国共产党对当前中国社会的主要矛盾又有了新的认识，即人民日益增长的美好生活需要和不平衡不充分的发展之间的矛盾。对美好生活的追求离不开物质生活质量和文化生活质量的双重提高。只有物质生活质量的提高而缺乏高质量的文化生活，这种生活绝对是没有品位的生活，而没有品位的生活也绝对算不上美好生活。而文化生活品质的提高则是以物质生活质量的提高为基础的。而发展不平衡不充分的情形，既表现在中国发展存在着的严重二元现象，也体现在中国经济发展与文化发展的不平衡之上。换言之，无论是对美好生活的追求还是解决发展不平衡不充分的问题，都离不开文化发展和大力提升国家的软实力。恩格斯曾经指出，文化的每一个进步，都是迈向自由的进步。由此可见，中国要在解决人们对美好生活的追求与发展不平衡不充分的矛盾,就是在经济继续发展的同时,大力增强国家软实力,谋求中国文化发展,朝着人的自由的重大进步。

从服务实践的情况来看,中国经济发展方式的转变长期来没有取得实质性的成效,以至于经济发展在经历了长时期的高速增长之后已现陷入增长瓶颈的迹象。这些问题虽然出在经济上,但解决问题的入口却在经济之外,具体而言是在文化上,即劳动力素质、产业素质上面。古人说,仓廪实而知礼节,衣食足而知荣辱。但是物质生活的富足并不能直接让人"知礼节""知荣辱",提升人的素质唯一的途径就是教化。一个国家也是一样,经济等硬实力的增强尽管会在一定程度上产生一定软实力,但真正要使国家软实力的整体性提升,还必须要有专门的增强战略。反过来,国家软实力的增强则会对经济等硬实力的提升产生倍增作用。也就是说,软实力发挥得好一定是硬实力的增进器。而且也只有当硬实力与软实力平衡发展的时候,中国现代化发展进程中出现的种种二元现象才能得到有效消除,中国发展不平衡、不充分的现象才有可能消除。

此外,中国正在崛起为一个新型大国。之所以称为新型大国,就是因为中国崛起的方式、中国处理国际关系、中国与国际体系的关系等,都与西方历史上崛起的大国不一样。从崛起的方式来看,中国是和平崛起,即使硬实力与软实力平衡发展的崛起方式,而不是像西方大国那样是纯粹意义的硬实力的崛起。单纯的硬实力崛起最终就很难避免走上军事扩张的道路。从中国处理国际关系的方式来看,中国倡导构建新型国际关系,即中国强调和平、发展、合作、共赢和共商、共建、共享、共赢的国际关系,并以构建人类命运共同体为目标。从中国与国际体系的关系来看,中国从游离于国际体系之外,到有限参与,最后到全面融入,在这个过程中,中国从最初的参与者转变为积极的建设者:一方面现行的国际体系是二战后建立起来的且受西方大国主导,其不公平、不公正性显而易见,但自从中国加入其中之后,中国用自己的智慧进行处理并在其中成为最大的受益者;另一方面,中国用中国智慧来加以改革。四十多年来,中国不仅为国际体系和全球治理贡献了中国方案,而且中国将中国五千年的文明和文化浓缩成为对当今中国乃至当今世界都具有重要影响的"中国价值"。特别是当今中国已经处于国际体系的中央区域，"中国价值"也毫无疑问地受到国际社会的关注、认知，最后会在"中国价值"的积极效应之下而不得不接受"中国价值"。从这一方面来看，加强中国软实力研究必然会产生世界性意义。

怎样研究软实力？

正所谓研究有法、研无定法、贵在得法。对任何问题的研究并没有一成不变的研究方法。约瑟夫·奈研究软实力的方法绝对不能简单移植到中国的软实力研究上。尤其是他研究软实力的目的是为了向全世界推行美国的文化，对全世界用美国的价值观进行改造。由此可见，尽管奈被视为国际关系理论的新自由主义代表，且以文化为内容的软实力强调的是一种认同性力量，但奈显然是用现实主义的手段来向世界推行美国的文化和价值观。也正如他自己所说的那样，他是"一个现实主义色彩非常浓厚的自由主义学者"。我认为，奈对自己的判断是恰如其分的。

中国学者研究中国软实力的目的显然与奈是大相径庭的。中国视野中的中国软实力目的是用文化来滋养国民，提高中国的品味，从而在国际社会塑造一个健康、良好的中国形象，而绝非是要用中国文化来改革世界。诚然，中国也强调中国文化要"走出去"，但也是为了加强国际间的跨文化交流。中国文化"走出去"绝对不是用中国文化来同化其他国家、其他民族的文化。中国一直强调文化多样性是全球化的客观事实，而全球化一度被西方打上了西方的烙印，甚至全球化一度被视为是"消弭东方"的"西方化"趋势。然而从全球化的历史进程来看，那种趋势完全是西方的错觉。虽然从世界文化发展的客观实际来看，"西强中弱"依然是客观实际，但中国文化以其独特的魅力而必将获得世界的青睐。尤其是自 2008 年金融危机以来，西方陷入的困境也昭示着西方文化的困境。而与此相反，中国现代化的实践可谓"这边风景独好"，这也正是中国五千年文化在当今世界正闪烁着熠熠的光辉。这种情形将会像第一次世界大战以后一样，西方的困境将促使西方不得不从中国历史文化中寻找摆脱现实困境的智慧，这种智慧就是：尊重多样文化，谋求共同发展。

当然，在跨文化交流中，我们要对中国文化树立足够的自信。没有文化自信就难以正常地开展跨文化交流。文化自信的前提是文化自觉,也就是费孝通先生所说的"各美其美,美人之美,美美以共,天下大同"。意思就是,既要正确对待本民族的文化,又要正确对待其他民族的文化,在此基础上进行文化交流、文明对话,在文化多样的前提下实行文明互鉴,文化融合,最终走向人类的大同社会,即人类命运共同体。因此,研究中国软实力就是要为构建人类命运共同体提供中国智慧和智力支持。

丛书主编　胡键

上海社会科学院软实力研究中心主任

上海社会科学院"全球视野中的中国软实力研究"创新工程首席专家

引言:文化软权力进入家谱研究何以可能?

　　自美国学者约瑟夫·奈提出的概念 soft power 被引入中国学术界,迄今已经有二十多年,主要流行于政治学和国际关系研究中,在历史学界中却罕见其踪迹。作为上海社会科学院软实力研究中心的创新成果之一,本书在对明清家谱的典型文本进行话语解构分析的同时,还将尝试将 soft power 这一概念引入家谱研究的传统历史课题中,以便为家谱研究提供新的视角,对传统中国乡土社会的权力运作与治理模式形成更为深刻的认识。

一

　　据上海社会科学院胡键研究员对 soft power 进入中国的概念史梳理①,中国学术界,将其翻译为"软实力""软权力""软力量"。其中"软实力"最为流行,在学界流传最广;"软权力"次之,最早被王沪宁等使用,而且主要在传播早期时被使用。

　　就历史上的家谱研究而言,更倾向于"软权力"的译法。其原因如下:

　　就英文释义而言,power,主要指 possession of controlling influence。约瑟夫·奈也解释道,"根据字典的定义,权力意味着做事情、控制他者,让他者做本来不愿意的事情的能力"②。根据这一意思,显然 power 与中文中的权力对译最妥当。在中文释义中,权力与实力不同。权力相对是动态

---

　　① 参见胡键:《软实力研究在中国:一个概念演进史的考察》,《国际观察》2018 年第 6 期。

　　② [美]约瑟夫·奈:《硬权力与软权力》,门洪华译,北京大学出版社,2005 年,第 98 页。

的,是一方对另一方强大的影响力和控制力,双方之间有一种控制和服从的关系。实力则相对是静态的,是指一方的实际力量,并不一定要去压制甚至控制另一方,双方并没有直接发生控制和服从的关系。

就约瑟夫·奈的理论本身,他所描述的也是一种有别于传统权力的新的权力形式。他首先批评了传统的观点——将权力的来源单纯地界定为拥有人口、领土、自然资源、经济规模、军队和政治稳定的能力。他认为这只是一种硬权力,在全球化时代,美国还拥有一个强大的更有吸引力的第二权力——"软权力"或者叫"同化的权力","是一个国家造就一种情势,使其他国家相仿该国发展倾向并界定其利益的能力。这种权力往往来自文化和意识形态吸引力、国际机制的规则和制度等资源"。①

至于为什么软实力的译法会在中国政治学、国际关系学界更加流行。这是因为 soft power 进入中国后,软权力的翻译词汇显然与中国的现实需要不太吻合。与美国立足于影响甚至支配全球不同,中国力主和平发展,需要的是,重视文化的力量来壮大自己的"实力",而并非借助文化来打造改造外面世界的"权力"。并且对于身处"中国威胁论"漩涡的中国来说,软实力一词更加温和、中性,不像软权力那么咄咄逼人。从软权力早期的流行,到目前基本上被软实力一统天下,实际上反映的是,soft power 根据中国现实需要被中国学者逐步改造进而实现中国化的过程,胡键研究员对此已经作过精辟的分析。②

不过,以上反映的是中国政治学界、国际关系学界的情况。当 soft power 被引入历史学界,用于分析历史语境下的乡土社会的权力构成时,那么我们完全可以根据课题的需要,接近约瑟夫·奈的本义,采用"软权力"这一译法。本书认为,普遍流行于明清中国乡土社会的家谱中体现的不仅仅是一种静态的文化的软实力,更是一种动态的文化的软权力,这种文化的软权力影响和控制人们的社会生活。

---

① [美]约瑟夫·奈:《硬权力与软权力》,门洪华译,北京大学出版社,2005 年,第 106 ~ 108 页。

② 参见胡键:《软实力研究在中国:一个概念演进史的考察》,《国际观察》2018 年第 6 期。

二

产生于政治学和国际关系领域的文化软权力（软实力）的概念，有广泛的适应力，例如已被运用于区域社会学的研究中，用于分析某个区域或者城市的文化软权力。那么为什么软权力作为一种分析工具，被引入中国传统乡土社会的历史语境中也是可能的？这与传统中国皇权专制政体下的"三位一体"的权力结构有关。

自秦汉以来，中国建立起来长达两千多年的中央集权的皇权专制体制，以皇权为核心的中央对地方的统治主要通过郡县制来进行分级管理，不过，由于中国幅员辽阔，中央直接委派行政官员仅到县级，也就是国家行政管理权力主要延伸到县的层级。这就是历史学界通常说的"国权不下县"。县以下的广大乡村社会则是依靠退休在乡的绅士、宗族族老等中介力量实行的松散的柔性的社会自治，宗族是最基层的社会组织，其日常管理手段以文化教化为主。

关于中国传统社会这种"三位一体式"的结构，金观涛的研究也指出：中国传统社会之所以能实现辽阔农业社会的整合，是因为建立了以王权为中心的大一统官僚机构、绅士在县以下的自治和宗族组织这样的三层次的社会结构。其独特之处在于：宗族作为社会基层组织，绅士作为县以下自治构成社会组织的中层，有效地把以皇权为中心的官僚机构权力同基层宗族组织结合起来，儒家意识形态在维系王权、绅士和宗族三个层次整合中起到关键作用。[①]

如果说，以官僚机构、军队、监狱等国家机器作为后盾的国家行政权力可以视为硬权力，而依靠文化及意识形态教化等所实施的权力就可以视为软权力。在中国传统乡土社会，权力的主要呈现方式是依靠儒家文化等教化手段来潜移默化地整合社会和管理人、塑造人的软权力。

对于在中国乡土社会的主要权力存在形态——文化软权力的广泛存

---

① 参见金观涛：《历史的巨镜》，法律出版社，2015 年，第 101 页。

在,费孝通的研究也证实了这一点,只不过他提出的"教化性的权力",其实质与软权力有异曲同工之妙。

费孝通对中国乡土社会权力结构的分析在学术界的影响力比较大。他在《乡土中国》中提出了三种类型的权力:横暴的权力、同意的权力和教化性权力。①

"横暴的权力"是自上而下的带有压迫性质的专制权力(皇权),"同意的权力"是基于社会分工基础上的而达成契约或同意的权力(民主权力)。费孝通认为前两种权力,实际在中国基层的乡土社会中的存在是微弱的。对于横暴的权力,他说:"乡土社会里的权力结构,虽则名义上可以说是'专制'或'独裁',但是除了自己不想持续的末代皇帝之外,在人民实际生活上看,是松弛和微弱的,是挂名的,是无为的。"②对于同意的权力,他认为其基础是社会分工体系的发达,"乡土社会是个小农经济,在经济上每个农家,除了盐铁之外,必要时很可关门自给。于是,我们很可以想象同意权力的范围也可以小到'关门'的程度"③。

在此基础上,费孝通提出在传统中国乡土社会实际发挥作用的是"教化性权力"。这种权力发生在社会继替的过程中,在亲子关系中表现明显,延伸到长幼之间,每个年长的人都握有强制年幼者的教化权力,最终形成了长老统治的秩序。这种教化性的权力来源于文化,"凡是文化性的,不是政治性的强制都包含这种权力",而儒家文化无疑是"一个建筑在教化权力之上的王者"。④

费孝通对"教化性权力"的深入分析,不仅证实了中国乡土社会文化软权力的广泛存在,而且通过分析不同类型的权力的此消彼长,解释了其之所以存在的内在机理。在这片皇权硬权力控制薄弱的乡村地区,基于文化的软权力弥散式分布开来,它的行为主体当然可以来自遥远的皇帝,但是主要被是乡间的精英——士绅、地主、族老等长老人士所实际掌控,而他们主要依靠自身所在的宗族组织,对族人进行整合和管理。

----

① 参见《无为政治》《长老政治》,载费孝通:《乡土中国》,上海人民出版社,2006年。

②③ 费孝通:《乡土中国》,上海人民出版社,2006年,第52页。

④ 同上,第55页。

三

如果说，我们在理论上确认了这种文化软权力是中国传统乡土社会的普遍性的权力形态，那么在历史证据方面有没有能够捕捉这种文化软权力的载体？这样就引出了专门记录宗族历史的重要民间文献——家谱的价值问题。

如梁启超所说，中国官方的历史，以二十四史为代表，主要反映的是帝王将相的历史，对普通民众及其社会生活的着墨极其有限。中国也有很好的撰写地方志书的传统，诸如各种类型的省志、府志和县志，对民间生活有一定的反映，但是依旧是大而化之，附于表面。真正对一家一姓的源流、迁徙、传承进行记载和对每个个体的生老病死和社会生活进行记录的，则是大量留存民间的家谱了，即修谱人常说的为宗族作传的"家史"或"家乘"。这些主持修谱的人，正是宗族内的族长、退休官绅、知识分子等精英长老人士，编修家谱是他们对宗族实现整合管理和对族人实施文化软权力控制的最重要的方式。

一般而言，家谱包括"谱序与家世源流""编修凡例""家训族规""世系传承""族产登记""人物志""艺文志"等主要部分。家谱每一部分都渗透着儒家"修身齐家"的文化理念，是宗族精英们用于加强宗族凝聚力、规范族人行为、实现宗族和睦与不断壮大的重要手段。

如日本学者多贺秋五郎所做概括的，"宗谱是为了明确宗族的血缘关系、加强族人宗族意识、思念宗族的荣誉和先人的业绩、激励高昂向上的生活态度、认识宗族纵横相连的体制、传承世系而编纂的历史图籍"[1]。编修家谱想要达成的目的主要有三个方面：巩固宗族团结、激发宗族活力、维护宗族秩序。[2]第一，在巩固宗族团结方面，要加深族人对出自同一宗族的纵向关系的认识和相互之间有血缘关系的横向认识，为此需要在祖先源流、世系图、祠堂祭祀、坟山墓图等部分作出清晰的说明。第二，在激发宗族活

---

①② 参见[日]多贺秋五郎：《中国宗谱》，周芳玲、阎明广编译，中国社会出版社，2008 年，第 6 页。

力方面,需要激发族人光宗耀祖的意识,梳理榜样的力量,这一点在讲述祖先事迹的人物志和收录祖先重要作品的艺文志等处表现最为明显。第三,在维护宗族秩序方面,在家训和族规部分做了明确的规定。家训一般收录了《颜氏家训》《柳氏家训》等经典儒家名篇,重点是劝导族人品行端正,遵守孝悌人伦,教化的色彩浓厚;而族规则对族人犯错制定了家法等惩戒措施。

总之,无论是出于巩固宗族的团结、激发宗族的活力还是为了维护宗族的秩序,这些家谱的编纂意图和相关内容都清楚地显示了家谱是族老士绅等精英人士对宗族实施控制和族人进行软性治理的重要文化工具,因此也是我们研究乡土社会文化软权力的重要文献。

四

不过,本书的工作显然不是单纯说明文化软权力在乡土社会中的普遍性存在,而是研究其具体的运作,并在此过程中重点揭示其中的竞争、矛盾和对抗。无论是约瑟夫·奈还是费孝通,在论及软权力或者教化性权力时,都强调其相对于硬权力或横暴权力的"润物于无声"的非冲突性,而没有提及文化软权力在具体运作过程中引发的竞争、矛盾,甚至是对抗。实际上,从理论上讲,权力本身就意味是一种控制性力量,有控制就有反控制力量的存在,其内在的冲突是不可避免的,只不过软权力因为借助文化的手段,实施控制的形式比较隐蔽,引发的烈度也相对柔和罢了。

实际上,冷战结束后,就在约瑟夫·奈高呼美国应该重视文化软权力的作用之时,另一位战略研究大家亨廷顿已经在研究不同文明所引发的冲突,他认为,冷战后的世界中冲突的根源是文化方面的差异,主宰全球的将是"文明的冲突"。亨廷顿所说的文明是"一个最广泛的文化实体","是人们文化认同的最广范围"。同时他也指出"各个乡村、地区、种族群体、民族、宗教群体都在文化异质性的不同层次上具有独特的文化"。[①] 由此可

---

① [美]塞缪尔·亨廷顿:《文明的冲突与世界秩序的重建》,周琪等译,新华出版社,2010年,第21页。

见,文化本身是有差异的,附着于文化之上的软权力在发挥效力的过程中肯定不会是一帆风顺的;并且文化差异和文化冲突成正比,文化差异越大,越发的问题可能越大。在亨廷顿看来,当文化最大化到文明层次,全球七个主要文明体之间的冲突,可能成为引发新的世界性大战的主因。

以上我们分析的是由于文化差异带来的冲突。进一步思考,在文化基本同质的背景下,软权力的推行会不会引发冲突? 按照马克思主义的经典观点,文化虽然有其独立性,但是物质基础更为根本,其对文化等上层建筑起着决定性作用,文化在很大程度上要服务于物质基础。与之类似,法国学者福柯的权力话语观也渗透着马克思主义的思想,他揭示了在"话语(一种重要的文化呈现方式)—权力—谋利"之间的同构关系。由此可见,发生在物质利益层面的竞争性,也往往传导到了文化层面。也就是说,即便文化背景是同质的,比如我们所分析的传统中国乡土社会就是一个基本同质的文化场域,但是因为不同群体物质利益的冲突,也会导致文化上的对抗性。对参与博弈的各方来说,谁更好地掌握了文化软权力,谁就能更好地为其物质利益服务。

笔者之所以不厌其烦地论证文化软权力在推进过程中也会引发竞争、矛盾和对抗,一方面,是为了对一些家谱中呈现的令人惊讶的矛盾和冲突做理论上的分析;另一方面,也可以反过来说,这些家谱中的矛盾和冲突,从实证层面说明了文化软权力运作过程中所引发的竞争和对抗。

笔者选择的明清时期安徽泾县朱氏系列家谱,就是这样一组集中了矛盾和冲突的典型样本。除了具有时间跨度长、版本丰富、世系关联名人(朱熹)等一般性的优点外,这组样本还有一个突出的特点:本属于同一宗族的宗谱和支谱之间,竟然打起了旷日持久的笔墨官司。不同版本的编纂者之间言辞激烈、相互抨击,质疑对方家谱编纂的公正性,甚至相互展开猛烈的人身攻击。在这组样本中,家谱"敦宗睦族"的传统形象,一举被颠覆了,一幅"文化冲突"的图像清晰地呈现在世人面前。推进文化软权力建设,可能会引发不同利益方的竞争和冲突的情景也生动呈现。

以这组典型的家谱样本为基础,我们可以从多个角度分析研究文化软权力的具体运作以及由此引发的竞争和冲突。具体包括:

第一,塑造光辉的文化形象(参见第二章《名门望族的塑造》)。在地方社会中,一个宗族拥有一个古老的名门望族的世系,塑造一个人才辈出的光辉文化形象,是激发宗族团结和博得同乡人尊重的重要文化资本,而家谱的世系搭建就承担了这一功能。如果说在可以确切追溯年代的阶段,世系的构建是基本真实的话,那么进入口耳相传的远古世系阶段,就是修谱人充分发挥想象力,对世系进行文化包装的重点部位。往往在这个时候,攀附名人世系的情况就出现了。就像福柯所提醒的那样,刻意扭曲历史真相的地方,就是权力话语在发挥作用的地方。围绕远古世系作文章,极力打造出身名门的世系名片,就是软权力为了塑造光辉的文化形象而积极运作的结果。

第二,打造文化影响力(参见第三章《人物形象的升华与流转》)。人物志是地方志和家谱共有的栏目,它们之间有相互连通的渠道。通过家谱打造和文化包装族内的名人,进而争取进入地方志这一官方史志平台,可以大大提升本宗族的文化影响力。因此,对于一些家谱来说,精心书写人物志,不仅仅是立足于激励本宗族子孙后代,还着眼于进入官方史书的更大平台。打造广泛的文化影响力,也成为文化软权力发挥效力的显著方面。

第三,争夺文化诠释权(参见第四章《"入谱权"的较量》)。对于族人来说,进入家谱是享受宗族一切权利的前提。但是实际上,针对族人入谱有不少限制,各个家谱的规定也不同,由此引发了一场不同利益方竞相诠释入谱权的争夺。各方不满足于文化规则,争夺文化诠释权,是文化软权力失去整合能力而趋向失灵的表现。

第四,从文化主张引发现实冲突(参见第五章《墓图的话语表达与现实纠纷》)。许多家谱上远古的坟山墓图,本是一张模棱两可的抽象画,但是却屡屡引发宗族抢夺坟山的械斗和经年累月的诉讼。祭祀祖先的文化主张跳出家谱之外,引发了激烈的现实冲突。文化软权力的社会整合功能不仅失灵了,而且助推了社会矛盾的激化,冲突各方只能寻求官方司法硬权力的介入。

如果说,塑造文化形象,打造文化影响力,是文化软权力在发挥整合社会的正向功能的话,那么争夺文化诠释权乃至引发现实冲突,则是文化软权力趋于失灵的表现。而且在特定情形下,不仅没有发挥正向功能,反而适得其反，助推了社会矛盾走向激化。文化软权力在建设过程中所引发的竞争、矛盾和冲突尤其值得我们关注。

五

总而言之，在传统中国乡土社会的权力结构中，"国权不下县"，以皇权为核心的硬权力主要延伸到县级，这为县域以下士绅族老等依靠文化软权力实现社会整合提供了空间。但是乡土社会是以一个个血缘共同体的宗族为基本社会单位的，是高度分散的，利益是具体化的，经常为了争夺有限的地方资源，相互之间展开激烈的竞争。这种激烈的竞争反映在文化层面，就使家谱成为文化整合和反整合两种力量的矛盾体。

从整体上分析，文化软权力在发挥社会整合方面作用是成功的，基本压制住了反整合的力量，因而在上层官僚机构运作正常的大部分时间内实现了乡土社会的平稳治理。但是乡村不同宗族甚至宗族内部之间的物质利益竞争和冲突总是潜伏其中，导致文化软权力的社会整合作用失灵甚至起到反向作用，这成为乡土社会治理中不断遭遇的阵发性难题。

从历史上的乡土社会发散开来，当前中国正在进行文化软权力或者文化软实力建设，但这一过程不会是一帆风顺的。相比较而言，当前的中国所面临的形势更为复杂，除了面对不同利益主体的竞争性问题，还要加上更复杂的文化差异性问题。如果我们软权力或者软实力建设的进程操作不当、控制不好，很可能引发本国区域间发展不平衡问题，甚至是其他国家的不安和警惕。这些国际和国内的风险，都值得我们未雨绸缪，审时度势，及时化解。

绪 论

在中国历史发展的长河中,除了形成系统的官方正史和各级地方志外,大量存世于民间的家谱是另一种类型的珍贵文献,是研究中国基层社会和宗族形态发展变迁的重要历史文本。

本书的研究样本是明清时期的一组家谱。这组家谱文本是令人眼前一亮的珍贵样本。除了具有时间跨度长、版本丰富、世系关联名人(朱熹)等一般性的优点外,还有一个突出的特点:这组属于同一宗族的宗谱和支谱之间,竟然打起了旷日持久的笔墨官司。不同版本的编纂者之间言辞激烈,相互抨击,质疑对方家谱编纂的公正性,甚至相互展开猛烈的人身攻击。在这组样本中,家谱"敦宗睦族"的传统形象,一举被颠覆了。

那么如何理解这组样本特别是它们所集中体现出来的激烈冲突,应该运用何种理论工具进行分析和解读,又将揭示出何种对推进地方基层社会治理研究有益的价值?当前流行于历史学界的文本解构分析法为笔者提供了合适的理论工具。在笔者来看,文本解构分析法在最近20年的勃兴,有中、西两个思想理论的源头。

西方的源头,自然是后现代主义思潮的强势来袭,各种类型的现代化叙事和类现代化叙事大都受到了冲击,甚至面临被解构的危机。在史学界,后现代主义的先锋代表人物福柯及其作品《知识考古学》、海登·怀特及其《元史学》等,被学者们广泛重视。在福柯眼中,话语分析是一把锋利的手术刀,探寻文本的矛盾冲突,切割文本的话语体系,质疑文本呈现的真理性,揭示文本背后蕴藏的主导力量——权力,是他的主要目的。福柯等人的理论并非深邃难懂,可惜的是文字晦涩难懂,再加上更加艰涩的翻译体"话语",为理论蒙上一层"高大上"的面纱。

对于熟悉中国史学史传统的学者来说,20世纪上半叶顾颉刚的"层累史学说"是文本话语分析的中国思想源头。顾先生认为,我们今天看到的远古历史,是在转述的过程中,逐渐地一层一层被累加上去的。越到后来,述说的历史就越久远;越到后来,中心人物的故事就越丰富。"层累史学说"对于同一主题而不同时期、不同版本的历史文本的对比分析有着直接的启示。

进入21世纪,西方后现代主义掀起的解构浪潮,重新激活了中国的"层累史学说",引发了历史文本解读方法的革新。以中山大学历史人类学研究团队为核心的"华南学派"成为引领这个风潮的代表性研究力量。这一学派虽然吸收了人类学田野调查的研究传统,在"进村找庙"方面颇有建树,但是其立足点或曰真正的特色还是在历史学研究方法的"后现代性"革新上。他们持有一种"后现代主义"的敏感性:对文本直接的话语陈述保持警惕,转而特别注意发掘文本陈述者的背后意图;对文本的机械式引用也表示谨慎,转而更加关心文本的形成过程与当时的社会历史情景的关系。正是运用这种文本分析法,他们的许多研究案例,成为史学界近些年新进展的代表性成果。

无论是福柯的话语分析法、顾颉刚的"层累史学说",还是"华南学派"的示范性研究,都为笔者着手泾县样本分析提供了有价值的理论工具——归纳起来就是文本解构分析法。

通过对泾县样本的解构性分析,我们看到的不仅仅是样本本身所直接传递出来的信息,而且还进入到了样本的形成过程中。由此,我们看到了活跃在家谱之上的文化软权力——这源于乡村族老、士绅和知识分子群体所实施的相对于官方硬权力的软权力。他们信奉儒家文化,通过编修家谱这一传统的文化形式,整合一个个宗族血缘共同体,来达到对内凝聚人心、团结族人,对外提升宗族在乡土社会中的地位、强化对地方资源控制力的目的。

不过,这些大大小小的宗族组织之间却是高度分散的。它们之间为了争夺有限的地方资源,经常存在竞争关系。这种竞争关系不只是存在于异姓宗族之间,而是存在于宗族内部不同的房支之间,这种矛盾关系在本书的样本中体现得尤为明显,亦即出现了本书前面所提及的不同房支谱之间打起了激烈的笔墨官司,呈现"文化冲突"的景象。物质利益分歧的高度激化最后可能导致了文化软权力整合作用的失灵,进而需要政府硬权力的介入。正是硬权力和软权力相互配合保证了中国基层社会的长治久安。

第一节 家谱研究的学术回顾

自 20 世纪二三十年代对家谱的现代学术研究开启以来,家谱研究形成两个主流的方向:一是以家谱本身为研究对象,对家谱发展史、编纂方法与内容体例、类型、功能、意义以及学术价值等进行归纳总结,是为一般的谱牒学研究;二是视家谱为重要的历史史料,服务于不同的历史研究对象和研究领域,由此激发了各具特色的专题史和新的史学领域研究的展开。

近些年来,在后现代史学的激荡下,社会史和文化史合流为社会文化史,在社会文化史视野中,对于历史文献的研究利用开始有了认识论和方法论的更新,一个十分活跃的研究方向是,通过对历史文献实施文本解构,进而获取对文献形成过程中的人们的观念和文本产生当下的社会历史事实的认识。与此相关联,一些家谱研究的学者也开始反省作为历史资料利用的家谱研究,认为将家谱本身与其历史割裂开来,"去伪存真""各取所需"的资料利用方式导致了一定的研究盲区,主张关心家谱文献本身的形成过程和整体价值,进而获得被以前的研究方式所忽视的对编纂者的意识结构和当下社会历史事实的认识。由此形成了对家谱研究利用的新视野。

本节计划对家谱的这三种研究进路的学术发展脉络进行梳理和分析,进而引出本书的研究思路。

一、一般的谱牒学研究

最早对谱牒学进行开创性研究的为潘光旦、罗香林、杨殿珣等先生。他们继承旧谱学的成果,着手组建新谱学,对家谱的定义、家谱发展源流、家谱的编纂体例与内容、家谱的类型、功能与意义、学术价值和现实意义等初步进行了现代学科视野下的梳理。

潘光旦早在 1929 年发表论文《中国家谱学略史》,对谱学发展历程和特点作出精辟概括。之后又发表了《家谱与宗法》等文章,对家谱与宗法的关系进行了讨论。杨殿珣于 1945 年作《中国家谱通论》,分三章介绍中国谱学沿革,家谱的名称、内容、体例和收集应用。① 罗香林对家谱的研究从 20 世纪 30 年代开始,在大陆由于政治动荡导致谱牒研究陷于停滞时,他在香港的研究持续不断到 70 年代,1971 年出版了享有很高声誉的《中国族谱研究》,建构了中国谱牒学的理论体系,奠定了家谱学的学术地位。②

在海外研究者中,日本学者多贺秋五郎取得的成就最大。1981 年、1982 年多贺将二十余年对家谱的研究成果汇集成两巨册《中国宗谱研究》(资料篇、研究篇)由日本学术振兴会出版,并因此获得了日本学术界最高奖——学士院奖。多贺的研究严格从资料出发,阅读了大量的日本和美国等国所藏中国家谱,对中国家谱资料的搜集整理和目录学处理方面做出了前所未有的贡献,在此基础上又做了多方面的精深研究。③

而此时此刻,随着正常的学术研究环境的恢复,长期停滞的家谱研究在大陆刚刚复兴。作为"破四旧"的对象,大量谱牒在"文革"期间遭到破坏,不幸中的万幸,许多秘不示人的家谱流入公共图书馆,也使后来大规模利用家谱开展学术研究成为可能。

自 20 世纪 80 年代以来,国家档案局、高校和社科院、图书馆等机构联合发起了数次家谱目录的编纂和整理活动。1997 年出版的《中国家谱综合目录》④,收录家谱目录 14719 条,是家谱目录编纂活动重要的阶段性成果。目前全国最大规模的家谱目录工具书为 2009 年出版的《中国家谱总目》⑤,全书 1200 万字、共 10 册,总计收录了中国家谱 52401 种、计 608 个姓氏,是迄今为止收录中国家谱最多、著录内容最为丰富的一部专题性联

① 参见杨殿珣:《中国家谱通论》,《图书季刊》新第三卷、新第六卷、新第七卷,1945 年。
② 参见罗香林:《中国族谱研究》,(香港)中国学社,1971 年。
③ 熊远报对多贺著作和研究观点做了详细介绍,参见《多贺秋五郎的中国宗谱问题研究》,《中国社会经济史研究》1994 年第 4 期;[日]多贺秋五郎:《宗谱之研究》,周芳玲、阎明广编译,中国社会出版社,2008 年。
④ 参见国家档案局二处、南开大学、中国社会科学院等编:《中国家谱综合目录》,中华书局,1997 年。
⑤ 参见上海图书馆等编:《中国家谱总目》,上海古籍出版社,2009 年。

合目录。

　　与家谱目录编纂和整理活动相伴随的是谱牒学研究的恢复和逐渐走向活跃,形成丰富的谱牒学研究成果:

　　一类是一批重要的研究论文集出版。目前中国台湾已陆续出版七届《亚洲家谱学术研讨会会议纪要》;沙其敏、钱正民主编的《中国族谱地方志研究》展示了美国犹他家谱学会在美国盐湖城主持的国际学术会议上取得的成果;上海图书馆组织出版的《中国谱牒研究——全国谱牒开发与利用学术研讨会论文集》和《中华族谱研究——中国族谱国际学术研讨会论文集》,集中了两次大型家谱学术会议的研究成果;山西社科院家谱资料研究中心的《谱牒学论丛》至今已出版三集。这些论文集收录了三十多年来谱牒学研究中的重要成果,体现了谱牒学在对家谱的源流和在不同历史时期的发展演变、家谱的编纂过程、内容体例和功能意义等多方面的研究进展。

　　二是产生了一批重要的谱牒学研究著作,如徐建华的《中国的家谱》、廖庆六的《族谱文献学》、王铁的《中国东南的宗族与宗谱》、王鹤鸣的《中国家谱通论》等。[①] 家谱本身就是宗族制作的文献,在宗族史研究的综合性或区域性著作中,家谱作为一个专门的章节是必需的。例如,钱杭在《宗族史研究入门》中、常建华在《宗族志》中均有专章介绍家谱问题。[②]

　　在一般的谱牒学研究中,讨论如何利用家谱开展学术研究是常见的一项内容,这就涉及家谱研究的后两种进路的问题。长期以来,历史学界将家谱作为一种重要的史料,本着"去伪存真"的原则加以研究和利用,然而近些年来,在后现代史学的激荡下,出现了对此种研究方式进行反思的新思潮。事实上,钱杭教授在前述《宗族史研究入门》中专门讨论了"关于家谱的'真假'问题",其实就是对作为史料利用的家谱研究如何进行认识论和方法论更新的问题,下面详细阐述之。

---

　　① 参见徐建华:《中国的家谱》,百花文艺出版社,2010 年;廖庆六:《族谱文献学》,南天书局,1993 年;王铁:《中国东南的宗族与宗谱》,汉语辞典出版社,2002 年;王鹤鸣:《中国家谱通论》,上海古籍出版社,2010 年。

　　② 参见常建华:《宗族志》第四章《族谱》,上海人民出版社,1999 年;钱杭:《宗族史研究入门》之五《宗族的谱牒》,复旦大学出版社,2009 年。

二、作为史料利用的家谱研究

将家谱作为重要史料开展学术研究,梁启超是最早的倡导者之一,他早在20世纪20年代就发出呼吁:

> 族姓之谱,六朝、唐极盛,宋后寖微,然此实重要史料之一。例如欲考族制组织法,欲考各时代各地方婚姻平均年龄、平均寿数,欲考父母两系遗传,欲考男女产生比例,欲考出生率与死亡率比较……无数问题,恐除族谱家谱外,更无他途可以得资料。我国乡乡家家皆有谱,实可谓史界瑰宝,将来有国立大图书馆,能尽集天下之家谱,俾学者分科研究,实不朽之盛业也。①

然而切实利用家谱资料开展专题学术研究的早期实践者还是潘光旦、罗香林等学者。潘光旦的《明清两代嘉兴的望族》《中国伶人血缘之研究》是运用家谱材料,以遗传学、优生学等社会科学理论方法对特定专题进行研究的经典案例。② 罗香林先生的客家研究"三部曲",《客家研究导论》《客家源流考》《客家史料汇编》是运用家谱开辟客家研究这一史学新方向的奠基著作。③

20世纪80年代大陆谱牒研究重新起步时,一个核心议题是重新阐释被史学界长期冷落的家谱的重要史料价值。1989年,武新立发表于《历史研究》的《中国的家谱及其学术价值》可为代表。在该文中,他重申梁启超对家谱史料价值给予的高度评价,并着重从宗法思想、宗族制度、经济史、人口史、人物传记、科举与教育史、地方史志、重大历史事件、少数民族史研究等方面,论证了"收藏宏富的家谱,是一个巨大的资料宝库"。同时,他针对一些学者对家谱作为史料"怀疑过多,甚至全盘否定"的态度,发表了

---

① 梁启超:《梁启超论清学史二种》,朱维铮校注,复旦大学出版社,1985年,第479~480页。

② 潘光旦:《明清两代嘉兴的望族》,载《潘光旦文集》(3),北京大学出版社,2000年;《中国伶人血缘之研究》,载《潘光旦文集》(2),北京大学出版社,2000年。

③ 罗香林的相关著作可以参见:《客家研究导论》,上海文艺出版社,1992年;《客家源流考》,中国华侨出版公司,1989年;《客家史料汇编》,(香港)中国学社,1965年。

看法,强调"家谱存在的主要问题往往是冒认始祖和隐匿族人恶迹,这在家谱的全部内容中,只占很小部分"①。

武新立的议论,反映了当时史学界出于对家谱资料可信度的怀疑,对家谱运用于史学研究的可能性不抱乐观态度。而突破这一认识瓶颈,是利用家谱开展学术研究的前提。在此过程中,谭其骧早前作移民史研究时的看法,常被支持开展家谱资料利用的学者们所称道:"或曰天下最不可信之文籍,厥为谱牒,今子以读谱牒为依据,而作内地移民史,安能得史实之真相耶?曰,谱牒之不可靠者,官阶也,爵秩也,帝王作之祖,名人作之宗也。而内地移民史所需求于谱牒者,则并不在乎此,在乎其族姓之何时自何地转徙而来。时与地既不能损其族之令体,亦不能增其家之荣誉,故谱牒不可靠,然惟此种材料,则为可靠也。"②

更宽泛地理解,谭其骧所澄清的不光是移民史的研究能够利用家谱,而且显示了一种可能性:家谱作为史料如果经过一番去伪存真的甄别工作即能为史学研究所用。其后,谭其骧的学生葛剑雄、曹树基等人继承师钵,使得移民史成为运用家谱资料一个有代表性的典范。③

在其他领域,家谱也逐渐成为学者们使用的重要文献。在人口史研究中,刘翠溶的《明清时期家谱人口与社会经济变迁》是运用家谱资料进行历史人口学研究的代表性著作。在社会经济史领域,关于江南市镇、徽商等近世商业和商人群体的研究,关于基层社会里甲、赋役制度等研究,都离不开对家谱资料的爬梳。在华侨史的研究中,福建、广东等地的"侨谱"发挥了重要作用。在民族史研究领域,少数民家谱牒显示了独特的用武之地。如果从更广大的范围看,但凡属于区域社会史或历史人类学等这些史学新兴领域的课题,注意研究和利用家谱资料,已经成为一种通识。

这其中,与家谱研究和利用关系最为密切的是宗族史。家谱作为宗族建设的特殊文献,是宗族史开展宗族结构与功能,与国家、地方的互动等微观与宏观层面研究的最为基本的文献。明清以后的宗族研究更是大量的

① 武新立:《中国的家谱及其学术价值》,《历史研究》1989 年第 6 期。
② 谭其骧:《中国内地移民史——湖南篇》,《史学年报》1932 年第 1 卷第 4 期。
③ 参见曹树基:《中国移民史·第五卷·卷后记》中关于家谱资料的说明,福建人民出版社,1997 年,第 564～566 页。

存世家谱的直接受益者,经过学者们多年的开拓和积累,依托不同地区的谱牒史料,形成了丰富的极具特色的地域宗族史研究成果。

举其大要,徽州宗族研究方面,唐力行、王振忠、赵华富、卞利、韩国的朴元熇、日本的熊远报等人已取得丰硕成果;在江西方面,钱杭对泰和县的宗族形态做了精深研究,又执行了"重返泰和"的研究计划;"华南学派"科大卫、萧凤霞、刘志伟、陈春声、郑振满对珠三角和福建两地宗族问题进行了长期耕耘;赵世瑜与"华南学派"遥相呼应,奔走于北方田野中,试图诠释华北宗族的传统与特质。①

与其他的专题史研究领域最大的不同是,家谱本身就是宗族产出的文献,因此可以说,家谱在宗族史研究视野中具有史料和研究对象的双重身份,而许多宗族史学者本身又是谱牒学研究专家。也正因为如此,对于如何研究和利用家谱,宗族史研究领域的学者们有着更多的自觉和反省意识。事实上,在上述地域宗族史研究中,家谱被置于具体的历史时空条件下,放置于地方社会的历史过程中,也使得研究者拥有了不同于一般专题史,将家谱肢解成若干史料、各取所需的态度,更加重视家谱作为一个整体而形成的独有的学术价值,而不局限于仅仅关注"真实之史料"。到了20世纪末,关于利用家谱开展研究的认识论与方法论问题在宗族史研究领域的学者们那里率先进行了反思。

三、家谱研究利用的新视野

常建华长期跟踪家谱研究的动态。② 在回顾 1999—2007 年的中国家谱研究的新进展中,他敏锐地注意到:"受新的学术风气的影响,学者解读家谱的方式发生了变化。关于族谱意义的讨论最具学术的突破性,在地域

---

① 关于宗族史的相关成果,可参见常建华:《二十世纪的中国宗族研究》,《历史研究》1999年第 5 期。

② 参见常建华:《家族谱研究》《20 世纪 80 年代中期中国族谱研究》《20 世纪 80 年代后期以来的中国族谱研究》等文收入《社会生活的历史学:中国社会史研究新探》一书,北京师范大学出版社,2004 年;《中国族谱研究的新进展》(笔者注:1999—2007),载《传统中国研究集刊》(第 5辑),上海人民出版社,2008 年;《中国族谱学研究的最新进展》(笔者注:2008),《河北学刊》2009年第 11 期。

社会、文化学的研究上取得明显的进展。家谱的社会、文化意义不断被揭示，已突破只作为一姓、一族、一家记载的狭隘认识。"①

这些家谱研究的新思路大约从 20 世纪末 21 世纪初发端，引领者是数位长期活跃在家谱研究领域的学者。② 笔者将在下面比较详细地呈现这些学者的观点，不仅因为他们的研究代表了对家谱研究和利用的新思路，而且是本书所依托的理论前提和方法论基础。

1999 年，濑川昌久所著《族谱：华南汉族的宗族·风水·移居》，由钱杭教授译介进国内。濑川在其序言中十分真诚地剖析了自身对家谱认识所发生的转变过程：一开始的时候，只是把家谱当作一种田野资料的旁证资料，或是关于村落、宗族以往历史的辅助性资料来看待。10 年后在系统扫描以前田野中收集到的家谱以便长期保存时，才突然惊异地发现"族谱中反复描绘的人们历史的深度，以及由此而反映出的真实的社会意义和文化意义"③。

濑川对家谱认识历程的回顾，不光是讲述一种个人体验，实际上折射出其不满足于史学界过去将家谱作为一种单纯资料的研读方式而进行的新探索。濑川在第一章引言中，进一步回顾了史学界对家谱所持有的这种普遍性认识：

在很多情况下，对于历史学家来说，族谱的意义，在于它是一种理想的、为把握过去状况而服务的资料。我们可以从各个方面来观察近年来运用了族谱资料的一些历史学家的研究成果。如根据族谱的记载，对某一地区的移民史进行重建的尝试；利用族谱的资料，对以往的人口动态进行的分析；利用族谱的资料，对一些政治史上的和其他领域中的重要人物的出身背景的考察，等等。另外，即使在人类学家以村落调查为基础的研究著作中，为了叙述某一宗族或村落的历史背景，族

---

① 常建华：《中国族谱研究的新进展》，载《传统中国研究集刊》（第 5 辑），上海人民出版社，2008 年。

② 类似研究成果还有零星，可参见常建华：《中国族谱学研究的新进展》"四、族谱意义的讨论"，载《传统中国研究集刊》（第 5 辑），上海人民出版社，2008 年。

③ ［日］濑川昌久：《族谱：华南汉族的宗族·风水·移居》，钱杭译，上海书店出版社，1999 年，第 10 页。

谱也往往在相应的章节中发挥了重要的作用,这已经成了一个通例。①

就此,濑川发表评论说,在研究一个个宗族或宗族历史时,参考家谱这一理想资料,自然是毋庸置疑之事。然而"族谱在成为职业历史学家进行历史研究的材料之前,本身已经是一部包含着对本族过去经历的解释与主张的'历史叙述',这样一种返回原点的寻根式讨论现在还很少见"②。在此,濑川把对家谱的研究和利用的视野推进到了一个新的认识层面,指出在家谱被职业历史学家分解成各取所需的材料之前,本身就是一部包含着本族过去经历的解释和主张的"历史叙述",因而他主张一种返回原点的寻根式的讨论。

那么又该如何进行寻根式讨论,这种讨论的意义何在? 濑川的研究路径表明,回到原点就是回到族谱的编纂过程中去理解族谱的真实性和虚构性,更重要的是"充分地保留对于族谱记载内容真伪程度的判定,而将其内容重新理解为带引号的'事实',并力图去解明记录了这些族谱的编纂者的意识结构,以及存在于他们背后的社会性与文化性规范,这比一味纠缠族谱的真实性要有意义得多"③。

以笔者理解,钱杭教授之所以将濑川著作译介到中国,可以视为其对国内家谱研究和利用中呈现的读法单一问题的自觉反思,他在译序中认为,将家谱的价值和意义归结于充当旁证资料和辅助性资料的做法,还未真正触摸到族谱的"本体",而"濑川昌久的这部著作至少能够使我们了解到,对族谱还可以有这样一种读法;并且这种读法无疑将在国际学术界处于领先地位"。④ 因此,钱杭教授没有止笔于翻译完成,而是在书后附录长篇"解说",实质是一篇国内学者对濑川所开拓的对家谱研究新视角的呼应、阐释和升华。

钱杭教授在解说中肯定了濑川著作超越一味纠缠于家谱的真实性层次,进一步去发掘家谱编纂者的历史意识。就编纂者的历史意识又进一步

---

① [日]濑川昌久:《族谱:华南汉族的宗族·风水·移居》,钱杭译,上海书店出版社,1999年,第1页。

② 同上,第1~2页。

③ 同上,第10~11页。

④ 同上,第7页。

补充道:

> 无论是真实的还是虚构的记载,实质上都是编纂者的族群历史意识的"忠实"反映。宗族要在社会上立足,就需要有明确的世系,和一个能被文化传统所认同的宗族的历史,这是宗族给予本族成员的用以证明其社会身份和社会权利的特殊资源。而当这一切由于时间或战火的湮埋变得模糊不清时,人们就依靠本群体的力量来回忆、确认、昭示、澄清、补足,甚至重建这些资源。①

钱杭教授还认为,进入家谱编纂者的意识结构层面能更加真切地理解现代宗族的内源性基础,这一点和其所从事的江西泰和县研究得出的结论有一致性,功能学派关于宗族建设源于安全需要和经济利益等功能主义的解读,无法合理解释现代宗族的现象,而答案需要从"汉人对自身以及自身所属群体之历史合理性和归属性的永恒追求"②这一内源性的意识层面来寻求。

总之,钱杭教授认为,对家谱"'读法'的转化将使'腐朽'化'神奇',对于中国社会史和中国宗族制度史的研究来说,发现并打开一个丰富的资料宝藏,从而使研究有可能超越文本表层所描绘的现象世界,进入到文本深层所内涵的意义结构"。这不仅是对濑川著作的肯定,也是对家谱研究新路径、新方向的呼吁。

与濑川和钱杭教授所倡导的对家谱研究要转化"读法"遥相呼应的是华南学派。以刘志伟教授的相关论述为例。刘志伟较早开始反思家谱研究和利用中的认识论问题。20 世纪 90 年代末以来,他先后写成《传说、附会与历史真实:珠江三角洲族谱中宗族历史的叙事结构及其意义》《族谱与文化认同——广东家谱中的口述传统》③等文章。2005 年又发表《历史

---

① [日]濑川昌久:《族谱:华南汉族的宗族·风水·移居》,钱杭译,上海书店出版社,1999年,第 266 页。

② 同上,第 268 页。

③ 参见刘志伟:《传说、附会与历史真实:珠江三角洲族谱中宗族历史的叙事结构及其意义》,载《中国谱牒研究》,上海古籍出版社,1999 年;《族谱与文化认同——广东家谱中的口述传统》,载《中华谱牒研究》,上海科学技术文献出版社,2000 年。

叙述与社会事实——珠江三角洲族谱的历史解释》①一文,这是作者在利用珠三角家谱开展实地研究的经验基础上,就如何更新家谱研究视野所进行的理论思考。

在文中,他首先提出要对梁启超所重视的家谱的史料价值进行反思:

> 梁启超所重视的族谱的史料价值,还只是局限于在如何利用族谱记述的事实来研究现代学术关怀的问题。其实,我们如果把族谱作为一种史书来读,从族谱作为一种历史述说的性质出发,去解读其中隐含的历史真相,对于社会史研究来说,也不失有另一种特殊的史料价值。

刘志伟在此提出一个重要观点,即将家谱作为一种"史书"来阅读,与濑川所提出的将家谱当作宗族自身的"历史叙述"有异曲同工之妙。

刘志伟进一步解释道,在近代科学主义的影响下,很多人都相信,史学应该是对过去发生的真实用客观的不偏不倚的事实写下来告诉后人。于是家谱作为史书的价值,由于其纪事多虚妄不实、附会攀援而受到当代史学家质疑。但是任何历史文献,都有两个方面的意义:

> 一是作为历史著作,是对过去发生的历史过程的叙述,另一是作为史料,是我们赖以了解过去的资料来源。然而从研究者的角度看,如果把史籍当作史书来读,要了解的是史书撰写人的价值观,他的政治立场,他对世界的看法,以及他通过历史叙述所表达的政治议程的话,那么,我们已经是在把史书当作史料来研究了。

如果我们把家谱当作一个包括历史叙述的"史书"来看待的话,就会获得两方面的意义:

> 一个是对过去的记忆,一个是面对现代的一种表达。如果说族谱

---

① 参见刘志伟:《历史叙述与社会事实——珠江三角洲族谱的历史解释》,《东吴历史学报》2005 年第 14 期。以下关于刘志伟论述的引文皆见该文。

的叙事太多虚妄之言,那么我们是否应该把族谱更多地视为表达编撰时的政治议程和社会状态的史料来进行分析,而不要过多纠缠在族谱中的叙事有多少真实性上面。

在此,刘志伟借助对史书、史料关系的辩证性认识,实现了对家谱认识论的更新,指出如果将作为史料来利用的家谱视为作为历史叙述的史书来解读的话,就会获得一种特殊的新的史料价值。"把族谱中的历史叙述,视为一种秩序,一种观念以至一种规范的表达,从族谱的历史叙述中,找寻社会事实。在这个意义上,我们把族谱当作史书来读。由此,视族谱为史书,对于今天的社会史研究,就可能有着超越梁启超所提及的几个方面的史料价值。"

与华南学派有密切关系的赵世瑜教授虽然没有专门谈对家谱的研究利用,但是他所提出的用"历史记忆"的新概念来统筹在科学主义思潮下将"传说"与历史相对立的立场。这对于包含了大量祖先传说而被广为诟病的家谱来说,某种程度上,实现了对传说研究观念的改变,就意味着改变了对家谱研究和利用的视角。

赵世瑜在《传说·历史·历史记忆——从20世纪的新史学到后现代史》①一文中指出:

在科学主义思潮的影响下,人们认为可以像自然科学那样,通过对史料的严格检验获得真正的历史。但是实际上我们所有的史料,我们重构历史所依据的唯一中介都是人们对历史的记忆。而传说、特别是历史传说,也是一种对历史的记忆,只不过它是在某种历史情况下,由于我们迄今为止有的弄得清楚、有的弄不清楚的原因,变得和我们的科学主义或者是现代主义科学史观支配之下的观念不同或者对立了。

他进一步说:

_____

① 赵世瑜:《传说·历史·历史记忆——从20世纪的新史学到后现代史》,《中国社会科学》2003年第2期。以下关于赵世瑜论述的引文皆见该文。

一直存在这样一种可能性,即我们主观上认为这个东西是虚构的,但是"思想"的意义上它们仍是"事实"。所以,我们在判断传说作为一种历史记忆是不是虚构,需要首先对自己的认识论立场、方法论立场进行反思,这就是福柯进行"知识考古"的含义。

赵世瑜此文把对于传说的研究观念的改变,放置于后现代史学对 20 世纪以来的"科学史学"(不论是梁启超的进化论史观还是年鉴学派的社会科学史学)进行反思的深刻背景下,放置于后现代与现代史学观念对于历史的真实性的不同理解上。其实这也是本节所讨论的关于家谱研究和利用视野发生从作为史料到作为史书的解读方式的转化,从纠结于史料的真伪到超越之上寻求更丰富意义的研究路径的改变所依托的大背景。家谱研究和利用视角的新转换可以说是这些学者们对后现代史学理念的自觉回应。

后现代理论发端于语言学的后现代转向,而将语言学的后现代成果与历史学研究联系在一起的大师为美国学者海登·怀特。当然,作为"历史研究的研究",海登·怀特在《元史学——十九世纪欧洲的历史想象》里所要解构的对象,是 19 世纪 8 位欧洲的著名历史学家和历史哲学家的经典历史作品。在采用文本解构方式所要获得的意义层面,海登·怀特通过解构这些经典的历史作品,认为它们的编纂过程与文学创作并无本质的差异性,因而极大动摇了现代历史学的根基,也引发了现代史学和后现代史学的激烈论战。

在此过程中,英国剑桥大学历史学家理查德·艾文斯(Richard J. Evans)的态度值得重视。他在《捍卫历史》中,一方面强调历史学是一门经验主义的学科,它更关注知识的内容,而非本质,历史学家若是足够小心谨慎,客观的历史知识既是可以期望的,也是能够获得的。同时,又指出后现代主义对历史学的冲击产生了许多有益影响:

在其更具有建设性的方面,后现代主义鼓励历史学家更贴近地阅读文献,更严肃地对待文献之表面呈现,在新的方面来思考文本和叙述;它还有助于我们开拓新的研究课题与研究领域,同时将以前看来许多已难作出新意的旧课题重新提上研究日程;它也迫使历史学家前所未有地质疑他们自己的研究方法和研究程序,在质疑中,让他们更具有自我批判的精神,这皆是非常有好处的。①

如果接受艾文斯的观点,那么对待后现代主义史学思潮的来袭,我们不妨将精力更多放在对具体的历史文献的创新解读上,将已难作出新意的旧课题重新提上研究日程。笔者以为,历经八十多年的家谱研究和利用,应该主要从这个意义上来汲取后现代史学的营养。濑川、钱杭和刘志伟等学者的对家谱研究利用的新认识也只有放在这样一个历史学发展的时空坐标中才能精确定位其开创性意义。

四、简要述评

以上回顾了与家谱相关的三种不同的研究进路。从学术脉络上审视,近些年来,家谱研究和利用的新视野的出现主要是基于对家谱作为史料利用方式,呈现机械强调"去伪存真"所导致的研究盲区的一种反思,进而要求通过认识论和方法论的更新,实现对家谱学术价值的新认识。这种家谱研究和利用的新视野由濑川昌久、钱杭和刘志伟等国内外学者积极倡导。濑川的著作和刘志伟的文章对家谱的认识,基本共识是将家谱还原为"包含着对本族过去经历的解释与主张的历史叙述"或是作为一种历史叙述的"史书",而在研究方法上,他们都着重解构家谱特别是世系的编纂过程,将真实性和虚构性的命题放置于这一过程中考察,并试图超越其上发掘更丰富的意义。

需要具体分析的是,由于学术背景和研究旨趣不同,濑川和刘志伟在解读家谱的具体路径上还是各有侧重:濑川特别关注家谱编纂者的历史意识——对自身归属的求解、对王朝历史和中华大世界的认同,反映的是文化人类学者的学术关怀;而刘志伟尤其关心家谱中关于祖先历史的叙事结构,强调将之放在其形成的历史脉络中解读,进而获得重构地方社会历史

---

① ［英］理查德·艾文斯:《捍卫历史》,张仲民、潘玮琳、章可译,广西师范大学出版社,2009年,第248页。

的事实,显示的是历史人类学者对制度史问题的独特青睐。这也启发我们,对家谱这样一部包含历史叙述的"史书",基于不同的学术理论关怀和问题意识,可以有多元的解读结果。

此外,从总体上讲,虽然他们为家谱研究提供了很有启发的崭新视角,在实践层面上并没有充分展开。例如,濑川关注家谱的编纂过程,实际上仅限于对世系编纂的考察,而对家谱之上的其他内容没有提及,其实考察诸如坟山墓图、人物志等内容对于了解编纂者的意识结构大有裨益。又例如,刘志伟认为,如果将家谱当作"史书"来说,那么"撰写人的价值观,他的政治立场,他对世界的看法,以及他通过历史叙述所表达的政治议程"都值得研究,但在实际操作中尚未见到他做过正面研究。其实,深究修谱人在家谱中表达的政治议程,是一个进入地方社会历史深层的极好切入点。

由此,本书计划以泾县张香朱氏家谱为系列样本,以濑川、钱杭和刘志伟等学者所倡导的家谱研究和利用的新视野为理论指导,在实践层面作进一步的拓展研究。此外,需要特别注意的是,在这种新的研究理路中,家谱从历史研究对象的资料辅助地位上升到了实施研究的中心位置,与向来以家谱为专门研究对象的一般谱牒学研究产生了交叉和碰撞。由于文本解构式的家谱研究,往往将家谱放置于特定的区域社会历史过程中进行具体而微的分析,由此又可能深化谱牒学研究中所形成的对谱牒性质和功能的一般性认识,也即某种程度上能够沟通家谱研究的前两种现代进路之间客观存在的隔阂。

第二节　研究意义与样本说明

一、选题的研究意义

如前所述,本书的研究建立在对家谱研究新视野的相关思考上,因此研究的主要意义在于,以泾县张香朱氏系列家谱为样本,从实践层面运用家谱研究和利用的新的认识论和方法论为指导开展家谱研究,并力图在若干层面上加以拓展和推进。此外,还希望本项研究对皖南地区的宗族社会史研究有所裨益。具体而言：

（一）以家谱研究和利用的新视野所倡导的认识论和方法论为指导解读家谱，通过深入的个案分析进行了研究实践和拓展

本书将张香朱氏系列家谱视为包含宗族历史叙述的"史书"，通过解读编纂者附加于这些家谱之上的话语表达，揭示他们特定的编纂意图和其身后的地方宗族权力关系格局。明清家谱是致力于"敬宗收族"的特定人群按照某种"指导思想"和"编撰模式"建构出来的。这种"指导思想"和"编撰模式"既包含着共同的一般的诸如祖先崇拜、儒家伦理等信仰和意识形态观念和欧苏谱法等编纂原则，也包含了特定人群自身的话语表达，是一般性和特定性交织的混合体。将家谱当作包含族人历史叙述的"史书"，要求我们特别注意编纂者特定的编纂目的、意图、观念，它们在家谱上变身为"话语"的形式，集中折射了编纂者对现实社会的物质的或精神的利益诉求。话语表达的实施显然主要依靠对修谱权的掌握，而修谱权更迭和兴修家谱的历史轨迹背后反映了地方宗族社会的权力关系格局及其变动。由此，通过解读家谱方式的转换，获取了对编纂者特殊的意识结构和地方社会历史的新理解。

（二）拓展对皖南地区明清家谱性质、功能及其编纂过程的认识

在学界有将家谱比作宗族之"宪章"的称谓。这真实地反映了家谱性质的重要方面，并且给家谱蒙上一层神秘面纱。然而当本书试图通过文本解构的方式，捕捉渗透在家谱之上的话语表达时，家谱的另一种面相就呈现在我们面前。无论是宗族及其支派以家谱平台进行话语权的激烈争夺，还是修谱人借助"近水楼台之便"在宗族公共文献上肆意张扬个体的利益诉求，都显示了家谱世俗的功利的面相。而只有充分注意到其"神圣"和"世俗"两种面相，才能真正解读英国人类学家弗利德曼所论述的作为宗族"宪章"的家谱。

从分析权力话语入手，揭示家谱世俗功利的面相的同时，也可以发现家谱在现实社会中发挥了比"敬宗收族"更为丰富的意义，本书进而对家谱在皖南明清地方社会中担当的一些特殊功能做了拓展性思考。本书认为，随着宗族制度逐渐成为明清基层社会秩序的重要基础，成为区别于正式行政制度——里（图）甲制的一种非正式制度，由乡绅族老领导在基层

社会或明或暗运行,家谱与宗族制度相配合具有了服务于基层社会运行的部分溢出性功能,包括协助户籍管控、充当法律审判依据、参与地方文化建构等。

在此过程中,本书还深入到世系、凡例、坟山墓图、人物传记等的编纂过程中,了解编纂的背景,资料的来源、转抄、组合,编纂原则的制定和实际执行等情况。希望这些通过个案研究获得的对皖南明清家谱性质、功能以及编纂过程的具体认识,能对一般的谱牒学研究有所补充。

(三)丰富皖南宗族史的研究

从皖南宗族史的研究现状来看,徽州地区的宗族和家谱研究吸引了大批学者的研究目光。相比较而言,对徽州以外的明清皖南府县包括宁国府、池州府、太平府及其下属县乡的相关研究总体薄弱,宁国府泾县即为皖南宗族史研究中的一个盲点。宁国府泾县与徽州府毗邻,地理地貌相似、风土人文相近,在明清时期也是宗族建设比较典型的区域,至今留存了数量不菲的家谱和祠堂,为宗族研究提供了便利条件。本书研究的着眼点虽不在于总体描绘泾县宗族的发展变迁,但在研究过程中涉及了泾县宗族建设的进程、存世家谱的概况以及地方宗族的权力关系格局,由此为泾县宗族史研究提供了重要侧面,进而丰富了皖南区域的宗族史研究。

最后要说明的是,有幸作为上海社会科学院软实力文化研究中心的研究成果之一出版,如引言所介绍,本书还计划将文化软权力这一概念引入家谱研究,以便能为家谱研究提供新的视角,并且深化对明清时期基层社会的权力运作形态的认识。

二、选择泾县张香朱氏系列家谱为分析样本的说明

本书之所以选择泾县张香朱氏系列家谱为分析样本,有以下方面的考虑。

第一,泾县张香朱氏系列家谱存世数量多,时间系列比较完整。明清时期泾县宗族建设活跃,存世家谱为数不少。据笔者目前掌握的情况,泾县存世家谱涉及姓氏 41 个,总计 114 种。张香朱氏家谱共计 17 种,在泾县家谱中数量最多。这其中,明代谱 1 部、清代谱 12 种、民国谱 4 种。上

海图书馆收藏有产生于不同时期的 6 种张香朱氏家谱,其中 5 种版本重要、体例完备、内容丰富,保存完好,使本研究有了近水楼台之便。修谱次数多、存世数量大、时间系列比较完整等,是张香朱氏系列家谱比较突出的优点。

第二,张香朱氏系列家谱类型丰富。按日本学者多贺秋五郎的分类标准,张香朱氏家谱中既有覆盖张香朱氏宗族范围内的"宗谱",又有超越张香朱氏之上、联合了相邻地域朱氏形成的"通谱",还有张香朱氏宗族内部的分支派所修的"支谱"和小型的"房谱"。这些产生于不同时期的类型多元的家谱,彼此之前存在着可以加以勾连的横向和纵向交织的网络,为我们研究存在于家谱上的层累关系、建构过程、矛盾与冲突等提供了可以相互对比的理想样本。

第三,张香朱氏家谱有引人注目的文化标签,即与朱熹世系关联。泾县张香朱氏系列家谱以两宋之交的朱纬为泾县始迁祖。朱纬据称与理学大家朱熹的曾祖父朱绚是兄弟,由此张香朱氏家谱朱纬以上的世系与朱熹在《婺源茶院朱氏世谱》中所厘定的先世世系相同。研究张香朱氏世系客观上有助于深化对朱熹谱系现象的认识。

第四,张香朱氏系列家谱所能展现的研究领域广阔。就其本身而言,是透视泾县地方社会宗族权力格局及其变动的窗口,是讨论家谱编纂与泾县地方社会互动的载体;进一步来讲,希望利用这一样本,超越泾县地方,推动对皖南宗族史的研究,并为深入研究明清家谱的性质和功能提供典型案例。

第五,对泾县地方有亲切的体验。泾县曾经是震惊中外的"皖南事变"的发生地,也是笔者的第二故乡,因此对当地的地理经济社会条件有比较深入的了解,对地方的历史传统、文化遗迹、村落族群、风俗民情有比较直观的体验,在此地有一定的社会基础,这些都为进入田野现场开展调查研究提供了方便条件。

第三节　研究思路和理论方法

本书的研究思路是将家谱作为"史书"进行文本解构,包含族人进行的历史叙述,在此基础上阐释编纂者所要表达的"政治议程"或更直白地说对现实社会的物质和精神的话语诉求,揭示编纂者身后的地方社会宗族权力关系网络,并通过理解家谱在基层社会承担的特殊功能,寻找家谱何以成为承载权力话语的深层原因。具体而言:

首先,笔者运用后现代史学中常见的文本解构方法——深入文本的编纂过程中。如果说濑川和刘志伟主要关注的是世系编纂的话,那么笔者在对世系编纂进行再讨论的基础上,又把视野拓展到家谱中的其他内容如谱例、坟山墓图、人物志中。理解在编纂过程中素材来自何处,又如何被组织、编排、删减甚至篡改后整合进家谱中,理解不同家谱中同一材料在转抄、再诠释过程中形成的层累关系。家谱的真实性与虚构性将会在编纂过程中呈现,并服务于关于意义的探讨。要补充的是,笔者对文本的编纂过程的解析并非是全景铺陈,而是受制于问题意识有重点地展开。

其次,在意义的解读方向上,笔者着重关注编纂者的意识结构,如果说濑川已经宏观地阐述了一般性的"历史意识",笔者希望在此重点讨论编纂者的特殊的意识结构——通过历史叙述对现实社会表达的政治议程或利益诉求,这在家谱中主要凝聚为"话语"(discourse)的形式,进而展现宗族如何在家谱上塑造自身的话语传统、制造自我的集体话语影响地方社会? 家谱与家谱之间作为不同话语力量的代表是如何进行论战的? 作为宗族公共文献的家谱上又如何渗透了掌握修谱权力的个别利益群体的话语表达?

这里必须说明一下"话语"概念,这是笔者用于窥探和洞悉编纂者深层次的意识结构的重要工具。话语是西方语言学中的重要概念,海登·怀特对此有详细论述。怀特说,话语是区别于逻辑论证,又不同于完全虚构的词语构型。话语通过一种预设性(prefigurative)来获得充分性。[①]"话语"派生于拉丁语 discurrere,意思是"往返"运动。怀特指出

> 话语在经验的既定编码与一连串的现象之间'往返'运动。这些现象拒绝融入约定俗成的"现实"、"真理"或"可能性"等概念。话语

也在这个现实编码的可选方法之间"往返"运动,其中有些方法是由某一特定探究领域中盛行的话语传统提供的,另一些可能是作者的个人语型(idiolect),作者正试图确立这种语型的权威性。话语从本质上说是一种调节。①

简化海登·怀特的上述论述,笔者认为,话语在文本中具有预设性质,因为它承载了编纂者的特定意图和利益诉求,一般情况下只需借助盛行的话语传统来表达既可,而当既定的编纂原则、逻辑体系和编纂者的特殊关怀发生矛盾冲突时,话语就"显山露水",作出比较明显的"往返"的整合动作。对此,福柯也提示,"话语产生于矛盾,话语正是为了表现和克服矛盾才开始讲话"②。因此,寻找家谱话语的最佳途径是在文本矛盾和逻辑的断裂处加以捕捉。就笔者所研究的家谱而言,矛盾和冲突主要有两种情形:一种为公共的家谱与编纂者个别群体的特殊的利益诉求的矛盾;另一种情形是家谱与家谱之间的冲突。只要注意抓住矛盾与冲突,就能比较容易捕捉到那些反映编纂者特定意图和利益诉求的话语。

最后,如何理解家谱之上的话语的生成机制?笔者沿着两个方向来考察。一是除了话语的直接制造者修谱人外,笔者希望能触摸到其背后的地方社会的宗族权力关系态势。二是为什么选择了家谱这样的文本?

就第一个问题,福柯的"权力-话语观"给了笔者启发。福柯说:

> 我越是进行持久的研究,就越是认识到,对话语的形成的知识的谱系所进行的分析,不应该根据意识的种类、感知的方式和思想的形态来进行,而应该从权力的战略和战术的角度出发。③

他指出,有多样的权力关系渗透到社会的机体中去,构成社会机体的特征,"如果没有话语的生产、积累、流通和发挥功能的话,这些权力关系自

---

① [美]海登·怀特:《后现代历史叙事学》,陈永国、张万娟译,中国社会科学出版社,2003年,第5页。

② [法]福柯:《知识考古学》,谢强、马月译,生活·读书·新知三联书店,2007年,第167页。

③ [法]福柯:《权力的眼睛——福柯访谈录》,严锋译,上海人民出版社,1997年,第212页。

身就不能建立起来和得到巩固"①。可见,生产、流通话语的目的是直接服务于权力关系的建立和巩固的。

就家谱而言,宗族与宗族之间、宗族内部各分支发展不平衡,由此构成一个强弱不均并且处于流动状态的地方宗族的权力关系网络。在这一权力关系网络中,话语的制造和流通主要由处于权力关系中强势地位的群体所掌控,他们通过掌握修谱权表达自己的话语诉求。不过弱势的群体也有机会借助家谱实施话语表达,强势和弱势还在不断进行位置的调整。而那些具体操作的编纂者们处于权力关系网络中的关节点上,他们时而是群体利益的化身、时而又具体到个人利益。尽管这一充满了话语竞争和利益多元化的地方宗族权力网络让人眼花缭乱,但是只要抓住马克思主义所一贯重视的经济基础和由布迪厄拓展了的资本概念,在神圣面目之下那样一个功利的、充满多元利益诉求的家谱文本就会展现在我们面前。

至于要深入理解为什么话语表达会渗透进家谱这一文本之上,笔者认为,随着宗族建设深入明清基层社会,家谱作为非官方却具有一定权威的文献在户籍登记、司法解决、地方文化建构等溢出宗族之外的基层社会运作层面发挥了作用。而家谱对现实生活的实际影响力正是吸引权力话语渗透的深层原因。就话语的生成机制的分析,本书的研究有意识地将之置于地方宗族与基层社会发展的历史脉络中加以解读,主动结合明清以来宗族制度、基层里甲户籍制度、司法制度与以县志编修为主的文化建构活动的演变。从这个意义上讲,笔者响应了刘志伟等历史人类学者对社会经济制度史的学术关怀。

回到家谱是本"史书"这一出发点上来。每一个读"史"之人会有不同的解读重点和理解偏好,由于笔者重点关注了家谱之上的权力话语和利益诉求,所以不得不对一些关于家谱性质的常见论断保持谨慎:例如,关于家谱是宗族的"神器",可能会忽视其文本中充斥着世俗的功利的利益诉求;而家谱这一许多人眼中的"私家历史记述",也并非铁板一块,同样充满着公与私的紧张和对立,话语表达在此活灵活现。但无论如何,内涵丰富、性质斑驳的家谱确实是其形成时之历史社会状态的多角度折射,因此以"史

---

① [法]福柯:《权力的眼睛——福柯访谈录》,严锋译,上海人民出版社,1997年,第228页。

书"角度来解读家谱,究其根本目的是,服务于社会史研究。通过视野的转换为家谱这一"旧史料"赢得新的学术价值和意义,进一步希望能与一般的谱牒学研究的学术关怀实现某种程度上的对接和互补。

第一章　张香朱氏系列家谱编纂的背景和概况

　　本书所选择的研究样本——张香朱氏系列家谱,出自安徽泾县。

　　安徽泾县,地处长江以南的皖南山区。方志评判泾县形胜:"泾邑当吴楚之交会,为池、歙之襟喉","北达芜阴、南通黟歙、东接宣城、西抵青阳,诚山水之胜地,东南之要扼也"。①（见图1.1）

　　泾县于西汉设县,为扬州丹阳郡卜十七个县之一,故有"汉家旧县,江左名区"之誉。远离中原地区的皖南山区开发较晚。司马迁在《史记·货殖列传》云:"楚越之地,地广人希,饭稻羹鱼,或火耕而水耨,果隋蠃蛤"②,这一描述,当包括处于"楚越交汇"的泾县。山越人为汉代泾县土著之一。东汉末,"泾县大帅"祖郎,合山越人攻孙策,孙策生擒祖郎。③ 三国时,泾县属吴,仍隶丹阳郡。

　　西晋武帝太康元年（280年）,宣城郡自丹阳郡分出,泾县改隶宣城郡。此后,宣城的名称和行政级别多有变化,但泾县与其从属关系不变。举起大要。隋唐五代时多称宣州。南宋乾道二年（1166年）,改宁国府。元称宁国路总管府。明清称宁国府。宁国府明朝时直隶南京,清初隶属江南省,康熙分省后,归安徽布政使司管辖。④

　　泾县得名,源于水。贯穿县境的青弋江,又称"泾水""泾溪""赏溪"。

---

　　① 　清嘉庆十一年《泾县志》卷1《沿革·形胜》,李德淦、洪亮吉等修纂,黄山书社,2008年点校本,第65页。

　　② 　司马迁撰:《史记》卷129《货殖列传》,中华书局,1999年,第2472～2473页。

　　③ 　参见清嘉庆二十年《宁国府志》卷1《沿革表·大事附》,鲁铨、洪亮吉等修纂,黄山书社,2007年点校本,第23页。

　　④ 　关于泾县建置沿革参见:清嘉庆十一年《泾县志》卷1《沿革》,黄山书社,2008年点校本,第53～61页;汪渭主编:《泾县志》第一章《建置》,方志出版社,1996年,第49～50页。

唐代诗人李白的名句"桃花潭水深千尺,不及汪伦送我情",所说"桃花潭"即在青弋江上游处(即图1.1中舒溪和麻溪交汇后的下方一段河道),天宝年间李白曾在泾县沿青弋江泛舟游历。① 南宋嘉定年间,位于青弋江左岸的泾县县治被洪水吞噬,县址被迫从左岸迁往右岸留村。元至正十三年(1276年),知县施大正再迁县治于宋城东门敬天坊,县址延续至今。②

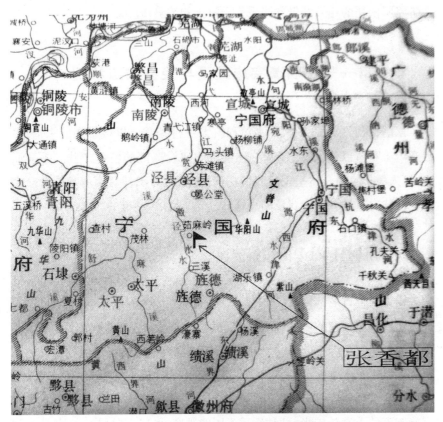

图1.1　清代宁国府、泾县与张香都地理区位图③

青弋江发源于黄山脚下,从西南向东北流淌,将泾县切分为东西两部分。江之东俗称东乡,江之西俗称西乡。东乡有青弋江在泾县最大的支流徽水(即图1.1中的泾水),源自绩溪县徽岭脚下,经旌德县,在泾县穿梭

①② 汪渭主编:《泾县志·大事记》,方志出版社,1996年,第8页。
③ 本图底图来自谭其骧主编:《中国历史地图集》第8册(清时期),中国地图出版社,1987年,第18~19页;底图采自清嘉庆二十五年(1820年)的地理信息,比例尺为二百四十五万分之一。

51 千米注入青弋江。①

在徽水河上游右岸,有湧溪、小溪合流而成的支流榔桥河注入。在榔桥河和徽水河交汇而成的小夹角中,明清时期设张香都(即图 1.1 所显示的茹麻岭巡检司附近),有朱氏在此聚族居住,自称张香朱氏。本书所研究的系列家谱由张香朱氏历年兴修而成。作为本书的开端,本章主要介绍论文研究所依托的相关背景和张香朱氏家谱的编纂概况。

第一节　明清宗族建设与泾县宗族状况

家谱,我们今天在各大图书馆和广大乡村经常可以接触到的家谱,多数产生于明清以后,是明清基层社会宗族建设风潮的特殊产物。不言而喻,深入解析家谱文本呈现给我们的诸多面相,离不开对明清基层社会宗族建设状况这样一个大背景的理解。

一、明清基层社会的宗族建设

作为一种古老的制度,宗族在明清时期大规模普及于基层社会,进而成为明清基层社会的一种鲜明特质。其背后的推动力何在?许多学者已经作过深入研究。综合前人的研究成果和笔者的理解,明清基层社会在运行机制上发生了两方面令人瞩目的发展趋势,一方面是明初政府建立起来的基层社会管理制度——里甲制的废坏与变质,另一方面是地方社会主导的宗族制度的上升与扩张。两种性质不同的制度,发展方向相悖、走势此消彼长,但在一个适当的平衡点上达成妥协,在基层社会形成长期的共生状态。

（一）里甲制的变动:地缘与血缘的交织

明洪武年间建立起来的基层社会管理制度——里甲制,主要以地缘为

---

① 当代对青弋江的测定将图 1.1 中所称的赏溪段河道视为主河道,泾水段河道视为支流并称为"徽水";但是明清时期,人们对于青弋江的主河道问题,没有形成统一认识,名称也比较杂乱。就此笔者曾经在《舞动的河流:皖南青弋江历史源流考》(《社会科学》2010 年第 3 期)中做过详细考证,在此不加展开。

纽带"编户齐民",并将赋役征收制度建立在对里甲户籍进行严格控制的基础上,即根据每户的人丁多寡、田地财产的丰厚,征派有差别的赋役。在许多研究者看来,这一制度的原初设计比较理想化,政府缺乏足够的人力、物力和技术手段进行长期的户籍清查和管控,而民众趋向选择隐匿人口、脱逃户籍等手段逃避赋役重压,由此导致里甲户籍逐渐失控、失真,最直接的后果是赋役征收陷入困境。

为了应对危机,明中后期开始进行了赋役制度改革,一直延续到清前期才基本完成,即我们所熟知的从"一条鞭法"到"摊丁入亩"。根据刘志伟的研究,改革的方向是赋役的货币化、定额化、单一化。单一化包括征收项目单一和征收对象单一。征收对象单一化即逐渐以相对固定的土地为唯一的征收对象,而将难以掌控的人口因素剥离开来。① 这一改革可以形象地理解为将原来兼顾人口和土地两个标准的、散落不定的各种赋税,以土地为唯一征收对象重新整理"打包"的过程。

这种以保证税收为目的的改革是以放弃对户籍人口进行严格管控为代价的,表现在里甲户籍制度上就是原本已经失真的户籍统计,从此更加没有必要重新整顿。于是在许多宗族建设活跃的地区也出现了像郑振满在福建地区所见的"里甲户籍的固定化和世袭化"②的现象。正像研究者在资料中经常看到的,明后期的户籍名字不仅很少有真实姓名,而且生命力强大,往往延续数代不变,许多甚至历明清鼎革不变,一直沿用到清代末年。

在宗族建设活跃的一些地区,与户籍姓名固定化相伴随的是世袭化现象。由于赋税与人丁不再挂钩,民间一般也不再分拆户籍,长期生殖繁衍的结果是,户籍之下不再是一个家庭,而是可能包含数个家庭,而户之上的里甲,越来越趋向于被同姓血缘群体独占,有的地方甚至发展为一都一图范围内的同姓血缘群体的大规模集结。③ 郑振满在研究福建地区的里甲和宗族的关系后,很直白地说,明中叶后的里甲户籍,不外是宗族组织的代

① 参见刘志伟:《在国家与社会之间——明清广东地区里甲赋役制度与乡村社会》,中国人民大学出版社,2010 年,第 8～9 页。
② 郑振满:《明清福建的里甲户籍与宗族组织》,《中国社会经济史研究》1989 年第 2 期。
③ 这一演变的历史过程十分复杂,参见刘志伟:《明清珠江三角洲地区里甲制中"户"的衍变》,《中山大学学报》1988 年第 3 期;《清代广东地区图甲制中的"总户"与"子户"》,《中国社会经济史研究》1991 年第 2 期。

名词。①

回头再看赋役制度改革问题,即便明后期政府不再关心人口问题,但是也要面临打好的"税包"向谁"发包"的问题。事实上,我们看到政府仍然沿着土地所在的里甲户籍方向"发包"。而户籍之下承接"税包"的人,自然已不是户籍登记的那个凝固化、形式化的户名,而是往往演变成为上述的同姓血缘群体。这些同姓血缘群体从明中后期之后,通过有意识地构建世系关系组成规模大小不等的宗族组织,成为从政府到个体家庭的重要中介。

(二)宗族制度的成长:从文化创造到基层实践

宗族制度的成长机制十分复杂。首先它源自宋明以来以士大夫为首的知识阶层的文化创造。日本学者井上彻对此做了精心研究。他认为,自下而上的科举选官制成为王朝的主流制度,加速了士大夫阶层的更新和换血,士大夫阶层出于维护宗族地位恒固的目的,在理学的体系下重新复活宗族制度,不断推动宗族制度的下沉,并且随着理学成为明清社会主流的意识形态,传播开来。在士大夫的推动下,国家礼制对于民间祖先祭祀制度也逐步放宽,代表性事件是嘉靖年间的夏言提案,提案要求朝廷放宽对臣民家庙(祠堂)祭祀祖先级别的限制,对宗族建设风潮起到了积极的推动作用。②

其次,宗族是明后期以来士绅阶层结合了族姓民众在基层社会所从事的具体实践。在地方士绅和族老的领导下,同姓血缘群体以经过理学改造的宗族建设理论为指导,通过不断兴修家谱,建构世系关系,建立祠堂,制定族规,设立义仓、祭田、义学等,逐步建立起宗族制度。这种宗族建设风潮在同姓血缘群体的相互竞争和彼此影响下,在地方社会中实现了自我的传递和蔓延。

宗族制度从原初设计上主要是内生的,意义是通过祖先崇拜在本族范围内团结族人,实现敦宗睦族及一定程度的救助贫困、实施科举教育等,生成模式主要由地方社会主导。但是它的产生由于可以成为维持基层社会

---

① 参见郑振满:《明清福建的里甲户籍与宗族组织》,《中国社会经济史研究》1989 年第 2 期。

② 参见[日]井上彻:《中国的宗族与国家礼制》,钱杭译,上海书店出版社,2008 年,第二章《宗法继承》与第四章《夏言提案》。

统治的有力协作者而受到政府的重视和扶持。特别是在明后期里甲户籍制度趋于失控,难以对基层社会进行直接统治的情况下,明政府主动调整姿态,使得宗族组织成为一种比较可靠的实施间接统治的代理人。而进入清代,朝廷倡导"以孝治天下",康熙帝"圣谕十六条"、雍正帝"圣谕广训"更是明确提出"笃宗族"的训诫,为基层社会的宗族建设运动提供了合法性。正是在此种意义上,科大卫提出"共谋"理论,认为:"地方社会和王朝共谋,把宗族作为建立社会秩序的基础。宗族社会对于王朝国家,对于地方社会,都是个方便的建构。"①

综上所述,笔者将宗族制度在明清基层社会运作中的状态描述为,明中后期以来,宗族制度逐渐成为明清基层社会秩序的重要基础,特别在宗族建设发达的地区,成为镶嵌于官方主导的正式的行政管理制度——里(图)甲制格局中的由乡绅族老领导的非正式制度。由此形成一个官方的基层行政管理制度和民间社会主导的宗族制度共存的地方社会格局。

明确了明清基层社会宗族建设的历史脉络,我们再来审视宗族的基本文献——家谱的功能。"族谱的功能受制于不同历史时期的宗族制度环境。"②如果说,隋唐以前,宗族制度主要服务于上层统治阶层和贵族官僚阶层,家谱所承担的功能曾经是为上层的选官、婚姻提供门第家世凭证的话;那么进入明清时期,伴随着宗族制度从上层走向基层社会,家谱承担的功能有了新的变化。

具体而言,家谱在登记世系、建构宗族历史、实现"敦宗睦族"等服务于宗族建设本身的一般文化功能之外,与宗族制度相配合还具有了服务于基层社会运行的部分溢出功能,诸如在协助户籍人口管控、充当法律审判依据、参与地方文化建构等方面发挥了重要作用。家谱在宗族内部和外部发挥的这些功能和作用,吸引了地方社会中的宗族权力借助家谱文本表达类型多元的话语诉求。

由此,承载了话语表达的家谱文本必须放置于明清宗族建设的历史脉络中加以考察才有意义。换言之,只有宗族成为明清时期相当普遍的社会

---

①　科大卫:《皇帝和祖宗——华南的国家与宗族》,卜永坚译,江苏人民出版社,2009年,第11页。

②　常建华:《中国文化通志·宗族志》,上海人民出版社,1998年,第221页。

组织和基层社会制度的重要组成部分,宗族及其支派乃至个人在家谱上的话语表达才变得活跃起来,并产生实际的意义。

二、泾县宗族建设发展进程

明清时期,临近徽州地区的泾县也是宗族建设活跃的地区。研究者们普遍把宗族建设进程在基层社会的启动时间认定为明代中后叶,繁盛时期出现在清前中期,历经太平天国运动冲击后,延续到清末民初。泾县大抵如此。

(一)明代宗族建设的启动

明朝建立初年,沿用宋代旧制,在泾县地方设 11 个乡。洪武二十四年(1391 年),泾县在地方推行"乡—都—里—甲—户"制。乡以下设都 32 个,都以下按照里甲制编户,共设里 117 个。[①]

众所周知,明初编户,在理论上规定 1 里 10 甲,每甲 11 户,共 110 户。泾县地方该年编户 15974,平均每里约为 137 户,超过部分当为一些畸零户的累加。里甲编户,齐整充实。但是到永乐十年(1412 年),里数急剧下降,仅剩下 76 里,编户数 9795,平均每里约 129 户。宣德七年(1432 年),里 75 个,编户 7869,平均每里户数继续下降,约为 105 户。天顺六年(1462 年),里 75,编户 6350,平均每里不足百户,仅剩下约 84 户。明前期泾县里甲编户萎缩十分明显,里甲制度废坏的趋向与前面的总体概述是一致的。嘉靖以后,随着政府对赋役制度的改革,赋税征收不再依赖对户籍人丁的统计,政府很少花力气编制户籍,民众也无需刻意隐瞒脱逃,里甲户籍开始稳定下来,并走向固定化和形式化。继续看泾县的统计数据:嘉靖后的 106 年时间里,只有 3 组统计数据。嘉靖七年(1528 年),乡都里名称和隶属关系微调,里缩为 64,编户 5320,平均每里约 83 户;嘉靖二十八年(1549 年),里 64,户 5469,每里约 84 户;万历年间(具体年份不详),里 64,户 5484,每里约 86 户。"泰昌、天启、崇祯俱因之。"[②]

---

① 清嘉庆十一年《泾县志》卷 2《城池·乡都》,黄山书社,2008 年点校本,第 94 页。

② 里数,参见清嘉庆十一年《泾县志》卷 2《城池·乡都》,黄山书社,2008 年点校本,第 94 页;户数,参见清嘉庆十一年《泾县志》卷 5《食货·户口》,第 238 页。

　　与里甲户籍固定化相伴随的是同姓血缘群体滋生蔓延。这些同姓血缘群体借助理学中的宗族建设理论和祖先崇拜等纽带,通过兴修家谱、构建世系、修建祠堂等活动,使得宗族组织及其制度逐渐成为明清基层社会的鲜明特质。

　　对于泾县民间社会宗族建设状况,嘉靖《泾县志》中有透露:"元旦乡俗,长幼男女,夙兴列拜上下神祇,次谒祠堂,或设祖宗像,具香烛酒馔以拜其先。然后拜尊长,以次列拜。乃出乡党、宗族、邻里、故旧,杂沓数日而还。"① 由此可见,明后期,一些姓氏已经兴修了祠堂,这些祠堂有的至今尚存。② 元旦时节,族人在祠堂举行列拜祖宗的仪式,没有祠堂的,则设祖宗像列拜,之后走出家门,相互联合宗族情谊。

　　此外,明后期,泾县兴修家谱风气也开始涌现。据笔者所见,保存至今的有胡氏、朱氏、洪氏、章氏、查氏、潘氏、吴氏、万氏、张氏、佘氏十个姓氏所修的 12 部明代家谱。③ 这些家谱的出现是泾县宗族建设启动和成长的重要指标。这些修谱姓氏多数是泾县大族,定居时间早,开展宗族建设较早,其发展势头一直延续到清代。

　　明后期,泾县地方学校和书院勃兴,讲学聚会之风大盛。

　　　　今嘉靖以来,士风特盛,衣冠相望,近士君子于水西立会,讲明正学,六邑士子及近地士人俱会讲焉。二十九年大司成东郭邹公,及同年龙溪王君几绪山、钱君德洪先后讲学于兹。三十年冬督学翠严黄公游水西,集多士而设教焉,又选地为精舍,以为会讲之所。一时士人翕然骎骎乎,慕邹鲁之风,力行古道,以为风俗之倡,深有望于君子焉。④

这些文化活动,客观上传播了程朱理学所倡导的宗族建设理想,也对宗族建设起到推波助澜作用。

---

① 明嘉靖《泾县志》卷 2《风俗》,上海书店据天一阁藏明嘉靖刻本影印,1989 年,第 82 页。
② 例如,现存泾县查济村二甲祠堂为明代所修。
③ 详情参见本书附录一。
④ 明嘉靖《泾县志》卷 2《风俗》,上海书店据天一阁藏明嘉靖刻本影印,1989 年,第 81 页。

(二)清代宗族建设的发展

明清鼎革,泾县地方社会一度遭受破坏。顺治二年(1645 年)南京的南明朝廷倒台后,泾县在原知县尹民兴的组织下,联合反清力量,继续对南下的清军进行激烈抵抗,不久兵败,清军对泾县城进行屠杀,史称"乙酉之难"。①

清朝初年,政府延续明制,重建地方社会行政管理制度。泾县地方乡都名称恢复洪武旧制,"惟改里为图,稍有增加"②。乡辖都,都辖图,图辖十甲。这些都是清代与明初相同的地方,不同之处在于甲的编排特点:"按甲编户,或一姓分数甲,或数姓朋充一甲。"③这种甲户编排的特点在某种程度上反映了政府对明后期以来民间宗族建设现状的"顺势而为"。甲户编排的特点也可以间接显示宗族集聚和力量发展的不平衡,大姓可能在一里中占据数甲,而小姓只能联合占用一甲。现根据嘉庆《泾县志》将一图内占据甲数超过一半的姓氏统计如表1.1。

表 1.1　清代泾县一图内占据甲数过半的姓氏统计表④

都图	姓氏	所占甲数
东隅一图	赵	6
石门乡溪头都一图	胡	7
石门乡溪头都二图	胡	7
修德乡张香都一图	朱	约7.5
安丰乡丰东都三图	黄	5
冠盖乡茂林都一图	潘	约8.5
冠盖乡茂林都三图	章	7
震山乡九都一图	查	5
震山乡十都一图	舒	约5.5
震山乡十一都一图	翟	5.5

---

① 参见汪渭主编:《泾县志》《大事记》,方志出版社,1996 年,第 9～10 页。
②③ 清嘉庆十一年《泾县志》卷 2《城池·乡都》,黄山书社,2008 年点校本,第 95 页。
④ 资料来源于清嘉庆十一年《泾县志》卷 2《城池·乡都》,黄山书社,2008 年点校本,第 95～104 页。

续表

都图	姓氏	所占甲数
震山乡十一都二图	包	7
丰乐乡新丰都一图	洪	5
丰乐乡洪村都一图	汪	约5.8
义上乡田中都一图	董	6
义上乡田中都四图	萧	5
义上乡水南都一图	徐	6
仁义乡岸前都三图	沈	6
仁义乡双浪都三图	王	10
丹山乡青东都三图	施	9
德义乡上连都一图	陈	5
德义乡大成都二图	王	6
德义乡大成都五图	马	5

上表共涉及20个姓氏，清晰地展示了"一姓分数甲"的情形。一些姓氏族大人众的现象非常突出。例如，仁义乡双浪都三图10甲全部被王氏占据；丹山乡青东都三图10甲，施氏占据9甲；石门乡溪头都有两图，一图胡氏占7甲，二图占7甲，共有14甲，整个溪头都20甲，胡氏占去约十分之七。这些在图甲中占优势的姓氏基本上是当地的强宗大族。

当然，"数姓朋充一甲"的例子也有一些。例如，丁溪都共一图十甲：一甲有王、章、陈、戴、庵五姓；二甲朱文祥；三甲宋本宪；四甲方永盛；五甲吴永昌；六甲许、冯、陈；七甲许聚锻；八甲汪、梅、丁、樊；九甲王国政；十甲宋、汪、管。丁溪都内没有出现大姓，而是杂姓集聚，宗族建设的不均衡性由此可以凸显。这些小姓在地方社会权力格局中一般处弱势地位。

此外，一些甲户名有着惊人的生命力。笔者掌握的材料表明，有的甲名来自明万历年间。例如，安丰乡长乐都一图的一甲丁世高、三甲丁文显，礼辞都一图十甲黄德政，三个甲户名早在明万历四十年的一块水利纠纷的碑刻上就出现了，而且当时也非真实个人，已经是一个宗族的代名词。①
在同治年间的另一块水利协议碑刻上，协议的一方为"丁世高裔芳云"，另
一方为"黄达德裔士桃"。②黄达德在嘉庆《泾县志》中显示为安丰乡丰东都
三图五甲名，协议上的这种"甲名＋姓名"的特殊称呼，再次验证了里甲户
籍的固定化、世袭化和与宗族关系合流的特征。

　　总体而论，清代前中期一直到太平天国运动之前，是泾县宗族建设的
成熟时期，这一时期出现"故家旧室，祖庙岿然，又各置祀产，立祠规，岁时
荐歆，子姓咸集，报本追远，于是乎在"③的繁荣景象。各大宗族祠堂、祀
产、祠规，一应俱全，岁时祭祀活动，"子姓咸集"，热闹非凡。这一时期又
修成一大批家谱，目前所见，包括 22 个姓氏 38 种：顺治年间空缺；康熙年
间 3 个姓氏 3 部；雍正年间 1 部；进入乾隆年间数目大增，为 9 个姓氏 14
部；嘉庆年间为 6 个姓氏 7 部；道光年间为 9 个姓氏 12 部；咸丰元年
1 部。④

　　清咸同年间太平天国运动兴起，清军与太平军在皖南山区展开拉锯
战。自咸丰四年（1854 年）到同治三年（1864 年）10 年间，泾县城头频繁
"变换大王旗"，泾县城多次被太平军攻克，泾县境内多数被战火焚烧，许
多祠堂被毁，乡民流离失所，死伤惨重。宗族建设遭遇严重挫折。就此，太
平天国运动结束后编修的清代家谱多数对所谓的"洪杨劫"造成的深重灾
难皆有记载。

　　到光绪年间，宗族建设重新活跃起来，修复祠堂，重修家谱。清代后期
的 29 种谱牒中 25 种为光绪年间所修。⑤

　　到清末，地方自治风潮兴起，学者胡朴安（泾县籍人）出自对桑梓之乡
的情怀撰写了《泾县乡土记》⑥一文。文中盘点了泾县聚族而居的若干重
要姓氏的情形，从中可以鸟瞰清末泾县宗族集聚之大略。整理如下：

　　　1. 城隅：赵氏与左氏："城内大姓若赵、若左。赵氏琴士与星阁，左

---

①② 参见曹天生辑：《安徽泾县丁家桥丁姓宗祠碑记》，《历史档案》2000 年第 2 期。

③ 清嘉庆十一年《泾县志》卷 1《沿革·风俗》，黄山书社，2008 年点校本，第 68 页。

④⑤ 详情参见本书附录一。

⑥ 参见胡朴安：《泾县乡土记》，载安徽省泾县地方志编纂委员会办公室编：《泾县文史资料
选编》（第一辑），内部资料，1987 年。

氏春谷,其学术皆有可观者。"

2.东乡:

(1)朱氏:"朱氏族大,散居于县之东乡,纵横十余里,户口数万,人文蔚起,朱理之政事,朱琦之文学,至今族人能称道之。琦,字兰坡,著书极富,《文选集释》《说文假借义证》二书,尤有名于当时。世业盐,财富甲于一邑。今则文学上之竞争,变而生计上之竞争,其商业之伟大,亦有足称矣。"

(2)胡氏:"胡氏聚族而居,纵横不出十里,烟火万家,而财力甚微,世以文学显。胡氏蛟龄与承珙,皆灼灼有名。"

(3)洪氏:"洪姓中之杰出者,以洪汝奎为最。汝奎字琴西,尝从曾文公游,颇收藏古书,而著作则不甚闻焉。"

(4)汪姓、倪姓:"关之东北,为汪姓倪姓村居,族微人少,世无显者。"

3.青弋江近岸及以西:

(1)翟氏:"翟氏世居水东,后有沔阳张氏者,为汉王大将。汉灭,其子自鄱阳避难至水东,依翟氏以居,冒其姓,后年远日深,支裔藩衍,遂别号翟氏曰老翟,今则老翟式微,所谓翟氏者,悉张氏之后裔。"

(2)吴氏、潘氏:"茂林在马鞍之南,潘村在齐云之东,泾邑村居之大者也。族众能文,世以科第显。吴氏芳培、潘氏锡恩,皆其杰出者。"

(3)查、王、李、万氏:"西条诸山……西连青阳、南接太平,溪壑幽深,林木古茂,而查村、王村、李村、万村,皆在其十余里内。万村者万应隆之故居,查村者查子警之故居也。"

(4)西条诸山中,界青阳、南陵者,"特地僻山深,聚族而居者,绝少大族,无人文之可纪,而大小岭实产纸之地,亦工业之特色也。"

胡朴安的介绍突出了泾县大族所出的人才和相关成绩,而之前观察姓氏在里甲中的分布可以管窥宗族的人口规模和分布地域,两厢结合就可以得到泾县的显赫大族。

大体有:张香朱氏,溪头胡氏,新丰洪氏,东隅赵氏、左氏,茂林吴氏,齐云潘氏,水东翟氏,九都查氏,十一都万氏,双浪王氏等。他们在以宗族为重要特征的地方权力格局占据强势地位,通过一系列宗族建设,在基层社会运作机制中发挥了较大的影响力。

三、张香朱氏宗族发展概况

在《泾县乡土记》中,胡朴安对张香朱氏的描述十分详尽。所谓"纵横十几里,户口数万","朱理之政事,朱琦之文学","世业盐,财富甲于一邑","人文蔚起","商业之伟大"等,都凸显了张香朱氏在泾县"名门望族"的地位。

明清以来,泾县朱氏主要聚集在泾县东乡之张香都,自称张香朱氏。张香都,距离县城约 35 千米,大约在今天泾县的榔桥镇一带,明洪武年间隶属修德乡,洪武二十四年(1391 年)共设 4 个里。永乐十年(1412 年),泾县地方大规模减里,张香都从 4 里锐减为 1 里。嘉靖七年(1528 年),乡都隶属关系有局部调整,丰乐乡改丰登乡,张香都从修德乡划出,改隶丰登乡。到清代,张香都又重新隶属修德乡,设有两图二十甲。其中朱氏一族在张香都一图中约占七甲半。[①] 按照张香朱氏对宗族规模的自我描述为"族统八甲"。

(一)元代以前的张香朱氏[②]

张香朱氏元代以前的历史是通过明代兴修家谱追忆而来的,特别是其发展的早期,具有很大的不确定性,留待以后分析。但朱氏在泾县定居甚早大概是事实,这里姑且按照家谱的说法,简述他们心目中的发展史。

张香朱氏自称祖先自两宋之交从徽州婺源迁徙而来。始迁祖叫朱纬,又名中立,号拙翁,与理学家朱熹同出自——婺源茶院朱氏。茶院朱氏奉唐末的制置茶院公朱瓖为一世祖,朱纬则为茶院朱氏第六世,而朱熹为茶院朱氏第九世。从辈分上讲,朱纬系朱熹的伯曾祖。

朱纬之子为朱旦,是为茶院朱氏第七世,与父同迁泾县。朱旦生三子,长子朱旺迁青阳、第三子朱荣迁本县花林都,是为花林朱氏始迁祖,次子朱

兴留居张香都。朱兴生子朱祺。朱兴、朱祺据说是父子登南宋进士榜。朱祺以下开始"派分五桂",桂一、桂二、桂三、桂四、桂五。后裔繁盛的为桂一。桂一传重一、重一传京一、京二。京一后裔最繁盛。

到京一,大约是南宋末年。张香朱氏农业起家,家谱中开始出现朱家田产丰厚的记载。京一名下注明为"田连阡陌"。京一传神保,大约到了元代。神保名下为"累世成业而增大之,资产甲于一乡",是为茶院朱氏第十三世。

(二)明代的张香朱氏

神保之子有宗原、太原等。宗原后裔最盛,是张香朱氏的主体。宗原大约生活在元中期到明代初年。宗原有三子八孙,到重孙一代为茶院朱氏第十七世,有启宗、应宗、肇宗、胜宗、能宗、礼宗、膳宗、多宗、永宗、亨宗 10人,时间大约生活在明前期,其中亨宗,为里书长,显然是粮多的富裕之家。这一代和他们的下一代是张香朱氏重要的一次分派,其下各统率后裔,构成张香朱氏的主体。

张香朱氏在明代,"其俗务耕稼、攻诗书"①。在务耕稼方面,以上作过介绍,朱氏田产颇富,但是在攻读诗书、经营科举方面表现一般。

天顺年间和嘉靖年间,张香朱氏两次修谱。在嘉靖谱明代科贡名录中,除了修谱人朱天爵由例仕出任江西上饶判簿外,别无出仕成绩。② 嘉靖修谱后,有名朱锻者考中举人,担任宜城县令,是张香朱氏第一个科举正途出仕者,到崇祯末年张香朱氏还出了特用科进士朱仪,但不久其死于四川嘉定知府任上。

明代,张香朱氏在担任府县掾吏方面倒是人才众多,在嘉靖谱中共录有 14 人。③ 精于钱粮计算的掾吏传统对清以后张香朱氏向商业转型可能有促进作用。

(三)清代以后的张香朱氏

进入清代,随着社会秩序的恢复,到康熙年间,朱氏推动宗族建设的步伐又在明显推进,标志性事件是建设张香朱氏大宗祠。康熙三十六年

---

① 清乾隆三十年《泾川朱氏宗谱》卷首《山川类纪》,上海图书馆藏本,第8页。
② 参见明嘉靖十九年《泾川朱氏宗谱》卷1《科贡》,南京图书馆藏本。
③ 参见明嘉靖十九年《泾川朱氏宗谱》卷1《掾吏》,南京图书馆藏本。

(1648年),朱氏族中始议建朱氏大宗祠,最终功成于乾隆初年。朱氏大宗祠建成后又分设义学、义仓等。

乾隆三十年(1765年),张香朱氏开始第三次修谱。乾隆知县李元标在谱序中称赞张香朱氏:"若东路之张香都尤一方领袖也。张香都中两图各十甲,朱氏居其强半。"①

从嘉庆《泾县志》上看,朱氏分布在张香都一图中的二甲、三甲、四甲(与汪姓合)、五甲、六甲、七甲、八甲中,因此有了二甲朱氏、三甲朱氏、四甲朱氏、五甲朱氏、六甲朱氏、七甲朱氏、八甲朱氏的分类,形成朱氏"族统八甲"的格局。

八甲甲名分别为,二甲朱应隆、三甲朱天贵、四甲汪、朱朋、五甲朱本贤、六甲朱天祥、七甲朱天德、八甲朱天泰、九甲朱万良。②经查阅核对,这些甲名与家谱人名无法对应,可能并非真实姓名,更像是一种各甲代号。③

鉴于明后期以来里籍户籍的固定化和世袭化是一种普遍现象,因此清代张香朱氏"族统八甲"的格局可能自明代后期已初步形成,但是在嘉靖谱上,张香朱氏还是按照世系关系来区分派别,到了清代我们才明确看到张香朱氏的分派原则融入了里(图)甲因素。

一般情形下,在清代,张香朱氏先按照里(图)甲进行第一次分派,之后又按照世系派别来进一步细分。例如,二甲朱氏主要为应宗公长子达真公后裔;应宗公后裔还分布到四甲和五甲中;六甲朱氏主要为能宗公之子道真公后裔,还有京二公后裔;八甲朱氏全部为礼宗公后裔;七甲朱氏比较复杂,包括启宗公、永宗公、亨宗公、多宗公等数支朱氏的后裔以及部分京二公后裔;三甲朱氏主要为太原公后裔;九甲朱氏主要为桂二公后裔。

就此可以参见图1.2。

① 清乾隆三十年《泾川朱氏宗谱》卷首《李元标谱序》,上海图书馆藏本,第1页。
② 参见清嘉庆十一年《泾县志》卷2《城池·乡都》,黄山书社,2008年点校本,第97页。
③ 这些甲名中,仅有八甲名朱天泰,在嘉靖谱中有相同的名字,为宁国府掾吏,但是朱天泰又非出自张香八甲朱氏。

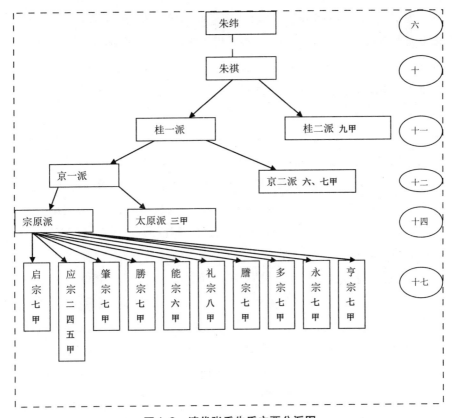

图1.2 清代张香朱氏主要分派图

清代以后,张香朱氏最为突出的生计转型是从务农转向经商。乾隆三十年(1765年)谱透露:"东乡六都,田地稀而物产少,所出其不能尽归农者势也。国朝承平百二十年矣,本族多有以贸易远省起家者,其始出于贫而不得已,而继则诱以利之能动人耳。"①家谱之上,对族人的经商活动有不少记载。经商的路线大致分为北上和南下两种,一为沿青弋江到芜湖,再逆长江北上到武汉等地;二为过徽州前往江西浮梁、南昌等地。主要贩卖山区的竹木、茶叶和贩运食盐。

经商致富的朱氏宗族,在培养科举人才方面,终于有了突破性进展。该族在乾隆五十二年(1787年)和嘉庆七年(1802年)先后有朱理和朱琦堂兄弟考中进士。

_____

① 清乾隆三十年《泾川朱氏宗谱》卷首《山川类纪》,上海图书馆藏本,第8页。

朱理(1761—1819 年),一名玕,字燮臣,号静斋。在朱氏宗族中,他的宦业最为显赫。乾隆五十二年(1787 年)考中二甲一名进士,散馆考试一等,授翰林院编修。后历官浙江衢州府知府、浙江按察使、山东布政使、光禄寺卿、刑部右侍郎、刑部左侍郎、江苏巡抚、仓场侍郎、贵州巡抚等,卒于贵州府任上。

朱珔(1769—1850 年),字玉存,一字兰坡、兰友。嘉庆七年(1802 年)壬戌科二甲第二名进士,选翰林院庶吉士,授编修,国史馆协修,实录馆校勘官等;嘉庆十二年(1807 年)典山东乡试;十八年(1813 年)任日讲起居注官,擢右春坊右赞善;十九年(1814 年)迁中允教习庶吉士,国史馆总纂;二十一年(1816 年)参修《明鉴》;二十二年(1817 年),因《明鉴》案受累,左迁编修,国史馆提调;二十五年(1820 年)分校礼部试;道光元年(1821 年)在上书房行走;次年,充会试同考官,迁右春坊右赞善。道光二年(1822 年)告别京师,在泾县张香都黄田家中丁忧守制。丁忧制满后,未再出仕,道光五年(1825 年)以后先后主讲于江苏钟山书院、正谊书院、紫阳书院,历时三十年,有"江南经师之冠"美誉,其时与大学者姚鼐、李兆洛齐名。

朱理、朱珔之后,张香朱氏还先后涌现进士朱宠、朱钟、朱楣、朱宝璇等人,至于举人、贡生、例仕等人数更多。在商业和科举上的成功,令张香朱氏宗族在泾县地方大显。

咸同年间,张香朱氏宗族的繁荣被太平天国运动打断。对此,家谱有记:

> 咸丰庚申粤匪蹂躏者三季。荡析离居,逃避四方。去不早者咸为饿殍。同治甲子,江宁克复,乃绝贼踪,流入渐返。大兵之后,瘟疫盛行,数季不息,归者皆死。人遂视为畏途,裹足不前,积久习安于外矣。①

太平天国结束后,张香朱氏元气大伤,有力之家在外地逃难未归,本地人家又受到战火的重创。光绪年间,虽然有所恢复,但是辉煌的宗族历史基本宣告结束。不过,张香朱氏中有一支光绪年间在江西经营食盐发家,

---

① 清光绪三十二年《张香都朱氏续修支谱》卷首《新序·朱彝谱序》,上海图书馆藏本,第7页。

后转战上海,创办近代实业,涉足纺织业和面粉业等多个行业,形成沪上有名的"叉袋角朱家",其中的代表人物为朱鸿度、朱幼鸿父子,被视为近代早期民族资本家,享誉沪上,即胡朴安所称赞的"商业之伟大"的由来。

第二节　张香朱氏系列家谱编纂概况

一、总况及说明

明清时期,泾县宗族建设活跃,存世家谱数量不少。据笔者目前掌握的情况,泾县存世家谱涉及姓氏 41 个,总计 114 种①。其中,朱氏家谱在泾县家谱中存世数量最多,除了《中国家谱总目》中显示的 14 种外,笔者在田野调查中新得 3 种,共计 17 种,包括明代谱 1 部、清代谱 12 种、民国谱 4 种。若再加上家谱中历次修谱记录中有显示而今处于佚失状态的谱牒,总数要达到 30 种以上。这些家谱,时间上跨明清民三个时代,版本上有刻本、活字本、手抄本多个类型。但是这些泾县的朱氏家谱都奉两宋之交的朱纬为始迁祖,编纂者都明确认同张香朱氏这样一个集聚在朱纬名下的父系世系群体,这意味这些朱氏家谱之间有密切的逻辑关系,实际上可以统合在张香朱氏系列家谱的名下。

对这些谱牒进行分类是一个至关重要的问题,在此先说明分类方法。泾县朱氏大多以张香都朱氏为最初的本宗和核心,蔓延于花林都、大成都等。笔者根据张香朱氏宗族的内在发展脉络,将涵盖张香都朱氏整体的视之为"宗谱";超越张香都朱氏之上,与诸如花林都朱氏会通的,视之为"通谱";在张香朱氏的内部仅记录拥有直系和旁系不超过五代的特定一房的世系,其上以直系祖先一线贯通的视之为"房谱";在大于房谱的覆盖范围小于涵盖张香朱氏族人整体的宗谱之间的为"支谱"。"支谱"中又有两个层次,第一层级是按照里甲来兴修支谱的,例如"七甲支谱""六甲支谱";第二层级是里甲支谱之下,称之为"某甲某派支谱"。下面先将泾县朱氏

---

① 参见本书附录一。

系列家谱的名称、修成时间、编纂者、卷册版本、类别、收藏地等诸要素汇总成表1.2,然后再结合该表分期详述之。

表1.2 张香朱氏系列家谱情况统计表①

名称	修成时间	编纂者	卷册版本	类别	收藏地
张香朱氏家谱	明天顺六年(1462)	朱永宗、方纯实等	不详	宗谱(张香)	佚失
泾川朱氏宗谱	明嘉靖十九年(1540)	朱爵、游北涯等	七卷;四册;刻本	宗谱(张香)	南京图,国图(存一册)
泾川朱氏宗谱	清乾隆三十年(1765)	朱世润、朱润、朱之愿等	十六卷、首一卷、末一卷;十六册;刻本	通谱(张香、花林)	国图、北大、河北大学、吉林大学、上图(缺卷六七)、*泾县榔桥镇屏山村朱启东之女(缺卷十四)、山西家谱、美国犹他
泾川朱氏支谱	清乾隆三十九年(1774)	朱武考等	八卷、首一卷、末一卷;四册;刻本	支谱(张香八甲文峰公派)	国图、北大、南京图
泾川朱氏支谱	清乾隆四十四年(1779)	朱武江等	八卷、首一卷、末一卷;三册;抄本	支谱(张香八甲士谦公派)	河北大学、山西家谱、美国犹他
泾川朱氏支谱	清乾隆四十五年(1780)	朱安尧、朱一赐等	四卷、首一卷;一册;木活字本	支谱(张香八甲于湘公派)	上图
泾川朱氏支谱	清乾隆四十五年(1780)	朱熙	八卷;两册;刻本	支谱(张香八甲,派不明)	*泾县榔桥镇屏山村朱启东之女

① 表格中的家谱来源有三:主体为《中国家谱总目》所收录的,未加注;小部分为笔者田野调查所得,注明"田野调查"字样;从家谱中辑录出的目前佚失的谱牒,注明"佚失"字样。收藏地一栏,收藏机构简称同《中国家谱总目》,若需对照全称,请参见该书。笔者对《中国家谱总目》提供的信息进行了核实,对有误或已变动的信息进行了修改,并用*做标记,理由将在以后的行文过程中另行说明。

续表

名称	修成时间	编纂者	卷册版本	类别	收藏地
张香都朱氏支谱	清道光五年(1825)	朱玿	三十二卷、首一卷、末一卷；八册；刻本	支谱(张香八甲成叔公派)	历史所、北大、吉林图、上图、美国哈佛大学、美国犹他
张香都七甲朱氏支谱	清道光六年(1826)	朱一彬等	六卷；六册；刻本	支谱(张香七甲)	国图、上图
张香都朱氏六甲支谱	记事至清道光七年(1827)	不详	存卷六、卷七；刻本	支谱(张香六甲)	泾县榔桥镇中心小学教师朱小满(田野调查)
张香都朱氏支谱	清道光二十六年(1846)	朱玿	三十二卷、首一卷、末一卷；八册；刻本	支谱(张香八甲成叔公派)	安徽图、山西家谱、美国犹他
泾川朱氏一线谱	*记事至清咸丰元年(1851)	不详	不分卷；四册；抄本	房谱(张香八甲成叔公派法公房)	中山大学
泾川朱氏支谱	清光绪二十八年(1902)	*朱益高等	十二卷、首一卷、末一卷；六册；木活字本	支谱(张香八甲绍士公派)	历史所、泾县榔桥镇双河村朱世忠、山西家谱
张香都朱氏续修支谱	清光绪三十二年(1906)	朱彝	三十六卷、首一卷、末一卷；十册；刻本	支谱(张香八甲成叔公派乡贤公支)	国图、历史所、北大、南开大学、吉林图、吉林大学、上图、复旦大学、南京图、安徽图、日本国会图、日本东洋文库、美国哈佛大学、苏州图、泾县档、山西家谱、美国犹他
朱氏宗谱	民国五年(1916)	朱宗斌等	卷不详；四册；木活字本	不详(以茶院朱氏第十三世关保为始迁祖)	泾县蔡村镇小康村

名称	修成时间	编纂者	卷册版本	类别	收藏地
八甲庆榉一线谱	记事至民国十一年（1922）	不详	不分卷；一册；抄本复印	房谱（张香八甲成叔公派庆榉房）	＊泾县榔桥镇黄田村朱谱祚之女（田野调查）
二甲成荣一线谱	记事至民国廿七年（1938）	不详	不分卷；一册；抄本复印	房谱（张香二甲迁湖北派成荣房）	泾县榔桥镇中心小学教师朱小满（田野调查）
朱氏一线谱	记事至民国三十六年（1947）	不详	不分卷；一册；抄本	房谱（张香八甲成叔公派鸿度房）	上图

二、明代张香朱氏家谱

张香朱氏两次修谱,一修于明代天顺六年（1462 年）,二修于嘉靖十九年（1540 年）。张香朱氏第一部谱牒天顺谱已经佚失,但是由于开创之谱意义重大,笔者试图通过现存的谱序和嘉靖谱的记载,复原其部分面目。

（一）天顺六年《张香朱氏家谱》

张香朱氏于天顺年间所修家谱,简称天顺谱,《中国家谱总目》未录,田野调查也未见,在清代的张香朱氏家谱中也不见直接引用,可能佚失已久,但是在历修的朱氏家谱中均见有谱序存在。

天顺谱序落款作者为户部郎中、邑人、姻亲赵昌,落款时间为天顺六年（1462 年）。据嘉庆《泾县志》记载:"赵昌,泾县人,字鸣盛,号朴菴,景泰甲戌科进士,历官户部郎,以山西司库金被窃,谪长沙同知,成化初年复任户部,累迁至山东左布政。"①赵昌作谱序时,当为被谪长沙前首次在户部供职期间。赵昌履历与谱序所显示的官衔和时间吻合。

天顺谱作为张香朱氏的第一次修谱,首要贡献是完成了张香朱氏早期世系的建构。张香朱氏与朱熹先世同谱系的格局,在这部谱里已经确定。

---

① 清嘉庆十一年《泾县志》卷 17《宦业》,黄山书社,2008 年点校本,第 1412～1413 页。

赵昌在天顺谱序明确说明:"其上世与徽国文公之先同所自出。"①同时,他还指出:"朱君永宗、灏渊、道真、达真叔侄以其家谱示予,俾为之序"②;由此可知,张香朱氏天顺年间修谱活动的参与者有朱永宗,朱灏渊、朱道真、朱达真等人。其中,朱道真是一个关键角色,在后来的嘉靖谱中是唯一一位被明确指出是"修葺旧谱"的人。

朱道真,生于永乐十一年(1413 年),"充本县掾六载,考满上京,正统己巳岁,以胡虏邀驾,不仕而归,修葺旧谱,彰善讳恶,悉无所私"③。由此可见,朱道真曾在泾县当吏员 6 年,又到权力统治中心的北京开阔了眼界,正逢"土木堡之变","不仕而归"。虽是低级掾吏出身,但也算是士绅阶层一员,对于知识阶层广泛讨论的宗族建设有所认识并主动加以实践。正是在这样的契机下,朱道真回乡后开始着手集合族人编纂家谱。

另据嘉靖谱介绍,天顺修谱之时,还请了族外的一个叫方纯实的人帮助修辑。资料显示,他不仅帮张香朱氏修谱,而且于次年为邻乡的花林朱氏修谱。④ 方纯实当为具有一定修谱经验的专业修谱人,这对于之前没有修谱经验的张香朱氏来说可能是必要的。

明确天顺谱的修谱人,再据嘉靖谱相关世系记载,就可以部分恢复天顺谱修谱人的世系关系。朱永宗是茶院朱氏的第十七世,灏渊、道真、达真是第十八世。他们在谱序图上前推到第十四世宗原公出现交集,都是宗原公的后裔。如图 1.3。

---

①② 清道光五年《张香都朱氏支谱》卷首《旧序·赵昌谱序》,上海图书馆藏本,第 17 页。
③ 明嘉靖十九年《泾川朱氏宗谱》卷 4《小溪派世系·朱道真》,南京图书馆藏本。
④ 参见清乾隆三十年《泾川朱氏宗谱》卷 1《花林宗派世系·第十八世朱福宗》,上海图书馆藏本,第 26 页;朱福宗下写有"天顺七年,尝延方纯实修辑家谱"字样。

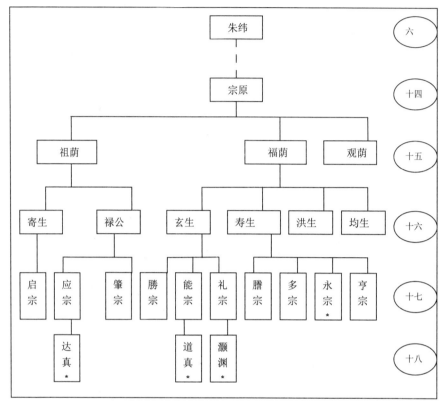

图1.3 明天顺谱修谱人世系关系图①

由此可以明晰,天顺谱上的世系关系的主体是宗原公后裔,也是整个张香朱氏的大宗和主体。某种程度上,可以说,天顺谱是在始迁祖朱纬的名义下,主要以"高祖"宗原公后裔为主体的朱氏族人的一次连谱过程。

天顺谱的另一个重要意义就是,通过第一次清理谱系,为以后张香都朱氏宗族的分门立派提供了可以确切追溯支派始祖的文献起点。或者说张香朱氏宗族的分门立派是通过天顺年间人为修谱正式明确起来的,分支祖的祖先主要是修谱人所在的第十七世和第十八世,例如朱道真被后世奉为六甲始祖、朱达真为二甲始祖、朱礼宗被奉为八甲始祖。对照该图和上节介绍的张香朱氏分派图,就会发现两厢是基本吻合的。

---

① 据天顺谱序,嘉靖谱世系关系等数据复原,加 * 标记者为天顺修谱人。

（二）嘉靖十九年《泾川朱氏宗谱》

嘉靖庚子年（1540 年）张香朱氏第二次修谱完成，即嘉靖谱。这部谱牒共七卷、四册。卷一为谱序、凡例、山川人物、世系源流等；卷二至卷六为世系；卷七为文翰。现藏于南京图书馆和国家图书馆。国家图书馆仅存一册，南京图书馆四册皆全，但是第一册开首数页残缺。

嘉靖谱主持人为朱爵，茶院朱氏第二十世，天顺谱修谱人之一朱达真之孙，属二甲朱氏李园村派。嘉靖谱记载，朱爵，又名天爵，字良贵，号翠竹轩，由邑庠入太学，嘉靖甲申年（1524 年）由太学上舍授江西上饶县判簿。[①]嘉靖《泾县志》则记载朱爵为正德年间出任主簿，时间上与家谱稍有差异。朱爵是嘉靖《泾县志》中所见唯一一个有官职的张香朱氏族人。[②] 朱爵在江西上饶任职三年，告归后在家乡着手宗族建设，其中最重要的举动为编纂家谱。

关于此次编纂家谱的背景，朱爵在嘉靖谱序中说：

> 我先世纂修旧谱，并遵徽国例，但以七世一图，而大小宗之义未著，异姓来紊者，亦姑息未除，无以起人信慕。爵尝有志于是。奈族大齿繁，趋向靡一，蓄之怀而莫遂者久矣。今年以所藏旧谱，与阙里而会通之，又得弟侄聪钊为之辅，礼请北涯游先生重修辑。准欧式以五世为图，分注嫁娶生忌葬墓行述于图内。表其地理人物志于先，录其文翰于后，其诸异姓来绍者，一切屏而不录，纲举目张，条理分明，无复遗憾。[③]

由此可见，在该谱编纂之前，朱爵曾经携带天顺旧谱奔赴徽州婺源阙里会通家谱。婺源阙里有朱熹直系后裔，明嘉靖年间开始世袭翰林院五经博士一职，并开展了多次统宗和会谱运动。

朱爵在婺源还请到了游轮为重修家谱的执行人。游轮，字北涯，婺源

---

① 参见明嘉靖十九年《泾川朱氏宗谱》卷 4《李园村派世系·朱爵》，南京图书馆藏本。
② 参见明嘉靖《泾县志》卷 8《选举纪·例贡》，上海书店据天一阁藏明嘉靖刻本影印，1989 年，第 229 页。
③ 清道光五年《张香都朱氏支谱》卷首《旧序·朱爵谱序》，上海图书馆藏本，第 19 页；南图藏嘉靖谱朱爵谱序缺损。

邑庠生,其族侄游震得为进士,时任职吏部,受邀为嘉靖谱作序一篇。游轮也是一位专业的修谱人,除《泾川朱氏宗谱》外,还修有《重修龙坦胡氏世谱》(1452 年)①。

编纂嘉靖谱用时约 3 个月,开始于嘉靖己亥年(1539 年)十一月,修成于嘉靖庚子年(1540 年)二月。② 该谱接天顺谱,续编张香朱氏世系,是我们今天所能看到的张香朱氏所修的最早一部家谱。

三、清代张香朱氏家谱

现存的张香朱氏系列家谱多数形成于清代,其中乾隆年间 5 部,道光年间 3 部,咸丰初年 1 部,光绪年间 2 部,总计 11 部。以下详细介绍。

(一)乾隆年间家谱

1. 乾隆三十年《泾川朱氏宗谱》

简称"乾隆三十年谱",系张香朱氏第三次修谱,也是入清以来的第一次修谱,修成时间为乾隆三十年(1765 年)。

该谱共计十六卷、卷首和卷末各一卷,十六册,刻本。卷首为新旧谱序、凡例引言、修葺名目、宗谱总目、山川人物;卷一到卷十一,世系;卷十二到卷十三,大传赞;卷十四,小传赞、像赞;卷十五,文翰杂录、诗赋;卷十六,祠堂图、墓图;卷末,给谱字号、跋语。国图、上图、河北大学图书馆等 8 个单位或个人有藏。主要编纂者为朱润、朱世润等人。

关于此次修谱的酝酿过程,宗谱跋语中有详述:

> 张香族大齿繁,村居星散,向未有宗祠,岁时祭享会萃无所,风俗犹尚简朴。明季修谱后,振起科名,渐增仕途宦迹,而久不与徽婺通往来,则以五岭崇峻,故聚会难也。
>
> 自康熙三十六年张香始建宗祠,越十八年,而翰博方斋公以荣袭归,过访宗祠,出旧谱查核源流,昭穆印证不诬,乃进"紫阳正宗"匾额

---

① 该谱现藏国家图书馆。

② 参见清道光五年《张香都朱氏支谱》卷首《旧序·游北涯谱序》,上海图书馆藏本,第 20 页;《中国家谱总目》显示嘉靖谱编纂时间为 1451 年,有误。

于叙伦之堂。自是五十年来，相继世好，真亲者无失其为亲矣。

近十年间，婺源族人约修瑰革二公宗谱，飞函时至。昨岁甲申，又有宗族世濚、肇槐、椿年诸君设局婺源。相招再四，张香祠众始约钦梓费，而来装至阙里。谒翰博雨亭宗台先生，乃知婺局思溯介公为统宗始祖，谓介公四传而有古训、古僚、古祝、古祐四公，诸派并传，将欲会通闽省以及各处同源者合修之。但派益繁而事益难以告成，故翰博雨亭亦不兴其事。

我宗祠诸族人曰，事已会聚，将仍前辙，以张香旧谱例而继增之，可乎？维时雨亭亦欣然首肯，而赞襄之同来张香宗祠。自略叙其前此未及者，凡十代世系中，而冠以新序，此谱事所由成也。①

跋语显示，此次修谱与婺源阙里派的交往和联络有密切关系。嘉靖修谱后，张香朱氏久不与婺源联系。康熙五十四年（1715 年），婺源阙里宗子、世袭翰林院五经博士朱坤（字方斋），在京城受封后回家，路过张香宗祠，朱坤为张香宗族进匾"紫阳正宗"，从此"相继世好"。

大约乾隆二十年（1755 年）后，婺源阙里约各派修统宗谱，"飞函时至"。到乾隆二十九年（1764 年），张香宗祠派人到婺源参与修谱，到了才知道婺源阙里派因为如何确定统宗的起始祖先问题发生矛盾，"派益繁而事益难以告成"，新一任五经博士朱世润（朱坤之子）也拒绝参与其事。张香族人认为修谱事情已经开始，不如仍旧按照前例，续修张香旧谱，并得到朱世润的支持，随同张香族人一起来到泾县，赞襄修谱，因此在该谱中朱世润以"会修"的身份出现。

此次修谱设纂修一人，是家谱的总负责人，由朱润来担任。朱润，字雨若，号竹坪，茶院朱氏第二十八世。② 从资料上看，由朱润出任纂修，大概有以下几个方面的考虑：其一，朱润出自当时张香朱氏最为繁盛的二甲朱氏李园村派。嘉靖修谱人朱爵出自该派，因此二甲朱氏掌握有传统的修谱

---

① 清乾隆三十年《泾县朱氏宗谱》卷末《跋》，河北大学图书馆藏本，第 3 ~ 4 页；上海图书馆所藏该谱卷末跋语缺失。凡是注明河北大学图书馆的资料，均由河北大学历史系孙彦萍女士提供，特此致谢。

② 参见清乾隆三十年《泾川朱氏宗谱》卷2《张香二甲李园村派世系·朱润》，上海图书馆藏本，第 70 ~ 71 页。

权。而嘉靖修谱后出现的举人朱锻、进士朱仪,也出自该派。其二,朱润祖上,从曾祖父一代已迁往宁国府府城宣城。作为外迁的子孙,朱润出于对桑梓之情的关怀,之前积极倡导修谱,早在乾隆十三年(1748 年)时,就"启族人而谋之,挠之者众,遂以中止"①。而这次修谱请他回来,相比较而言,比生活本地的族人少了一些直接的利益纠葛,比较容易协调。其三,朱润学籍仍在泾县,是泾县邑廪生,并由于成绩优秀,被选拔参与过乾隆二十年(1755 年)《泾县志》的编纂,在地方有一定的名望。其四,修谱时,其子朱梓②中举,出任知县,这也为朱润增加了公信力。

在纂修、会修名目外,修谱名录上还设有分修 8 人、纠首 8 人、督理 5 人、协理 88 人。规模如此庞大,原因是此谱不同以往,张香朱氏联络了花林朱氏合修。

花林都位于青弋江之滨,花林朱氏也奉朱纬为始祖。之前介绍过,朱纬之子朱旦下派分为三,长子朱旺迁青阳县、次子朱兴留居张香都、三子朱荣迁花林都,是为花林朱氏开基祖。由此该谱从性质上看为张香朱氏和花林朱氏合修的通谱。

但是张香朱氏在兴修该谱过程中,并没有完全统合张香各派。参见表1.3。

表 1.3　乾隆三十年谱张香朱氏各分支派名目汇总③

序号	张香朱氏各派
1	张香七甲"启宗公"后:杨树湾派、迁宣城坦头冲祝公桥派。
2	张香二甲"应宗公"后:李园村派; 张香五甲"应宗公"后:曹溪派、高淳派、城山下派、塘头派、竹坞派、长寿冲派、谢村派; 张香四甲"应宗公"后:任村殿下派。
3	张香七甲"肇宗公"后:仓边派、漕溪派。
4	张香七甲"勝宗公"后:施村派、姚村派、石湓里派、眉山派、改里派。

① 清乾隆三十年《泾川朱氏宗谱》卷末《跋》,河北大学图书馆藏本,第 2 页。

② 参见清乾隆三十年《泾川朱氏宗谱》卷 2《张香二甲李园村派世系·朱梓》,上海图书馆藏本,第 71 页。

③ 数据来源清乾隆三十年《泾川朱氏宗谱》卷首《目录》,上海图书馆藏本,第 1~3 页。

续表

序号	张香朱氏各派
5	张香六甲"道真公"后：溪南派。
6	张香七甲"永宗公""亨宗公"后：杨树湾派、华家冲派、湧溪派、张家冲派、杜城派、横印桥派。
7	张香三甲"太原公"后：合溪派、徐村派。
8	张香六甲"观奴公"后：迁旌邑长塘岭派、毕家冲派、迁溪上都派。
9	张香七甲"繁宗派"后：旧谱临海公养子附。
10	张香九甲"桂二公"后：楼下中分派、上分派、迁铜陵派、溪边派、迁大成都派、城里马家岭派、迁宁邑派。

前节介绍过，张香朱氏"族统八甲"，比较该图和前节张香朱氏分派图可知，乾隆三十年谱中，缺失了一个重要的身影——八甲朱氏。八甲朱氏以礼宗(字用铿)为八甲始祖。因此乾隆三十年谱修成后，出现了一系列支谱，均为八甲朱氏各派族人独立修纂。

2.乾隆系列《泾川朱氏支谱》

(1)乾隆三十九年《泾川朱氏支谱》

简称乾隆三十九年谱或八甲文峰公支谱。该谱由张香八甲礼宗公派下的屏山文峰公派所修。共计八卷、首一卷、末一卷，四册，刻本。国图、北大图、南京图三家单位有藏。主要编纂者为朱宁成、朱武考等人。

八甲朱氏在退出乾隆三十年谱后，本计划兴修本甲支谱，但是"缘族众齿繁，经年不果"①。八甲支谱无法修成，礼宗公派文峰公支派开始独自编纂"支中支谱"，最终修成于乾隆三十九年(1774年)。

礼宗公共有六子，长房灏渊，名列天顺修谱人之一，次房济源，三房湄渊，四房潨渊、五房泐渊、六房瀍渊。文峰公，系三房湄渊重孙，茶院朱氏第二十二世，明嘉靖年间人，在嘉靖谱中谱名本绂，时年仅7岁。

该谱对接嘉靖谱，从茶院第二十二世文峰公起，到修谱人朱宁成为茶院第二十九世，其下还有一字派一代，共修九世。文峰公派世居张香都屏山，此后又有迁谢塘、徐村、鲍村者。该谱另一主修朱武考跋语，称赞说：

① 清乾隆三十九年《泾川朱氏支谱》卷首《朱宁成谱序》，南京图书馆藏本。

"谱成而以公统率屏山诸派,上与嘉靖旧谱相接,其于敬宗收族之道岂无小补耶。"①

乾隆三十九年谱,是乾隆三十年通谱后,最早修成的八甲朱氏分派支谱,这次修谱起到示范作用,引发八甲其他分支的竞相效仿。到乾隆四十四年(1779年),八甲朱氏士谦公派又新成支谱。

(2)乾隆四十四年《泾川朱氏支谱》

简称乾隆四十四年谱或八甲士谦公支谱。士谦公系八甲礼宗公二房济源派下,"向居谢塘,数传以降。或迁鳌山,或迁白杨,或迁书堂印石,或迁贡印河滩,又或由鳌山而迁徐村里。"②修谱人为茶院第二十六世朱武江等,共成八卷、首一卷、末一卷,三册,抄本,河北大学等三家单位有藏。

该谱对于之前八甲各支派修谱情况有回顾:"自乾隆癸巳屏山文峰派创修支谱,尔时强□者三,客岁绍士公后裔鸠工修辑,相继而兴者弥众。窃计我甲始祖用铿公派下情殷收族,志切敬宗,实录之,所编纂盖已居其什之七,况未及编纂诸派亦已无不跃跃有志耶。"③

由此可知,自文峰公创修支谱后,到士谦公修成支谱,中间间隔5年,但是八甲礼宗公支下各派兴修支谱,已成7/10,而尚未编纂的各派也在积极筹备中。事实上,士谦公支谱成后的第二年乾隆四十五年(1780年),就又有两派支谱修成。

(3)乾隆四十五年《泾川朱氏支谱》

简称乾隆四十五年谱或八甲于湘公支谱。该谱由八甲于湘公派所修。于湘系礼宗公三房湄渊之重孙,又为上述文峰公的兄长。谱共四卷、首一卷,一册,木活字本,藏于上图。编修者为茶院第二十八世朱安尧和第二十九世朱一赐。

朱安尧在谱序中说:"文峰公派纂修支谱,继此而石潭、星屋、上山、百禄、白杨诸派各辑一支,告成于庙者凡十有三集矣。而于湘公以下恐有传之既久,不无失坠者……勉力纠资,付诸剞劂。"④

---

① 清乾隆三十九年《泾川朱氏支谱》卷末《跋》,南京图书馆藏本。
② 清乾隆四十四年《泾川朱氏支谱》卷末《跋》,河北大学图书馆藏本,第1页。
③ 同上,第3页。
④ 清乾隆四十五年《泾川朱氏支谱》卷首《朱安尧谱序》,上海图书馆藏本,第1页。

该引文更加详细地透露出，自文峰公派修谱后，到于湘公派修谱之前，已有 13 部支谱修成，此时修成的于湘公支谱，当为第 14 部支谱。由此可知，在这场修谱热潮中，八甲各分派所修支谱数量不菲，而我们今天所能看到的只是一小部分。

（4）乾隆四十五年《泾川朱氏支谱》

据《中国家谱总目》，在乾隆四十五年（1780 年），还有一部八甲朱氏支谱修成。该谱八卷，两册，作者为朱熙，收藏人为泾县黄田乡屏山村朱启东。① 从出现的时间和形式上，可能为八甲系列支谱的一种，具体所属支派则不详。

（二）道光咸丰年间家谱

乾隆朝后半叶的八甲各分支派兴修支谱的热潮，经过短暂的沉寂后，到道光年间迎来新的高潮，引领风潮的为八甲成叔公派。而八甲朱氏之外，其他甲派朱氏也见有新谱修成。

1. 道光五年《张香都朱氏支谱》

简称道光五年谱，为八甲朱氏成叔公派所修。该派是乾隆后期崛起的新秀，不仅是八甲朱氏，而且是整个张香朱氏最为耀眼的一个支派。之前介绍过的进士朱理和朱琦堂兄弟就出自该派。

朱理和朱琦，为茶院朱氏第二十九世、成叔公第十世孙。成叔公派与前述的文峰公派、于湘公派同系八甲礼宗公三房湑渊公派下。

该谱的修谱人为进士朱琦。道光二年（1822 年），朱琦从京师回乡，一直到道光五年（1825 年），约两年多的时间里，在泾县乡居。在此期间，他主持了八甲成叔公派的支谱兴修活动。

关于该谱的编纂起因和经过，跋语中有记载："道光甲申，族兄兰坡赞善方奉讳家居，遂修祠政、厉学规，振兴文教，百废具举。少闲，诸族长合言曰：'往时宗谱之役，我甲未兴，然倏公、绂公诸派旋各纂成支谱，以俟将来。而我分支祖成叔公派下，嘉靖旧谱仅及公长孙谱公而止，迄今二百八十余年，祖宗之讳无征，子孙之名莫载，先今不修，后将奚赖？'兰坡悚然曰：'是余之责也。'"于是，"参考诸家酌定凡例，时有变通，亦皆折衷前贤，非参臆

_____

① 经田野调查，朱启东已过世，家谱保存于合肥女儿朱永蓓处，未联系上。

见,遂乃分条纂录,处中商榷,少者任校勘,状者监工作,司理详慎,井井有条"。修支谱的工作开始于道光四年(1824 年)冬初,告成于道光五年(1825 年)冬仲。①

在兴修支谱的过程中,朱琦有意就此再推进一步,续修整个张香都朱氏的宗谱。这在另一本支谱《张香都朱氏七甲支谱》跋语中有反映:"及道光五年春祭之日,同族兰坡太史倡修宗谱,其初莫不乐从,厥后各甲各心,遽难成局,兹竟涣散。"②可见,这次计划兴修宗谱的活动,由于"各甲各心",最后并没有成功。事实上,这次由进士亲自牵头的兴修张香宗谱的计划流产后,再也没有出现更有力的人物来统合张香诸派。一直到清代寿终、民国结束,张香朱氏也没有修成宗族范围内的家谱,所见到的依然是琳琳总总的支谱。

道光五年谱,上海图书馆、美国哈佛大学等 6 家单位有藏,共计三十二卷、首一卷、末一卷,八册,刻本。上图藏该谱,版本完整,品相较好,印刷精美。卷首,旧传名迹、新旧序言、新修支谱凡例;卷一到卷二十五,世系;卷二十六至二十七,传略铭赞;卷二十八,县志附录、续县志附录、甲科贡衿录;卷二十九至三十,墓图;卷三十一,祭田;卷三十二,祠堂图、村图、书馆图;卷末,文公家训、柏庐先生治家格言、白鹿洞教条、给谱字号。③

需要说明的是,上图本道光五年谱卷首中有《韦斋公集录曾祖父作诗后序》及书后等文字两页,为朱琦于道光二十二年(1842 年)验谱时补入。

另据《中国家谱总目》,该谱还有一个刻于道光二十六年(1846 年)的版本,卷数和册数未变,安徽图书馆等三家单位有藏。

2. 道光六年《张香都七甲朱氏支谱》

简称道光六年谱或七甲支谱。该谱的收录范围为张香朱氏在七甲户内的族人。张香朱氏在七甲的情况与八甲不同,没有统一的分甲祖,而是分属数个不同的分支,有的关系还比较远。就此可以参阅前节中的张香朱氏分派图。

为了统合这些族人,该谱以茶院朱氏第十一世、迁泾第七世重一公为

---

① 参见清道光五年《张香都朱氏支谱》卷末《跋》,上海图书馆藏本,第 12～13 页。
② 清道光六年《张香都朱氏七甲支谱》卷6《跋》,上海图书馆藏本,第 2 页。
③ 参见清道光五年《张香都朱氏支谱》卷首《目录》,上海图书馆藏本,第 7～10 页。

开始:"兹谱以重一公起,合京一公、京二公分支别派凡在七甲户内者,若寄生公派下启宗公支、禄生公派下肇宗公支、福荫公派下寿生公支、能宗公派下义真公支、繁宗公派下清渊公支,悉皆纲举目张,亲疏判别。"①

这些派别中多数参加过乾隆三十年谱的统宗谱行列,但是寿生公支中的多宗公支乾隆三十年谱中没有收录。这次修谱的活动就主要有多宗公支发动,该谱的纂修为朱一彬,即为多宗公后裔,茶院朱氏第三十世。另有倡首、总理、督理、协修等名目。

该谱版本重要,总计六卷,六册,刻本,国图、上图两家单位有藏。内容主要有:卷一,宗祠图、新序、公序、目录、凡例、人物传记;卷二,老序、统宗众图、世系源流、本宗世系、世谱原姓论、泾川宗派、张香宗派、年表;卷三至卷五,年表;卷六,墓图、领谱名目、纂修名目、寿生公分单、多宗公裔助大宗祠基地地契、捐输名目、跋。②

3.其他2种

(1)道光《张香都朱氏六甲支谱》

简称六甲支谱。该谱由笔者在泾县做田野调查时所得。仅存卷六至卷十二,均为世系,包括琳初公支下天训公派、天观公派、天鸾公、天凤公派,彰初公下天安公派、天迎公派、天贵公派。最晚排行为"宗"字辈,最晚记事日期为道光七年(1827年)闰五月。③ 查朱琳初和彰初均为六甲祖道真(天顺谱修谱人)之子,曾经收入乾隆三十年谱中,该谱大约是在此基础上的对本甲世系的续修。

(2)《泾川朱氏一线谱》

该谱不分卷,四册,稿本,作者不详,现收藏于中山大学图书馆。《中国家谱总目》中称该谱记事至道光年间,经调阅中山大学图书馆所藏该谱,发现其中第31世朱裕宗生于道光癸未年(1823年)二月,卒于咸丰辛亥年(1851年)正月,其卒年为记事最晚日期。④

① 清道光六年《张香都朱氏七甲支谱》卷2《泾县宗派》,上海图书馆藏本,第1页。

② 参见清道光六年《张香都七甲朱氏支谱》卷1《目录》,上海图书馆藏本,第1~3页。

③ 参见清道光《张香都朱氏六甲支谱》卷8《琳初公天鸾公派·朱润春》,朱小满藏复印件,第8页。

④ 参见清咸丰《泾川朱氏一线谱》,中山大学图书馆藏本;笔者查阅该谱得到中山大学历史系毛帅女士的协助,特此致谢。

从世系记载的内容上看,自第二十八世法公以上均为单线,法公以下分派,续修三代人,到第三十一世。法公为进士朱珆的堂伯父,由此判断,该谱为上述道光五年谱所提到的八甲成叔公支派下的一个小型房谱。该谱所录谱序中有张香朱氏明代所修的天顺谱序和嘉靖谱序,但是却不录本派新修的道光五年谱序,原因不明。

(三)光绪年间家谱

在咸同年间,朱氏的修谱活动在太平天国运动的冲击下暂时中断,一直到光绪年后期才又见新谱产生。

1. 光绪二十八年《泾川朱氏支谱》

简称光绪二十八年谱或八甲绍士公续修支谱。总计十二卷、首一卷、末一卷,六册,木活字本,光绪二十八年(1902年)修。中国社科院历史所等3家单位和个人有藏。

《中国家谱总目》显示该谱编纂者为朱度成,通过调阅该谱,笔者发现朱度成为跋语作者,并非谱牒的编纂者。

朱度成,时任歙县教谕,恩科举人出身,系与朱珆同族的成叔公派,而该谱是乾隆年间修成的八甲绍士公派支谱的再次续修。对此,朱度成在跋语中有详述:

> 本朝乾隆乙酉岁,群议续修宗谱,而族愈繁大,意见各歧,故我分甲祖用铿公派弗兴焉。久之,而分甲支谱亦牵于浮议,不溃于成,此我十四世祖璐初公裔绍士公派下所为纂修支谱,以俟将来也。
>
> 独是兹谱历今百三十有余年矣,以生聚之日繁、子姓之散处,继以咸同间之兵灾,人民殡厝蹂躏惨遭,其老死者,不知殁于何时,其幼弱者并忘其所自出。
>
> ……丙申冬,公派下诸族人有见于此,商之,益斋族叔总理其事,益高慨然引以为己任,众擎共举,家外一心。越二年而益高殁,又踰年,其子星元揅营丧葬事毕,方欲继承先志,而逊不自任也。适族倅幼湘茂才自津沽言,旋亟从惠之,以赞其成,族众均欣然分任其事。
>
> 今年爰世系谱成,幼湘来歙,乞序于余。……余因之有感矣。方乾隆乙酉之修宗谱也。我甲未兴,议修分甲支谱事,亦旋寝,而公派支

谱首先告成,绂公分踵而成之,越五纪道光乙酉而我分成叔公支谱亦成。公派支谱续修告竣,而我分诸族人方有志而未逮也。①

引文中清楚地显示了该谱由朱益斋"总理其事",朱益高和其子星元以及幼湘等人为主要的编纂人。该谱的性质也十分清楚,是对乾隆年间产生的系列八甲分支谱之一绍士公谱的续修。绍士公为八甲礼宗公三房湄源公下瑢初公的次子,也即道光五年谱所托始祖先成叔公的兄长。

值得注意的是,引文指出,乾隆年间绍士公支谱率先修成,这与我们上述了解的情况不同,根据资料看,最先修成的是文峰派支谱,也即引文所称的绂公支谱。

从引文最后看,成叔公派此时也在酝酿续修道光五年谱,后来形成我们今天看到的光绪三十二年(1906 年)《张香都朱氏续修支谱》。

2. 光绪三十二年《张香都朱氏续修支谱》

简称光绪三十二年谱,共三十六卷、首一卷、末一卷,十册,刻本,上图等 17 家机构有藏。该谱是泾县朱氏系列家谱中卷数册数最多、最为常见的版本。从世系涵盖的范围看,该谱是对道光五年谱中第二十六世乡贤公(朱武勋,即朱玙的曾祖父)派下世系的续修。

关于该谱的编纂背景,总纂朱彝,恩贡生,前定远县教谕,乡贤公七世孙,在谱序里说,泾县地方在太平天国运动期间遭遇了惨重的损失,张香都族人多流离失所,战乱平息后又遭瘟疫,家乡的恢复重建极为艰难,因此重新修谱的过程也是屡议不决,十分曲折:

> 光绪戊寅,昆彩公裔孙宗浚公,重建聚星堂,钞出祠薄、意在续修,惟时人各谋食无暇。旋里开局兴办,且乾薄已失,在外者子女婚忌大半未报,兰明之薄亦零落无头绪。幸已宫赞公孙之埩公有志继承,从位薄循流溯源,始有端倪,阅时两年,略成底稿,信查各埠覆答寥寥,孤掌难擎,废然中止。
>
> 岁庚子,同族聚议,意见不孚,将作复辍,溯乙酉至甲辰,阅八十

---

① 清光绪二十八年《泾川朱氏支谱》卷末《跋》,中国社科院历史所藏本,第 1~4 页;笔者查阅该谱得到中国社科院历史所顾建娣女士的帮助,特此致谢。

年,代远年湮,失传是懼。是冬,复议举办,失事机之会,稍纵即逝,再衰三竭,理有同然。……诸叔兄弟,决之果而任之。

可见,在光绪戊寅年间,成叔公派即开局兴修,但是半途而废。到了庚子年复议,才重新决定续修。由于张香族人不少流离在外,此次修谱的特殊之处在于,并非在泾县张香都故里开局兴修,而是由旅居在江西南昌的族人实际主持,所谓:"开局徒多靡费,旷日持久,而邮函往返,剞劂招公不如洪都之灵便,同事既多,里中亦公举襄办。家外合力事期实济,固不必侈言体统也。"①

体例上,该谱因袭道光五年谱,"一切率由旧章,续增世表传铭墓图",至于世系覆盖范围,"其不能仍合远族者,非特成叔公裔下散漫难稽,即至近如伯祖武烈公一支已无从查问。今仅修本支托始乡贤公,亦犹原谱其可考也",也就是仅仅续修了八甲成叔公派下的乡贤公支。

四、民国张香朱氏家谱

进入民国年间,张香朱氏兴修家谱活动走向低潮,只是出现了零星记录本房子孙繁衍情况的小型房谱。

(一)《八甲庆橶一线谱》暨出生簿②

简称庆橶一线谱。该谱由笔者田野调查所得,不分卷,一册,抄本复印。有两部分组成,第1~21页为世系,从一世茶院到第二十七世朱庆橶之间为单线,从第二十八世始分派,仅录到第二十九世平字辈。朱庆橶为八甲成叔公派下二房枏公文缙公之孙,由此判断该谱系八甲成叔公派下的一个小房谱。

该谱后面还附有一本出生簿,共计36页。记载了成叔公二房枏公文缙公支下328名男性的出生年月日时,时间跨度从道光丙戌年(1826年)到民国壬戌年(1922年)。出生簿首页首行书:"□酉年支谱成后十一月初

---

① 清光绪三十二年《张香都朱氏续修支谱》卷首《新序·朱彝谱序》,上海图书馆藏本,第3页。

② 泾县榔桥镇黄田村朱谱祚之女藏有该谱复印件。

一日起"字样。道光五年(1825年)为乙酉年,道光五年谱记事至乙酉年十月。可以判断,这个出生簿为道光五年谱成之后,成叔公派二房枰公文缙公支记录本支男性族人出生信息的专门登记册。这一登记制度持续了近百年之久。

(二)《二甲朱氏成荣公一线谱》①

简称成荣一线谱。不分卷、一册、抄本、作者不详,由笔者田野调查所得。从一世茶院起到第三十二世朱成荣,均为单线,成荣公名下录有两子,最晚记事年代为民国廿八年(1939年)。

从世系上看,成荣系二甲朱氏李园村派下,第二十八世时有朱润,是乾隆三十年谱总纂朱润之弟,居宣城,到第三十世时有朱一璜,卒葬湖北黄陂,第三十二世成荣公卒葬湖北汉阳府城。可见这一支为张香二甲外迁到宣城而后又迁往湖北的朱氏。

值得注意的是,世系图前录有一份"订辑本支鱻麟谱序",落款时间为清嘉庆四年(1799年),署名茶院第二十八世孙朱安抱。谱序中以张香二甲达真公后裔自居,托始祖先朱鱻麟,说明张香二甲朱氏有一派可能在嘉庆四年时修过支谱。但是,该谱序回顾修谱源流时,只提到明嘉靖谱,而不提由二甲朱氏主要参与的乾隆三十年谱。查阅乾隆三十年谱,朱鱻麟和朱安抱其人也未见有录。此处存疑。

(三)《朱氏一线谱》

简称鸿度一线谱,不分卷,一册,抄本,藏上图。该谱记录世系36代,从一世茶院到三十六世世字辈,其中第三十二世朱鸿度以上为单线,朱鸿度以下分派,记录至四代。朱鸿度属八甲成叔公派支下。由此判断该谱性质为八甲成叔公派下的一支房谱。

前节已经提及朱鸿度是中国近代史上有名的民族资本家。朱鸿度,自父亲一代迁往江西南昌,业盐起家。朱鸿度与李鸿章等人交往密切,曾协办上海机器织布局,之后长期在沪上经商。光绪二十年(1894年),在苏州河畔叉袋角(今淮安路640号)创办裕源纱厂(上海第四棉纺织厂前身)。产业在其子朱友鸿手中愈加发达,先后于上海创办裕通、裕亨纱厂、裕丰面

---

① 泾县榔桥镇中心小学教师朱小满先生藏有该谱的复印件。

粉厂,在汉口开设裕隆面粉厂,在江苏支塘开设裕泰纱厂,在高邮开设裕亨面粉厂。在苏北、山东开盐场,在长江中、下游各大商埠设盐号、开当铺约30处。抗日战争爆发后,朱鸿度、朱幼鸿产业急剧败落,1949年部分后裔定居香港。该支朱氏的名人还有著名音乐家朱践耳,该谱录有其名字,谱名为朱荣实。

该谱的最晚记事年代约为民国三十六年(1947年)。谱中记第三十四世朱世胄,"交通大学工学院机械工程系四年肄业"①。查上海交通大学历史档案学籍记录,肄业年份确定为1947年。②

(四)《朱氏宗谱》

据《中国家谱总目》,泾县蔡村镇小康村藏有《朱氏宗谱》,四册,卷不详,木活字本;作者为朱宗斌等;修谱时间为民国五年(1916年)。

蔡村位于泾县东北部,张香都位于泾县东南部,两地有相当距离。《中国家谱总目》显示蔡村朱氏始迁祖也为朱纬,本支始迁祖则为朱关保,字信诚,明代人。查乾隆三十年谱,茶院第十三世有神保、多保、关保、铁保四人,张香朱氏为神保公后裔,多保公传数世后后裔出继汪姓,关保和铁保名字下书"止"字,即朱关保没有后裔。③ 由于原谱未见,无法作出进一步分析。

本节介绍了总计17部家谱。这些家谱由张香朱氏及其内部不同的支派兴修,为了更加清晰地展现家谱之间错综复杂的关系,特制作下图。

---

① 《朱氏一线谱》《世系第三十四世·朱世胄》,上海图书馆藏本。
② 上海交大档案馆藏:档号 L82－487《交大毕业生名册》(1947)。
③ 参见清乾隆三十年《泾川朱氏宗谱》卷2《张香宗派·关保》,上海图书馆藏本,第2页。

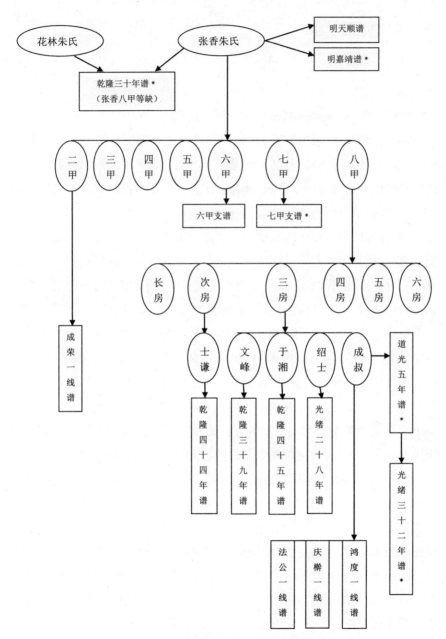

图 1.4　张香朱氏系列家谱关系示意图①

---

①　本图共显示 15 部家谱。民国五年《朱氏宗谱》和清乾隆四十五年《泾川朱氏支谱》(朱熙本)两部,因为所属支派关系不确定,图中未录。有 * 标记的家谱表示,该谱为笔者计划在今后研究中重点运用的谱牒。

第三节　小结

　　结合上图,对家谱的编纂特点作一个概述。

　　第一,张香朱氏系列家谱,并非由张香朱氏这样一个恒定不变的行为整体通过历年定时续修而成的,而是不同时期涵盖了不同的世系范围的性质多元的数种家谱的一个总和。因此,张香朱氏系列家谱不是形式整齐划一的、逻辑简单直白的,而是形式多种多样、逻辑多重复杂的。其背后反映的是,张香朱氏内部在血缘和地缘关系的交叉作用下产生了复杂的支分派别、兴衰起伏和由此而来的利益多元化及地方宗族权力格局的变动。

　　大致而言,明代两次修谱,张香朱氏宗族尚出于成长期,虽已经出现派别,但是分化不明显,尚能统合在一起兴修宗族范围内的家谱。其中二甲朱氏自明嘉靖年间起在张香朱氏宗族内部较为强势,在嘉靖谱编纂中起到领导者的作用。进入清代乾隆年间,张香朱氏与花林朱氏兴修了通谱,二甲朱氏延续了领导者的势头,在其中起到总协调的作用,但是随着宗族的繁衍,张香朱氏内部支分派别带来的利益分化在此时充分暴露,使得乾隆三十年谱成为张香朱氏宗族大集会的最后"绝唱"。传统的强势派别二甲朱氏开始走下坡路,失去兴修宗谱的号召力。此后,八甲各派支谱、七甲支谱、六甲支谱,其他小型房支谱纷纷涌现。八甲朱氏由于势力的上升,在新一轮支谱的兴修中表现得十分活跃。其中最为抢眼的是八甲成叔公派。虽然他们号召兴修全族范围内的宗谱未成,但是所修的道光五年支谱和光绪三十二年支谱,体例完备、印刷精美,影响力大,俨然成为张香朱氏后期家谱的代表,充分地展示了八甲成叔公派在张香朱氏族内后来居上的地位。由此,家谱编纂的历史、修谱权的交替更迭是宗族发展演变、派别盛衰起伏的重要表征。

　　第二,从家谱的生成机制上看,家谱的兴修既是大的社会环境和风气使然,又受到自身发展过程中的带有偶然性因素的影响。从社会环境来看,这些家谱无疑是明清时期在中国相当大的地域范围内开展的宗族建设的一种产物,而且家谱的兴衰起伏明显受到社会变动的大周期例如明清鼎革、太平天国运动的影响。从偶然性因素来看,官宦退休还乡,往往是一个修谱的重要契机,但是族内官绅阶层的发育和成长并非是必然的,有时是可欲而不可求的;族内兴旺发达、凝聚力达到鼎盛固然是修谱的极好时机,但是族内发生矛盾冲突也可能反向激发不同支派各自兴修家谱。

最后要说明的是,在这些玲琅满目的家谱中,嘉靖谱、乾隆三十年谱、道光五年谱、道光六年谱、光绪三十二年谱,这五种家谱是笔者今后研究中最常用的,当然五种家谱之外,笔者也会根据研究需要,适当引用其他家谱中的相关材料。之所以重点选用这五种家谱,有两方面的考虑:

一方面,这五种家谱最具代表性。在天顺谱佚失的情况下,嘉靖谱是今天所能看到的唯一的明修谱牒,其开创性的意义不言而喻,而作为许多问题的源头所在,也是研究中经常需要追溯的;乾隆三十年谱,是入清以来张香朱氏联合花林朱氏合修的一部大型通谱,笼络了张香朱氏的多数派别,无论是要了解清代张香朱氏的基本面目,还是讨论家谱中的公与私的紧张与对立,该谱都是首选文本;道光五年谱和道光六年谱,都是没有收进乾隆三十年谱中的支派所修的家谱,道光五年谱是由进士朱琦修成的族内名谱,而道光六年谱与嘉靖谱、乾隆三十年谱有着由矛盾和冲突结合起来的内在逻辑;光绪三十二年谱是朱氏在太平天国运动之后所修家谱,对了解清末家谱的编纂特点是必要的补充。

另一方面,总体上看,五部谱牒版本完整、体例完备、时间系列均匀,文本内容可以相互对比、参照。而且除了嘉靖谱收藏于南京图书馆外,其他四种家谱上海图书馆均有藏,也为研究提供了便利条件。

从文化软权力角度分析,在基层社会中编纂各个宗族的家谱,是族老、士绅们进行文化软权力建设的重要文化手段,或者说家谱是文化软权力的重要载体。在其上,我们可以感知到软权力运作的特殊韵律,多数时间波澜不惊,润物无声,时而也会出现疾风骤雨,乃至血雨腥风。安徽泾县朱氏系列家谱正是以时间系列的连续性、体例的完备性、版本的多重性和矛盾冲突的典型性,成为分析文化软权力在中国传统基层社会中运作的极佳样本。

第二章　名门望族的塑造:张香朱氏与朱熹同宗?

　　泾县张香朱氏,"溯其先世从徽婺迁徙,紫阳文公其同出也。理学渊源,家传鹿洞,邑中推为望族"①。清乾隆三十年(1765年),泾县知县李元标为《泾川朱氏宗谱》作序时如是说。

　　李知县这一评价,直击张香朱氏族人的兴奋点:与大名鼎鼎的南宋理学家朱熹同宗。这一令人极为自豪的先祖来源,自朱氏族人在明天顺年间通过首修家谱确立后,成为历修家谱自觉传承的宗族"亮点",也成为张香朱氏宗族得以维系的强大的精神内核。

　　这种关于宗族历史起源的话语体系,在张香朱氏族内拥有类似意识形态的神圣地位,甚至逐渐内化为族人意识结构深处的"无意识"。这一先祖来源不容质疑,也很少有人怀疑,而这正是家谱传递给我们的最重要也是最"不露声色"的宗族的集体话语表达。笔者将之称为"历史的话语传统",简称"话语传统"。

　　那么赋予这种话语传统的权威性力量源泉在哪里? 是在于真实地反映了宗族历史的起源、世系的自然传递,还是由隐藏其背后的宗族建设所赋予的? 又或者是多种力量的杂糅推动? 话语传统对现实社会的意义和影响何在呢? 这一切只有通过对张香朱氏家谱的深入解剖,在理解其话语传统的形成过程中才能找到有说服力的答案。

---

　　① 清乾隆三十年《泾川朱氏宗谱》卷首《新序·李元标谱序》,上海图书馆藏本,第1页。

第一节　话语传统之核心:早期世系的结构

话语传统的核心是一套关于宗族早期世系结构的解释模式。因此,研究话语传统的形成,首先要从早期世系的创建说起,从解构早期世系做起。在对早期世系的解构式研究方面,钱杭教授和濑川昌久教授的研究给我们以重要启发。下面结合他们的研究,先对世系构建的一般原则和划分方法作出说明。

一、世系构建的一般原则和划分方法

按照钱杭教授的理论总结,家谱上所呈现的宗族的世系关系具有两大特征:"可证实性"是其第一特征,"可拟制性"是其第二特征。前者是指"'世系'的内容首先是指以系谱形式对具有亲属团体成员资格者的连续性展示","它是可以被后人根据'祖—父—子—孙'之间的'相连缀'的资料予以证实的一种人际或代际关系"。① 后者是指"世系关系具有主观建构性","世系关系既基于血缘关系,又不拘泥于或超越血缘关系"。②

简化钱杭教授的论述,世系构建是后人用相关资料建立起的兼具可证实性和可拟制两种特征的关系,这种关系不完全等同于天然的血缘关系,而是具有一定程度的主观建构性。钱杭教授关于世系关系的表述揭示了世系构建过程中的关节点,为我们厘清了世系构建的基本特征和一般原则。特别是钱杭教授强调世系关系具有"主观建构性"的特征,为我们着手进行解构世系提供了理论支撑。

与钱杭教授的看法相呼应,濑川教授将家谱的世系编纂归结为一个"追溯性的重构过程",他指出:"实际编纂族谱的时间与族谱所记载的早期祖先的时代之间,就存在一个绝大的时间差,在此情况下,族谱的编纂必

---

① 摘自钱杭教授《族谱的世系学研究》课程笔记,第一章《世系学原理》,第5页。
② 同上,第10~11页。

然成为一种追溯性的、以逆时而上重构以往系谱的方式出现的行为。"①

在明确家谱编纂为一个追溯性的世系重构过程后,濑川又对世系进行了细致的划分:"一般的看法是,最早定居于本村或本地域内的开基祖以后的部分,与开基祖以前的远祖部分有很大的区别;即使在开基祖以下的部分中,最早一部族谱编纂以后的部分,与开基祖或主要分支的始祖等宗族的早期部分,性质也是不同的。"由此,他将世系划分为三段:老层(始迁祖或曰开基祖之前),中间层(开基祖以后的早期),新层(最近的祖先)。不同阶段的世系所依据的资料来源不同。老层世系"须参照居住在别处的同姓人们此前已经编成的族谱",而中层世系和新层世系,"可能是动员和收集供奉在祠堂及家庭祭坛等处的牌位资料、墓碑文字、口头传说等宗族存有的各类资料"。②

濑川的研究有重要启发,本书充分认同老层、中层、新层的世系划分法。不过在此基础上,笔者又进一步将中老层世系合并起来统称为早期世系。理由是,从能否相对比较准确反映世系接替的角度考虑,中老层世系和新层世系的性质不同。中老层世系的共性是具有很大的不确定性,而且两者关系密切,老层世系计划要追溯的方向受到中层世系的影响,反过来,中层世系的结构安排也要受制于计划要连接的老层世系。新层世系的基本特征是能相对准确地反映世系传递状况。

依照张香朱氏家谱的特点,早期世系和新层世系有一个大致的临界点,第一次修谱时一般能向上比较准确地追溯约三到五代左右的世系,是为新层世系,再往上就进入具有很大不确定性的早期世系范围了。而早期世系的谱系结构正是话语传统的核心,也就是我们接下来要加以解构的对象。

二、张香朱氏的早期世系

张香朱氏完成早期世系的构建为第一次修谱时,即明天顺六年(1462

① [日]濑川昌久:《族谱:华南汉族的宗族·风水·移居》,钱杭译,上海书店出版社,1999年,第6~7页。
② 同上,第7页。

年)。天顺谱尚存的谱序中透露出:"其上世与徽国文公之先同所自出,故其谱中所定凡例,悉依文公旧谱,使各纲举目张,源委粲然。"①明确指出,张香朱氏的上世与朱熹先人"同所自出"。

就此,嘉靖庚子年(1540年),张香朱氏重修家谱,从婺源所请的专业修谱人游北涯在后序中也曾经提及:

> 张香朱氏始祖纬公与吾婺源之阙里同五世祖,亦已会通茶院府君之旧谱久矣。天顺间方纯实已尝为修辑之。但其式不准欧,文辞鄙俚,经数十年来云仍益繁而迁居散处者益多,今以其所修旧谱延请予来重修之。②

按照谱序,天顺谱完成世系构建后,嘉靖谱基本继承下来,修改的地方,主要是按照"五世一图"的方法改造世系格式,并进行了文字的润色修改和新的谱系的接续。

此外,我们在前章,通过复原天顺谱修谱人的世系关系(参见第一章图1.2),也复原了天顺谱所能比较准确追溯的世系,大约到十四世宗原公的位置。由此,十四世以下的世系为新层世系,之上从茶院第一世到第十三世属于早期世系的范围。早期世系再以泾县始迁祖朱纬为分界点,划分为老层世系和中层世系。

(一)老层世系:与朱熹同五世祖

张香朱氏老层世系与朱熹直系谱系的前五世相同。早在南宋淳熙十年(1183年),朱熹作《婺源茶院朱氏世谱》,将一世祖定为唐末的朱瑰。朱瑰因黄巢之乱避地歙县黄墩,唐天祐中,以刺史陶雅命令率三千士兵,驻防婺源,子孙因家焉,官至制置茶院,世称茶院府君。茶院府君以下共编订十一个世系,朱熹为茶院朱氏九世孙。③

关于茶院府君以下世系接替和迁徙分派情况以及泾县张香派在其中的位置,嘉靖谱序中有一段话简洁明了,抄录如下:

---

① 清道光五年《张香都朱氏支谱》卷首《旧序·赵昌序序》,上海图书馆藏本,第17页。
② 清道光五年《张香都朱氏支谱》卷首《旧序·游北涯谱序》,上海图书馆藏本,第20页。
③ 参见清道光五年《张香都朱氏支谱》卷首《旧序·文公修谱序》,上海图书馆藏本,第14页。

茶院传廷隽,廷隽传昭元,昭元传惟则、惟甫。

惟则公之后世居长田,是有长田派。

惟甫公传芦村府君振,生四子,曰纬、绚、发、举。

纬公一名中立,历官于淮,道归过泾,信宿于丰登之乡,见其土地沃饶、山水明秀,遂同子旦公居焉,是有张香派。旦公长子旺迁青阳,是有青阳派。三子荣公迁花林,是有花林派。

绚公生森,森生韦斋府君,迁于建阳,是有建阳派。文公次子野传钜,钜传济,济传椿,椿传勋,勋充阙里掌祠,是有阙里派。

发公迁旌邑西里村,是有西里派。

举公之子瓒迁休宁临溪,是有临溪派。瓒之孙时迁月潭,是有月潭派。时之子埙迁歙环溪,是有环溪派,此派别之大概也。①

下面根据嘉靖谱序以上信息绘制成世系图2.1,以便直观地呈现。

---

① 清道光五年《张香都朱氏支谱》卷首《旧序·朱爵谱序》,上海图书馆藏本,第18～19页;南图藏嘉靖原谱开首数页缺失,该序遗失。

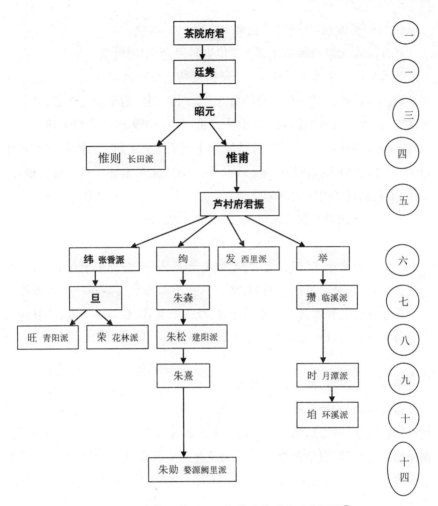

图2.1 张香朱氏老层世系与茶院朱氏世系分派图①

观察世系图2.1,茶院朱氏一世祖朱瑰,二世祖为廷隽,三世祖为昭元,到第四世有惟则和惟甫兄弟。惟则,又称"长田府君",为长田派祖,世居婺源。惟甫之子振,又称"芦村府君",为朱熹高祖。"芦村府君"下分四房,长房朱纬,又名中立,被张香朱氏奉为始迁祖;二房朱绚是朱熹的曾祖,后迁往福建;三房朱发为旌德"西里派"始迁祖;四房朱举下分出"临溪派""月潭派""环溪派"三派。张香朱氏与朱熹同五世祖的格局十分清晰。

① 资料来源参见清道光五年《张香都朱氏支谱》卷首《旧序·朱爵谱序》,上海图书馆藏本,黑体者为张香朱氏老层世系脉络。

（二）中层世系：从迁泾始祖到十三世

从茶院朱氏第六世朱纬到十三世朱神保，为中层世系。

张香朱氏以朱纬为始迁祖①。包括嘉靖谱在内的朱氏诸谱皆记：朱纬为茶院第六世孙，一名中立，号拙翁，历官于淮，而信宿于泾之丰登，见其土地沃肥，山水明秀，遂迁居之，生北宋嘉祐四年（1059年），卒南宋建炎三年（1129年）。朱纬之子为朱旦，茶院第七世孙，字文旭，生北宋元丰四年（1081年），卒南宋绍兴庚午年（1150年），随同父亲朱纬迁泾。据此推算，朱纬、朱旦的迁泾时间为两宋之交。

朱旦之后的世系和分派情况，嘉靖谱序说：

> 旦公之子三，旺公迁青阳，荣公迁花林，惟兴公生子八一公、八二公，而八二公之派悉迁南都，至今八一公派为独盛。八一公以五桂名其子，桂二、桂四历三四世而无传，桂五派有传，桂二派为盛，而桂一派为尤盛也。桂一公历三世而至神保公。②

根据以上信息，制成世系图2.2。

参照该图，中层世系历8世，大约处于南宋到元代，时间跨度约二百多年时间。其中前四世，从朱纬、朱旦、朱兴到朱祺约一百多年，虽然有分派，但是均迁往外地，对于张香朱氏来说没有实质的意义。到第五世，也就是茶院第十世，才出现桂一公、桂二公和桂五公的分派。由桂一、重一、京一、神保而到宗原，这一支是张香朱氏的大宗，最为繁盛。由此，在乾隆三十年谱中又将自朱纬到朱宗原一脉九人，奉为张香朱氏的九大世祖。

---

① 关于迁泾始祖的问题，朱纬和其子朱旦同时迁徙，在嘉靖谱中地位上并尊。在世系图中，朱旦被奉为"张香朱氏迁迁之祖"，但是在墓图中又有"始祖纬公之墓"字样。清代以后的家谱皆尊朱纬为始迁祖。

② 明嘉靖十九年《泾川朱氏宗谱》卷3《世系引言》，南京图书馆藏本，第1页。

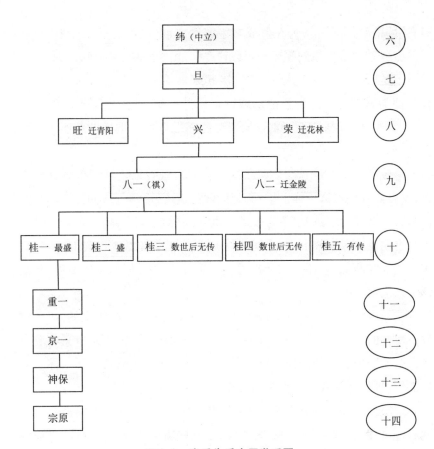

图2.2　张香朱氏中层世系图

　　中层世系与老层、新层世系明显不同在于，世系所录人物除了始迁祖朱纬父子外，生卒年月一概失考，而且中段中有四世，人名八一、桂一、重一、京一连续出现数字符号，人物事迹或是简略，或是有表彰父子登宋进士①，而通过检索各种史志材料却无法证实的记载。

　　这种中层世系的模糊性，刘志伟在广东家谱的研究中也已注意到："许多家谱记载宋之前世系非常清楚，而定居之后的世系也清楚详细，但中间的若干代往往记载简略，甚至世代混乱不清"的情况。就此，刘志伟提出

---

　　① 嘉靖谱中提到朱祺南宋时登进士；乾隆三十年谱则说，朱祺和父亲朱兴父子登进士；道光五年谱补充其事"今无考"；通过检索《四库全书》《全宋文》自动搜索系统，查阅道光《安徽省通志》及其嘉靖、嘉庆《宁国府志》，嘉靖《泾县志》均未发现相关记载；嘉庆《泾县志》正式的进士选举表中没有记载，但表下小注有朱祺一人。

"口述的谱系传统",认为在形成文字家谱之前,族内还存在一个"口述的谱系传统",中层世系的模糊性可以说是口述谱系的一种反映。同时,中层世系还是新层世系和老层世系连接起来的有一定弹性和伸缩性的"软管",即刘志伟所说:"为了把宗族世系向前推衍,并附会历史上的名人世族,需要通过'考据订正',重新编造出能够把近世和远代世系连接起来的世系。"①

总体来看,不得不说,呈现在我们面前的张香朱氏早期世系并不太夸张,没有像有些家谱一样上推到三皇五帝,造成钱大昕所说的,"遥遥华胄,徒为有识者喷饭之助矣"②的效果。世次间隔也合乎逻辑,从第六世朱纬到第十七世的天顺修谱人,中间间隔11代。若以朱纬去世前10年即1117年为迁徙时间的话,那么与天顺修谱时间1462年,相差340多年,除法运算下来世次间隔约为30年。

然而由于我们认同世系是通过逆向回溯的方式建构出来的,因此对于世系解构的方向是清晰的。这其中,从他地嫁接而来的老层世系与脱离修谱人所能准确追溯范围的中层世系,既是修谱人着力营造其话语体系的关键部位,也必然是我们努力去理解和解构的方向。

中层世系和老层世系密切关联,相互影响。一方面,中层世系由于毕竟通过口述谱系传统等资料来源承载了某些历史的线索和片段,进而影响了老层世系的选择;另一方面,一旦选择了某一清晰化的老层世系,又必然要求中层世系与之相适应。参照怀特的话语观,话语就要在此往返运动,力图在老层世系和中层世系之间建立起合理逻辑的连续性,由此薄弱环节正处在中层世系和老层世系的连接点上,也成为我们打破其连续性所选择的极佳切入点。下节详细讨论。

---

① 刘志伟:《族谱与文化认同——广东家谱中的口述传统》,载王鹤鸣等编:《中华谱牒研究》,上海科学技术出版社,2000年。

② 钱大昕:《潜研堂集》卷26《钜鹿姚氏族谱序》,上海古籍出版社,2009年,第448页。

第二节　对张香朱氏早期世系的解构分析

一、天顺修谱所参考的徽州朱氏家谱

濑川的研究已经指出,构建老层世系的参考资料主要来自原迁出地的同姓谱牒。张香朱氏老层世系的基本架构是与朱熹共五世祖,这一架构是第一次的天顺修谱时就确定下来的,为此需要借鉴徽州的相关谱牒,那么天顺修谱时所直接参考的家谱文本是什么? 就此可以通过分析嘉靖谱上所载的徽州谱序而获得。

嘉靖谱上所载来自徽州的谱序有三个。第一个谱序为《婺源茶院朱氏世谱后序》,由朱熹于南宋淳熙十年(1183 年)作;第二个《茶院朱氏续修世谱序》,由王寿于正德丁丑年(1517 年)作;第三个为《歙县环溪朱氏修谱序》,由朱升于明洪武二年(1369 年)作。① 三篇徽州谱序,代表三种不同的徽州谱牒:朱熹所作的《婺源茶院朱氏世谱》(简称朱熹原谱),正德年间婺源长田派所修《茶院朱氏续修世谱》(简称正德长田谱)和洪武年间歙县环溪派所修《歙县环溪朱氏家谱》(简称洪武环溪谱)。接下来我们逐一分析,谁为天顺修谱所借鉴的直接文本?

(一)排除朱熹原谱和正德长田谱

朱熹原谱,不见于自宋元明清以来各家历修的种类繁多的朱子文集中,长期以来朱子学研究者倾向于认为其早已佚失,但是其谱序广泛流传于明清朱氏家谱以及地方志等文献系统中,例如地方史志中的明弘治《徽州府志》《新安文献志》,清道光《安徽通志》,乾隆《歙县志》等均有载。

这些谱序大体相同,有些家谱上所录谱序出于比较明显的意图有篡改

---

① 南京图书馆所藏嘉靖谱残破,现在只能看到王寿和朱升谱序,但是朱熹谱序应该在嘉靖谱中有录,因为不仅后世的泾县朱氏谱牒中均载该序,而且笔者所翻阅过的徽州朱氏谱凡是自称与朱熹有关的,都载有该谱序。

痕迹,但比较容易辨认。① 根据谱序,出生于福建的朱熹,以婺源为祖先故里,南宋淳熙丙申年(1176 年)回归故里,祭拜并寻访丢失的祖墓,又于淳熙癸卯年(1183 年)"因阅旧谱,感世次之易远,骨肉之易疏,而坟墓之不易保也,乃更为序次,定为婺源茶院朱氏世谱"。谱序中部分透露了朱熹祖上谱系的内容:先世居歙县之黄墩,相传望出吴郡;唐天佑中,始祖制置茶院府君领兵三千戍婺源,子孙因家焉;"先吏部"(父亲朱松)为茶院君第八世孙,宋宣和中在福建政和为官,葬承事府君(祖父朱森)于此,遂为福建人;到朱熹之孙,在福建已五世,居住六十多年。此外,在谱序中还零星提到十五公、潋溪府君、芦村府君、王桥府君、族弟然等人,并叮嘱后人:"十一世以下,来者为艾,徽、建二族,自今每岁当以新收名数更相告语而附益之,庶千里之外,而书如一传之永远,有以不忘宗族之谊。"②

从谱序来看,朱熹所修为从始祖茶院府君到朱熹之孙共十一世的世系,谱序虽透露出一些世系接递的信息,但毕竟不是一个完整的世系表。

明清以来,自称与朱熹同祖的徽州和其他省份乃至韩国和东南亚等地的朱姓谱牒很多,但现在来看,朱熹所编订世系的原貌反而迷失在这些数量不菲的家谱所制造的不同言说体系中。不过,朱熹的直系祖先尚比较清晰,各谱也比较一致,难点在直系之外的各个分支,十分杂乱、面目斑驳。

因此,辨别谁为正统,谁家谱牒更接近原貌? 是一个重要问题。这可能没有绝对的准确答案,因为没有一家谱牒很坚定地称见过朱熹原谱,他们甚至很少注明世系来源,因此只有通过分析编纂年代、世系关系等手段得出相对的结论。

究其原因,为谱牒特有的流通方式和书写方式所导致。一是,从流通方式上,家谱多数保存在子孙后裔手中,在私人范围内流通,或因为时代久远、社会动荡或子孙式微导致原本佚失。不过,有零星证据显示,朱熹原谱有可能曾经保留在宋版的一百三十卷本的《朱熹文集》③中,但是这一版本

① 各种文献中所载朱熹谱序略有差异,有的谱序中有朱熹加的按语,有的则没有,而最大的不同是"近来乃有自言为茶院昆弟之后者……盖其是非不可考矣"一句,在徽州另外一支朱氏的家谱中"是非不可考"一句是没有的,其用意明显为了攀附朱熹所在的茶院朱氏,有学者已注意到,因与本书无关,所以不加展开。

② 清道光五年《张香都朱氏支谱》卷首《旧序·文公修谱序》,上海图书馆藏本,第 14 页。

③ 该证据见《新安月潭朱氏族谱》,后面会详细论述。

文集很早就佚失未见，连朱子学研究界对此也知之甚少，也就是说，朱熹原谱仍旧没有成批量流通过。没有公开的权威版本，是导致朱熹谱系迷失的重要原因。二是，多数谱牒在编修时将上次谱牒世系进行重新编辑，最常见的是不录远系，只保留近枝，导致部分世系在延续过程中被删除。至于像朱熹这样的名人谱牒，还会由于同姓异宗蓄意冒附，而在编修谱牒时故意篡改世系。由此想确定朱熹谱系的原貌显得有些"可望而不可及"。

不过 1991 年，浙江大学束景南在《朱熹佚文辑考》中声称发现朱熹原谱，保存在民国修《新安月潭朱氏族谱》卷一中，他说："朱熹《婺源茶院朱氏世谱》，向以为亡佚，唯见后序。王懋竑作《朱子年谱》未见此书，至承前谱之误，以为《世谱》及其序作于淳熙三年，今吴其昌、牛继昌、金云铭、周予同等诸家朱熹著述考，均订此书已'佚'，而皆不知此书即在民国重修《新安月潭朱氏族谱》中也。"①2002 年，华东师范大学古籍所编《朱子全书》（全二十七册）出版，在第二十六册"朱子佚文辑录"中收录了束景南从《新安月潭朱氏族谱》中辑来的《婺源茶院朱氏世谱》。②

但是一些徽学研究者认为，《新安月潭朱氏族谱》卷一并非朱熹佚文，如赵华富在《安徽大学学报》发表文章提出数个有力的证据反驳束景南。③笔者调阅该谱后，基本赞同赵华富的观点，该谱卷一漏洞明显，不可能是朱熹作《婺源茶院朱氏世谱》的原本，收入《朱子全书》确实不妥。但是该卷不是朱熹原作，并非没有价值，恰恰相反，它是休宁月潭朱氏所传承下来的元代时形成的朱熹谱系的言说体系，值得高度重视。以后笔者还会就此详细说明，在此先回到张香朱氏世系问题中。

通过上述介绍，朱熹原谱长期佚失，未见徽州谱牒的直接征引，朱子学界近来的"新发现"也被更熟悉谱牒情况的徽学研究者否定了，张香朱氏直接参阅宋代朱熹原谱的可能性基本排除。

至于正德谱，张香都朱氏世系结构是在天顺六年（1462 年）修谱时就确定下来的，自然不能参考晚出的正德谱。正德谱序无疑是嘉靖谱新加，

---

①　束景南：《朱熹佚文辑考》，江苏古籍出版社，1991 年，第 321 页。

②　参见华东师范大学古籍所编：《朱子全书》（第二十六册），上海古籍出版社、安徽教育出版社，2002 年。

③　参见赵华富：《〈新安月潭朱氏族谱〉卷一非朱熹佚文考——与〈朱子文集〉辑录者商榷》，《安徽大学学报》（哲社版）2007 年第 2 期。

不过谱序在此时出现也值得注意,容后面再述。

(二)天顺修谱直接参阅的家谱为洪武二年《歙县环溪朱氏族谱》

上述已经排除早已难以寻觅的朱熹原谱和晚出的正德谱,现在就剩下了修于洪武二年的环溪谱。那么洪武环溪谱的基本情况是怎样的? 歙县环溪朱氏与朱熹是什么关系? 张香朱氏又从该谱中继承了什么?

遗憾的是,这一家谱目前佚失未见,但是它的世系结构是清楚的。笔者在前节根据嘉靖谱序制定的茶院朱氏分派图(见世系图2.1)中,已清晰展现。下面,结合谱序和与该谱有密切关系的其他谱牒及文献进一步分析。

关于歙县环溪朱氏,明嘉靖年间的《新安名族志》也有记载。"环溪,位于歙县南三十里。"始祖为制置茶院府君,五世祖振生中立、绚、发、举。"绚为文公先生曾祖,举则迁月潭,时之曾祖也。时生玿,玿迁此。"①朱玿的八世孙真佑,字彦常,洪武初年学士,修谱后请朱升②作序,也就是我们在嘉靖谱上所看到的洪武谱序。现将张香朱氏与环溪朱氏的世系结构对比一下。参见世系图2.3。

---

① 戴廷明、程尚宽等撰:《新安名族志》,黄山书社,2004年点校本,第432页。
② 朱升(1299—1370年),字允升,休宁人,后迁居歙县石门。元末(1367年)举乡荐,为池州学正,后为朱元璋征用,曾提出著名的"深挖洞、广积粮、缓称王"三策。明初为翰林院学士,洪武二年(1369年)二月归养歙县。谱序所作时间为洪武二年九月,恰逢归养歙县期间,为同县的环溪朱氏新谱作序,时间节点符合逻辑。但朱升并非茶院朱氏派,而是徽州朱氏另外一大支,两派后来联宗会谱,因不属于本书范围,在此不展开。

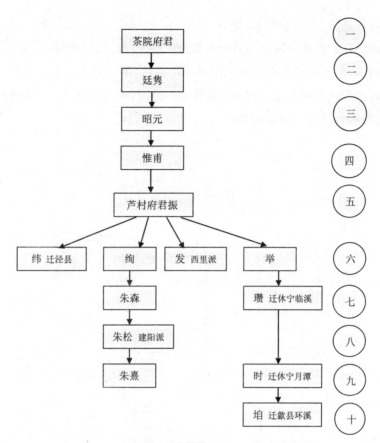

图2.3　张香朱氏与环溪朱氏世系结构对比图①

　　通过对比可知，张香朱氏老层世系中"与朱熹共五世祖"的基本格局明显借鉴自环溪朱氏。不同的地方在第六世，环溪朱氏是芦村府君四房一派，而张香朱氏取芦村府君长房一派。

　　接下来的问题是，张香朱氏为什么取长房为迁泾始祖？在洪武环溪谱中有没有说明长房迁往泾县？我们看不到洪武环溪谱，但还是有一些重要线索可以加以分析。

　　目前所知，歙县环溪朱氏至少两次修谱，除了洪武修谱外，还有一次为成化壬辰年（1472年）环溪朱氏与休宁县的月潭、临溪朱氏合修，起名《新

————————

　　①　资料来源于《新安名族志》关于环溪朱氏的世系介绍，并结合了本章的世系图2.1张香朱氏老层世系与茶院朱氏世系分派图。

安朱氏族谱》(以下简称成化谱)①。

　　该谱卷一为茶院朱氏一到十一世的世系图,并且有专门的芦村府君长房世系图,但不仅没有在长房下说明迁往泾县,而且其下世系与我们在泾县嘉靖谱和历修张香朱氏谱牒中所看到的情况(参见图2.2 张香朱氏中层世系图)截然不同。参见图2.4。

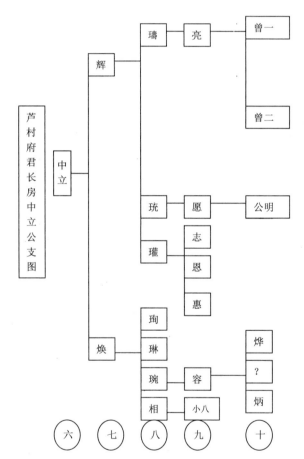

图2.4　环溪、月潭、临溪朱氏合修成化谱中的芦村府君长房五世图②

　　① 该谱藏于国家图书馆南区善本阅览室,由于目前国图维修,将长期停止调阅善本业务。从赵富华转引该谱得知,其卷一与上图所藏的民国修《新安月潭朱氏族谱》同;参见赵富华:《〈新安月潭朱氏族谱〉卷一非朱熹佚文考——与〈朱子文集〉辑录者商榷》,《安徽大学学报(哲社版)》2007年第2期。

　　② 资料来源自赵富华:《〈新安月潭朱氏族谱〉卷一非朱熹佚文考——与〈朱子文集〉辑录者商榷》,《安徽大学学报》(哲社版)2007年第2期。

　　将图2.4与前节图2.2张香朱氏中层世系图对比，被张香朱氏奉为始迁祖的朱纬，又名中立，号拙翁；图2.4的朱中立，并无纬之名，字藏之，无号。如果这还算勉强能对上号，那么下面的世系则完全对不上。从七世到十世，泾县张香朱氏录有19人，休歙三派朱氏录有23人。从世系结构到人名截然不同。

　　行文至此，事情变得愈加复杂。需要继续追问的是，成化谱上这幅中立公世系图，在环溪派初修的洪武环溪谱上有吗？如果洪武环溪谱上有该图，那么张香朱氏似乎不可能视之不见，随随便便就把自己的谱系接到中立公名下。因此，一个直观的判断是洪武谱上没有此图，对于中立公后世情况也没有提及。为了验证这一判断，举两方面的例证：

　　第一，从现存的洪武谱序上看，洪武谱系环溪朱氏首修。始迁祖垍之前历经迁徙，由婺源而休宁再到歙县，并且从垍到修谱人朱彦常中间已间隔八世二百余年，由此环溪朱氏对于始迁祖垍之上的早期世系的详情表现得并不是十分自信。洪武谱序说：

　　　　唐天佑中以陶雅之命，总卒三千人戍婺源，遂家焉，是为制置茶院。至彦常之八世祖垍，徙自月潭。中间四百余年，屡经兵火、虽谱莫详。今彦常溯流寻源，验得八世祖十九公以下墓田所在，生殁葬娶岁月历历可考，故特以十九公为杏城鼻祖。①

　　这些信息明显透露出，修谱人彦常首修环溪家谱，为此需要"溯源寻流"，查找祖先墓田，结果找到八世祖垍以下墓田所在，所以奉垍为杏城鼻祖。至于垍以上的谱系，除了奉茶院府君为始祖和八世祖垍自休宁月潭迁移而来两个比较明显的节点外，中间四百余年，"屡经兵火，虽谱莫详"。可见环溪朱氏在这次首修家谱中，对早期世系的情形可能了解有限。在此种情况下，一般记忆的重点是直系祖先，对于旁系分支不一定清楚。

　　第二，从后来的事实看，歙县环溪朱氏欲清晰化早期的世系，寻找自己的谱系传统，需要从原居地休宁找依据，这一过程正是在成化谱中才完

①　清道光五年《张香都朱氏支谱》卷首《旧序·朱升谱序》，上海图书馆藏本，第15页；南京图书馆藏嘉靖谱该序与前相同，因抄录复制不便，迳用上图藏道光五年谱中该序。

成的。

在休宁有临溪和月潭两支朱氏，都是芦村府君四房举公的后裔。成化谱序说："举之长子瓒，亦徙休宁之临溪，是为临溪朱氏；瓒之孙时，与时之从孙兴同徙月潭，是为月潭朱氏；时之子埕，又迁歙之杏城，去黄墩三里，而近即环溪也，是为环溪朱氏。"①三派关系见世系图2.5。

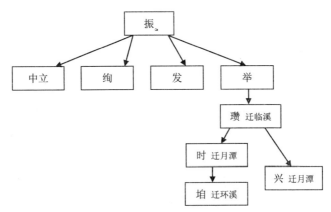

图2.5　休歙三派朱氏关系图②

从关系图上也可以看到，环溪派需要从休宁朱氏中寻找更加清晰的谱系传统。据成化谱序说，洪武谱成后，环溪朱氏不久就积极与临溪谱、月潭谱会通：

　　临溪之谱，瓒八世孙天锡修之；月潭之谱，则兴之孙汝贤修之；环溪之谱，埕之七世孙真佑（字彦常，笔者注）修，而子复德成之。复德子惠志欲会诸谱，未就也。逮嘱纩而命其子长宗，至是长宗乃用禀于仲父良，即走月潭，转相告之族弟云宗、齐宗。咸如所志，各出所藏谱，更相考订，重加编辑，而复收其未登名者。③

会通后形成的世系结构为：自茶院一世，一直修到二十一世。"然，特

① 民国《新安月潭朱氏族谱》卷首《夏时正序》，上海图书馆藏本，第1页。
② 该图仅表示四支朱氏的关系，不标注世代数。
③ 民国《新安月潭朱氏族谱》卷首《夏时正序》，上海图书馆藏本，第1~2页。

详于瓒之一派,而瓒一弟天倪与凡居婺建二族自十一世以下皆未及附载之焉。"①

不过,婺源茶院朱氏一到十一世的世系是登载的,我们看到的中立公五世图就是其内容之一。这里最重要的是,茶院一到十一世系,是以月潭朱氏原来的家谱为底稿。也就是说,成化谱上出现的中立公世系图,是由月潭朱氏提供的,而与环溪的洪武谱没有必然的关联。

基于以上分析,笔者倾向于判断,洪武环溪谱上没有中立公世系图,而是在第六世叙述到派分四房中立、绚、发、举后,到第七世系除了介绍朱熹所在绚公支外(这是任何自称与朱熹有关的谱牒的必述内容),就转向对自己的直系四房举公支的叙述。这样就为张香朱氏留下一个接续自己谱系的空间。

此处,其实有一个比讨论洪武环溪谱有没有该图更重要的问题:如果月潭朱氏家谱之上的中立公世系图的可信度更高的话,那么泾县张香朱氏的朱纬世系图就面临危机。因此,笔者接下来将通过考察月潭谱的编纂情况来讨论中立公世系图的可信度问题。

二、月潭家谱中立公世系图的可信度

休宁月潭朱氏建国前曾四次修谱,一为茶院第十四世朱汝贤编纂于元大德九年(1306年);二为与临溪派、歙县环溪派合修于明成化壬辰(1472年),编纂人为茶院第二十世朱齐宗;三为清康熙四十三年(1704年),第二十七世朱国兰编纂;四为民国二十年(1931年)间,第三十五世朱承铎重修,该谱上图有藏。

成化谱、康熙谱和民国谱,三个谱牒一脉相承的特点就是,卷一为茶院府君一世到十一世的世系,并书有"茶院府君九世孙熹编次"字样。其下又有按语为:

汝贤按:六世从祖紫阳夫子所编家谱,断自茶院府君为始祖,传五

①　《新安月潭朱氏族谱》(1931年)卷首《夏时正序》,上海图书馆藏本,第2页。

> 世芦村府君生四子：中立、绚、发、举。绚即夫子之大父也。举之子瓒
> 始迁临溪，瓒孙时、玄孙兴俱迁月潭。兴即汝贤之大父也。然婺、建两
> 派甚繁，于吾固有疏远，不敢泛载，惟夫子一支为最密。故茶院已下六
> 世，一以夫子定本为正。①

前面已作过介绍，在这里学者们的解读就见分歧了。束景南认为，书
中有朱熹编次，就说明卷一为朱熹所作原谱；而赵华富认为，汝贤在按语中
说一到六世以夫子定本，说明一到六世为朱熹编，七世以下为朱汝贤编。

笔者认为，束景南的观点确实错误，从卷一所载世系来看，整个谱系结
构上显然不是完整的，因为从第七世开始，只见芦村府君派下世系，芦村府
君的兄弟和伯父惟则公的长田派世系都没有录，这一点已能说明此卷并非
朱熹原谱。另一方面，赵华富认为七世以下为汝贤续编也不太准确。续编
有"另其炉灶""重新接续"的意思，既有"夫子定本"，为何只取一到六世，
下面的七到十世就要汝贤续编？而在卷一之后的卷二叙述十一世到十五
世时，则明确注明这部分内容为"茶院府君十四世孙汝贤续编"。

不过，过分纠结于字面的局部，不利于做整体判断。笔者仔细阅读了
《新安月潭朱氏族谱》，认同如王铁所评价："月潭谱比较纯粹，且有来历，
其记载值得重视。"②

从月潭谱的世系编纂手法上看，它不同于一般的世系编纂将不同时期
编纂的世系修理成一个整体，而是采用了"旧谱加新谱"的形式，对于之前
历修旧谱所载世系基本按照原有的形式复制下来③，不同的编纂人编修的
世系下注明作者和修谱人按语。

例如，卷一世系（一到十世），注明朱熹编次，同时加汝贤按语；卷二世
系（十一到十五世），注明汝贤续编，也加汝贤按语；卷三世系（十六至二十
世），注明成化齐宗续编，加康熙国兰按语。

卷一和卷二的内容均有朱汝贤的按语，笔者以为这两部分内容出自朱

---

① 《新安月潭朱氏族谱》(1931)卷1《婺源始祖世系图》，上海图书馆藏本，第1页。
② 王铁：《中国东南的宗族与宗谱》，汉语大词典出版社，2002年，第97页。
③ 当然不排除出于某种目的发生局部修改。但是从主观上，他们计划呈现旧谱原貌，这种
形式有利于追踪世系的形成过程。

汝贤于元大德九年(1306年)年编纂的大德谱。至于卷一注明的"朱熹编次",笔者提出一个可能的理解是,这是朱汝贤所加,用以表明这段世系是由朱熹制订的,但不能理解这段世系就是朱熹所作世系的全部,而是经过了朱汝贤的编辑,就此他在按语中说明了自己的编纂原则:"茶院以下六世,一以夫子定本为正"。但是对七世以下只录包含朱熹支的五世祖芦村府君四房,而舍弃了对婺源的四世惟则公及其芦村府君的两个兄长迪、郢支下世系的继续追溯,即"婺建两派甚繁,于吾固有疏远,不敢泛载,惟夫子一支为最密"。这里的"夫子一支",应该广泛理解为自五世祖芦村府君以下世系,这样将汝贤所在举公房和朱熹所在的绚公房联系在一起。汝贤宗族作为"夫子支"的一员,其编谱的主要目的就达到了。

努力呈现夫子关系这一点,在汝贤所做的大德谱序也有反映,他说:

> 吾家可稽者,自大唐僖宗广明间避巢寇,居歙之黄墩。天佑中瑰以歙州刺史陶雅之命,总卒三千戍婺源,制置四县,婺源、祁门、德兴、浮梁,因家焉。又数世,一支迁建之政和,今徽国文公家是也。一支迁休宁之临溪,今吾家是也。但家中所编谱,于婺源、建宁(似为建阳,笔者注)稍略,于临溪、月潭甚详,予乃整而辑之。①

这段谱序透露出,在汝贤编大德谱之前,家里有旧谱,但是对婺建两派也就是早期世系稍简,因此他此番修谱一个重点是对早期世系进行"整而辑之",丰富这部分内容。那么他确实参阅了"夫子定本"了吗?笔者希望通过提供一些背景来分析其可能性。

休宁月潭朱氏奉朱兴为始迁祖,朱汝贤为其曾孙。到了汝贤这一代有兄弟四人,月潭朱氏开始大显,成为地方望族,宋帝曾赐"紫阳义居"表彰其家。②《元史》中所称的:"其累世同居者,则有休宁朱震雷"③,指的就是朱汝贤一家。

---

① 《新安月潭朱氏族谱》(1931)卷首《朱汝贤序》,上海图书馆藏本,第1页。
② 参见清道光三年《休宁县志》卷14《人物·孝友二》,何应松、方崇鼎等修撰:《中国地方志集成安徽府县志辑52》,江苏古籍出版社,1998年,第320页。
③ 〔明〕宋濂等撰:《元史》卷197《列传第八十四·孝友一》,中华书局,1999年,第2968页。

朱汝贤(1240—1318年),字震贤,生活于宋元之交,宋时曾任浙西常平提举,元兵南下,弃官归隐于休宁的颜公山,别号全真,曾经"捨田为山僧常住计",死后,里人高其义,建祠山寺,以祀之。大德九年(1306年)编纂了家谱。①

二弟朱汝清(1247—1329年),字震雷,即《元史》所说的朱震雷。他在地方最为显赫,曾任明州同知,谢政归家后,置办产业,"治居第前后廊庑厅馆庖□二百余楹,庄二十四所,田五千亩","断前岭山为渠,引岩川水北流灌田一十余里",俨然是当地的大地主。最值得注意的是,他大力进行宗族建设。一是与兄汝贤、三弟汝弼(曾任瓯县县丞)、四弟汝辅(曾任湖南承宣使)合力修先茔二十三处,"凿石崇其堂封,各村屋墓傍令仆守之,置义仓、义库以赈贫乏;二是,"咸淳壬申(1272年)年重刊文公年谱行于世";三是"至元二十九年(1291年)年捐资建休宁县儒学",大德五年(1301年)又独建"文公祠"。②

从这些背景看,朱汝贤、朱汝清生活的年代距离朱熹生活的时代不太远,而且是士绅阶层,有机会和财力对朱熹的文化遗产进行保存和发扬,重刊文公年谱、兴建文公祠就是一例。他们兄弟平日对朱熹文献资料的积累和保存,无疑增加了月潭家谱的可信度。

此外,在月潭谱上还有一个重要线索。在朱熹谱序后面有一个署名为"茶院第十二世孙前进士冲"的题记,题记说:"右茶院朱氏世谱有刊本,见《大全》后集第十一卷,谱内己身以上称公、己身以下称郎,盖因旧谱所定凡例如此。"③

朱汝贤为茶院第十四世,朱冲为茶院第十二世,当为朱汝贤祖父辈,也为宋元之际人。朱冲在大德谱上做如此题记,说明在宋末元初朱熹所作原谱有刊行本,收入《大全后集》第十一卷。据《宋史》,宋有《朱熹前集》四十卷、《后集》九十一卷、《续集》十卷、《别集》二十四卷,远超出今天通行的百卷本朱熹文集,但是该版本可能元以后就佚失了,朱子学研究界对其情况

① 参见《新安月潭朱氏族谱》(1931)卷2《十一世月潭公》,上海图书馆藏本,第3页。
② 同上,第4页;清道光三年《休宁县志》卷3《学校·学制》,何应松、方崇鼎等修撰:《中国地方志集成·安徽府县志辑52》,江苏古籍出版社,1998年,第57~58页。
③ 《新安月潭朱氏族谱》(1931)卷首《新安朱氏世谱序》,上海图书馆藏本,第2页。

也知之甚少。①

由此看来,朱汝贤在修谱时,参阅了朱熹世谱的刊行本,即所谓"夫子定本",存在可能性,而中立公世系图的可靠性也因此值得重视。其实,从文献的形成年代上看,大德谱也是继朱熹世谱之后,我们所能看到的记载朱熹祖先谱系情况的最早文献,其价值自然应该特别注意。

由此可见,张香朱氏将自己的谱系接到中立公名下面临很大危机。但是笔者在此不想匆忙下结论。原因有二:一是受制于文献状况,笔者在论述过程中,不得已多次通过间接转引的手段来收集线索,例如,从休歙成化谱推测洪武环溪谱,从民国月潭谱中获取元大德谱,尽管笔者主观上尽量谨慎,但是转引中的误差和推理中存在的不确定性可能影响了结论的呈现。二是以上我们延续了泾县天顺谱的思路,考察了它所借鉴的歙县环溪朱氏谱牒,并继而跟踪其同系统的休歙朱氏谱牒。但是按照张香朱氏的说法,先祖来自婺源茶院朱氏,婺源作为朱熹故里,茶院朱氏的发详地。从情理上推断,他们很有可能曾经掌握朱熹所作原谱,这里谱牒应该更具有正统性。接下来,笔者把视线转移到婺源,通过考察婺源朱氏谱牒的记载,以便进一步验证从休宁月潭谱中得到的中立公世系图的可靠性。

三、关于婺源家谱中孚公世系图的考证

回顾第一节中的图 2.1,由嘉靖谱序所提供的茶院朱氏分派图,在婺源有朱熹后裔阙里派,但是阙里派兴起较晚,是元后期朱熹后裔的五世孙朱勋自福建回迁婺源后逐渐形成的。

因此,朱熹故里的婺源朱氏宗族建设活动反而晚于休宁月潭朱氏。在休宁月潭朱氏积极为重刊文公年谱、兴建文公祠、纂修家谱奔走活动之时,婺源阙里却因为朱熹后裔外迁福建,婺源祖业无人管理,渐被邻人侵占。元延祐时,朱熹第五世孙朱光向浙江行省和福建宪督申诉,要求追回朱熹祖业,官司打了近三十年,一直到元至元二年(1336 年),在徽州知州干文传的支持下,朱熹祖业才得以恢复。为了避免再次出现因为故里无人管理

---

① 参见〔元〕脱脱等撰:《宋史》卷 208《志第一六一·艺文七》,中华书局,1999 年,第 3562 页。

导致祖业丢失的情况出现,福建建阳朱氏宗族推选朱熹五世孙朱勋回婺源掌祀事,是为婺源阙里派的由来。①

但是朱熹后裔回乡后,在接管宗族祭祀权、推进宗族建设方面并不顺利,且在很长时间内遭到排挤,阙里派曾经因为有当地族人干扰嫡长子掌握祭祀权问题上诉官府。② 直到明后期阙里派取得皇帝的正式册封后,其执掌祭祀的宗子地位才稳固下来。

事情的契机在明正德年间,给事中戴铣、汪元锡、御史王完等相继上奏:"朱子,继孔子者也。孔子之后有曲阜、西安,朱子之后亦有建安、婺源。今建安恩典已隆,在婺源者,请依阙里之例,录其子孙一人,量授以官,俾掌祠事。"得到皇帝的"诏许之"。嘉靖二年(1523 年),授朱墅翰林院五经博士,三十八年(1559 年),令其世袭。③

朱墅,字原静,朱熹第十一世孙,婺源首任世袭翰林院五经博士。卒后,其长子朱镐,字以中,嘉靖三十五年(1557 年)袭。朱镐卒后,朱德洪,字宏甫,万历二十四年(1596 年)袭。朱德洪卒后,朱邦相,字君辅,于崇祯元年(1628 年)袭。

进入清代,婺源阙里派历任翰林院五经博士为:朱煌,顺治十三年(1656 年)袭;朱坤,康熙五年(1666 年)袭;朱世润,乾隆元年(1736 年)袭;朱学彬,乾隆四十八年(1783 年)袭;朱学楷,奉檄代理五经博士;朱光燮,嘉庆十一年(1806 年)诏授代五经博士;朱有基,道光三年(1823 年)袭;朱承铨,同治十一年(1872 年)袭;朱宗泗,光绪二十九年(1903 年)奉檄代理五经博士。

从明嘉靖年间世袭五经博士后,婺源阙里派才抓牢朱熹后裔正统的话语权,并以宗子的身份发起多次统宗运动,联络徽州和外省各地有关各派,兴修了多个版本的统宗谱牒。

但是在此之前,世居婺源的长田派扮演了更为活跃的角色。参见世系图 2.1 茶院朱氏分派图,长田派的地位在朱熹修谱时就得到显现。茶院朱

---

① 参见翟屯建:《新安朱氏与朱熹》,《安徽史学》1996 年第 4 期。
② 参见清乾隆三十四年《朱氏正宗谱》卷 1《明朝追崇儒嗣录》,上海图书馆藏本,第 3 页。
③ 参见张廷玉等撰:《明史》卷 284《列传第一百七十二·儒林三》,中华书局,1999 年,第 4881 页。

氏在第四世时分长田府君惟则公和漱溪府君惟甫公两派。长田派为大宗,到了第八世出了一位名人奉使府君朱弁,在宋金议和时,出使金国,扣押19年而不屈,其子孙被赐居浙江钱塘,留在长田世居的有朱弁弟朱忠之子朱然的后裔等。朱然其人,朱熹在谱序里有反映,在他宋淳熙年间回故里祭扫、寻访祖墓得到了这位族弟的大力协助。① 至于朱熹所在的惟甫公后裔多数陆续外迁,留在婺源本地的族人并不显赫。

因此,继朱熹《婺源茶院朱氏世谱》之后,在阙里派主导修谱权之前,首位续修朱熹所作《婺源茶院朱氏世谱》的为长田派的朱泰坛。

朱泰坛,字伯徽,茶院朱氏第十五世,于明洪武二年(1369年)续修茶院朱氏世谱。关于此次续谱的缘由和过程,他在谱序中有详细讲述,摘录如下:

> 后世有家吴郡而避地居歙之黄墩者讳瑰。唐天佑中以刺史陶雅之命,领兵戍婺源,为制置茶院,子孙因家焉,遂为茶院朱氏。越三世,始有长田、漱溪之分。盖长田即二公惟则,漱溪即三公惟甫也。子孙各因家墓为土著尔。长田四世有奉使公弁之子孙赐第于钱塘;漱溪四世有吏部公松宦闽而生文公。长田五世有五六公然之子孙世家长田。淳熙丙申,文公还自闽,展坟墓、叙世次。癸卯,始定为《婺源茶院朱氏世谱》,于然实有与焉。而奉使公之孙曾道梗无闻,然又会族立于祠,命其子祀之,其于宗族拳拳之如此者。

> 谱自文公迄今五世矣,徽建千里,新收名数,弗克时相告语。窃常恨之。近始蒙诏立婺源文庙,檄取其五世孙勋归掌祠事。仅获系续其枝,而旁犹弗能及也。泰坛方有志于谱。不幸偶罹兵灾,逃窜山林,亟于然之诸孙图之,幸存其似本,掇拾遗文煨尽之末,卧起与俱,悯悯有待。

> 今幸天朝平定,文庙欲新,将复徽祠嗣,未为无所待也。岁月侵寻,大惧荒失,辄因似本而附益之,续为《婺源茶院朱氏世谱》,谋资以图不朽。学疏才谫,言俚无章,极知僭越,无所逃罪。固不敢妄拟于文

---

① 参见清道光五年《张香都朱氏支谱》卷首《旧序·文公修谱序》,上海图书馆藏本,第14页。

公之为,第无愧于然足矣。①

这段文字十分重要,透露了该谱的正统性问题。

其一,朱泰坛说明,在南宋,长田朱氏的朱然曾经与朱熹同修家谱,所谓"癸卯,始定为《婺源茶院朱氏世谱》,于然实有与焉"。其二,朱熹五世孙朱勋从福建回迁婺源时,并没有带来正宗的朱熹谱牒,而是"仅获系续其枝,而旁犹弗能及也",由此才激发朱泰坛"有志于谱"。其三,详细展现了朱泰坛修谱的依据和过程:因为遇到元末兵灾,而逃窜山林,急忙与朱然诸孙"图之","幸存其似本",等到明朝建立时,才"因似本而附益之"。其四,朱泰坛声明,不敢妄称为朱熹本人所做,只求无愧于朱然足矣。

总之,朱泰坛首次续修茶院朱氏家谱,所依据的旧谱为与朱熹合修家谱的朱然后裔提供的"似本",但是因为朱泰坛比较认真交待了旧谱的来历,而且这一来历合情合理,由此这一谱牒的传统也值得重视。而回迁的婺源阙里派手中没有朱熹原谱,仅掌握了本支世系,要想统合其他旁系,只能借助泰坛所修谱牒,因此他们把泰坛的洪武谱列为继承的谱系传统之一。这一点在阙里派万历《朱氏统宗谱序》中说得很清楚:"宋淳熙文公肇修于其始,我明洪武伯徽继续于其后,迨嘉靖间博士墅公统宗于郡城。"②

至于阙里派明代所修统宗谱情况十分复杂。目前已经明确的有:第一次为嘉靖庚子年(1540 年),五经博士朱墅修《朱氏统宗谱》;万历四十七年(1619 年)有《重修朱氏统宗谱》,主持者为五经博士朱德洪、朱邦相等人;天启四年(1624 年)朱邦相、朱邦校修《徽婺紫阳朱氏重修统谱》;崇祯年间,阙里派发起四修统谱。③

明确了以上背景,我们就来考察一下,明代婺源阙里派在所修统宗派中对中立公下世系是如何记载的。

---

① 清乾隆三十四年《朱氏正宗谱》卷一《朱泰坛序》,上海图书馆藏本,第 2 页。
② 清乾隆三十四年《朱氏正宗谱》卷一《汪应蛟序》,上海图书馆藏本,第 6 页。
③ 上海图书馆所藏的崇祯四年《朱氏统宗谱》,为杭州吴山朱氏应徽州阙里派的邀请,在阙里派所修的《朱氏统宗谱》基础上对本派进行的增补。吴山派朱拱辰作谱序称:"值阙里德淳宗兄贻书,国仲凌君不远千里而来邀修家乘,余故期先大父珍藏家乘一帙,略叙世次,俾自嘉靖而后隆万迄今,凡父子昆弟名讳胪传记剞劂之。"因此该谱部分内容为新补的吴山朱氏派一直到崇祯初年的情况,大部分内容为阙里《朱氏统宗谱》的旧稿,可以作为参考。

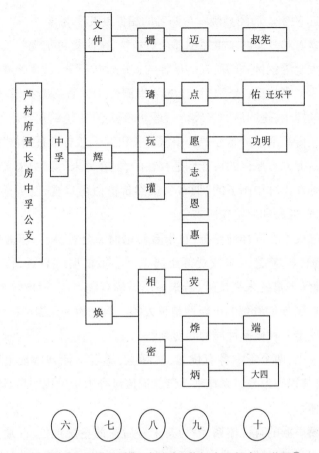

图2.6　《朱氏统宗谱》（崇祯本）芦村府君长房五世图①

　　现在我们就可以比较,婺源与月潭呈现给我们两幅世系图2.4 和2.6。婺源图共录 24 人,月潭图共录 23 人,人数近似;芦村府君长房叫"中孚",与月潭图"中立"近似,但是没有"纬"的叫法;第七世,辉与焕两房相同,但是婺源图比月潭图多出一个"文仲"房;剩余几世差异十分明显,但是人名一致和近似的也不少。在迁徙方面,两者都没有迁往泾县的记录,其中婺源图在第十世朱佑下注明迁往江西乐平,月潭图没有任何迁徙记录。总体而言,从人名和结构上看,婺源图和月潭图尽管有许多差异,但两者相似度

_____

①　目前,阙里派明代所修的朱氏统宗谱,嘉靖本和万历本中均不见,只有天启四年本最完整藏于国图,但是由于国图维修,善本阅览室长期不开放,顾只能留待以后补查。本图内容根据上图藏明崇祯四年本制作,参见其卷一《长田派世系》。

还是达到近50%。而泾县版本与两者的相似度几乎为零。

那么婺源和月潭两个世系图那个更正统，来源更可信呢？上面笔者已经花了很大笔墨就世系图所在的谱牒的正统性进行分析，在此进行总结。

婺源为朱熹故里，从福建回迁的阙里派作为朱熹后裔执掌祭祀，世袭翰林院五经博士，是明后期朱氏统宗运动的盟主、正统的化身。不过，它们本身的谱系传统继承的是婺源长田派。长田派朱然与朱熹同修过家谱，其后裔曾经掌握朱熹原谱的可能性是存在的，但在元末兵乱中朱泰坛与朱然诸后裔子孙在山林中画下的"似本"，虽然价值值得重视，但毕竟不能等同于朱熹原谱，遗漏和差错在所难免。

月潭朱氏不在发祥地婺源，在朱熹修谱时就迁往休宁，但是此派的优势是，修谱最早，修谱人朱汝贤等距离朱熹生活的时代较近，作为官绅阶层，能接触到丰富的朱熹文献，若朱熹原谱确有刊行本，一度收入《朱子大全》流传的话，他们看到的可能性是很大的。但是相关证据都比较间接，推导出的结论是一种概率性质的相对判断。

由此看来，两个版本各有优势，实际上，笔者不计划做谁更正统的回答，而是将其视为朱熹谱系在徽州谱牒流传过程中所呈现的最具代表性的两种言说体系。

婺源阙里派的言说体系，因为其朱熹后裔的正统地位，并通过充当统宗运动的盟主，显然影响最大。事实上，王铁先生研究浙江的三部朱氏谱牒《盐官朱氏族谱》（光绪十三年本）、《紫阳朱氏武林派宗谱》（嘉庆八年本）、《花园朱氏族谱》（光绪本）时，就察觉到泾县张香都朱氏谱牒中所传"朱纬子孙的名字全都与武林、海盐等谱所录徽谱不合"①。现在看来，这三派都曾参加过明代阙里派的统宗运动，由此将阙里派所传的谱系传统一直继承到清末，所以这些谱牒上的芦村府君长房世系图与我们所列的图2.6是基本一致的。检索上图所藏谱牒，类似的记载不限于这三部浙江谱，大约都是明代婺源阙里派统宗运动所及。

休宁月潭的谱系传统相对而言是在比较封闭的环境下传递的，对于婺源阙里派过于泛滥的统宗运动相当长时间里是持保守态度的。所以在明

---

① 王铁：《中国东南的宗族与族谱》，汉语大词典出版社，2002年，第87页。

代统宗谱中不见他们的身影。到康熙年间,月潭修谱时还特别声明:"徽君朱姓最繁,而紫阳之派惟四族(阙里、临溪、月潭、环溪——笔者注)为著,其他皆附紫阳以见者也。"①而正是在这种自我更新的系统下,使得在民国谱上还能看到元代谱的面目。

总的来看,这两种关于朱熹谱系的言说体系,尽管有差异,但还是表现出很高的相似度。两方相互呼应说明了朱熹先世谱系的大致脉络在徽州相关谱牒中还是保存下来,而张香朱氏将自己的谱系接在茶院第六世中立或曰中孚的名下,制造了与朱熹共五世祖的效果,明显是一种冒改世系的行为。

四、天顺谱出错原因及对修谱生态的延伸思考

上面我们指出了天顺修谱将张香朱氏谱系追溯到婺源朱氏第五世芦村府君长房支下的错误,导致错误的原因可以从主观和客观两方面加以讨论。主观方面,修谱人浮躁、功利,急于攀附名人显贵的心理动机是很重要的因素,但这一点容易理解,不再详细说明。在此重点阐发一下客观原因,因为这些客观原因涉及明代民间修谱生态或曰机制的若干重要方面。

张香朱氏的天顺修谱无疑是建构早期世系的最为关键的时期,但是在涉及如何接续外地谱系,着手建立老层世系时,无疑是茫然而盲目的,造成此种错误客观上受到偶然因素的诱发。这种偶然性在于,修谱之时通过什么渠道偶然找到什么样可资借鉴的文本,这反映了当时人们了解外地相关谱牒信息的途径十分有限。原因自然与谱牒的特殊性有关。谱牒并非公开流传的一般印刷品,而是宗族的私家文献,即便在本族内也只是为少数人收藏和阅读,对于外人更是往往"讳莫如深"。但是明代修谱风潮的兴起,反向催生了谱牒流通中的"隐蔽化",也就是借阅谱牒、沟通世系的行为主要通过私人的非公开渠道来进行,其中专业的修谱人扮演了重要角色。

天顺谱编修时所请的方纯实就是一个专业修谱人,不仅为张香朱氏服

---

① 《新安月潭朱氏族谱》(1931)卷首《族谱弁言》,上海图书馆藏本,第1页。

务,而且为花林朱氏服务。"张香朱氏始祖纬公与吾婺源之阙里同五世祖,亦已会通茶院府君之旧谱久矣,天顺间方纯实已尝为修辑之。"①这里已经很清晰地点出了他协助张香朱氏与茶院朱氏旧谱会通的使命。

方氏是徽州歙县的望族,不知方纯实是否来自徽州歙县,但他的确帮张香朱氏会通的是歙县环溪朱氏的谱牒,并嫁接了该谱的世系结构。上面已经分析过该谱的编纂背景,该谱其实并没有全面掌握朱熹谱系,选择这样信息不充分的文本客观上导致了谱系架构的失败。

关于专业修谱人在徽州活跃的情形,卞利曾经在文章提到过,多贺秋五郎也在著作中提及。② 因为徽州修谱风气较早,修谱事业较为发达,所以孕育了一批专业修谱人。他们除了有丰富的修谱经验外,可能更重要的是,手中积累了一些徽州著姓大族的谱牒资料。这样所谓"密不示人"的谱牒,一部分就嫁接他们之手,暗暗实现了流通和世系的勾连。当然可想而知,专业修谱人手中的资料和信息多数是支离破碎的,而且作为一种为他人服务的谋生之道,他们必然会经常运用附会冒攀、捕风捉影的手法进行谱系的创造。

由此,在讨论明清的修谱机制时,谱牒的流通、世系的勾连除了轰轰烈烈的联宗通谱运动外,还需注意有一条由专业修谱人连接起来的地下通道。许多家谱早期世系的建构就在这非公开的通道里,通过传承接续或移花接木的手法完成,并在更广阔的时空范围里逐渐散播开来。张香朱氏早期谱系和我们今天所看到的、涉及各姓氏的、十分杂乱的早期谱系相连接,很大程度就是在这种"非公开"的、混乱无序的修谱生态下孕育而成的。

第三节　话语传统的形成与流通

回顾上节,我们还需要谨慎地说,上述论证不能证明张香朱氏的中层世系就是错的,也不能完全否定张香朱氏老层世系的某种合理性,而是仅

---

① 清道光五年《张香都朱氏支谱》卷首《游北涯谱序》,上海图书馆藏本,第20页。
② 参见卞利:《明代徽州谱牒的纂修、管理及其家国互动关系研究》,《江海学刊》2010年第1期;[日]多贺秋五郎:《中国宗谱》,周芳玲、阎广明编译,中国社会出版社,2008年,第14页。

仅打破了中老层世系的连接方式。但是我们可以明确地做出这样的判断:通过天顺修谱所建立起的张香朱氏早期世系并非对客观事实的真实反映,由此而形成的话语传统必然包含有很大的虚构成分。

然而首修之谱由于"筚路蓝缕"的先导性地位和作用,对后世的影响着实很大。由天顺谱所确立的话语传统十分强大,它创立了与朱熹同五世祖的早期谱系格局,奠定了关于宗族历史起源的故事的基本架构,并通过历修家谱对这种话语传统的传递、流通,以及宗族建设对之的有意识强化,逐渐成为后世张香朱氏意识中的"真实历史"。不过,这一历程并非一帆风顺,毕竟是将一个包含虚构成分的话语体系做成"真实历史"的过程。下面我们就梳理一下,由天顺谱确立的话语传统在后修各谱中的流通情况。

一、话语传统在嘉靖谱的传递

关于嘉靖谱接过接力棒传递天顺谱所制造的话语传统的问题,之前我们做过论证,并且主要借助嘉靖谱复原了天顺谱所确立的世系架构。这是我们讨论问题的前提。不过,嘉靖谱自然并非对天顺谱的完全继承。按照其谱序的说法,对前谱主要是改"七世一图"为"五世一图"等涉及格式和文字方面的修正,但如果结合相关背景和阅读徽州一些谱牒后,又会体会到嘉靖谱中透露出的别样的尴尬,不可避免添加了自我的话语元素。

其一,从修谱背景出发推理,嘉靖谱很可能已觉察到天顺谱早期世系存在的问题。在此种情景下,嘉靖谱自然主要出于宗族建设的需要,来传递这种包含有虚构性宗族历史的话语传统。

嘉靖修谱之前的一个重要背景是,在婺源阙里派发起的统宗连谱运动紧锣密鼓之时,修谱人朱爵曾携带天顺旧谱前往婺源与阙里派会通谱系。他在谱序中说:"今年以所藏旧谱与阙里而会通之,又得弟侄聪钊为之辅,礼请北涯游先生重修辑焉。"①但是与阙里派会谱的结果,朱爵在嘉靖谱中并没有交待,既没有介绍阙里派的统宗运动,更没有提到作为正统化身的

---

① 清道光五年《张香都朱氏支谱》卷首《旧序·朱爵谱序》,上海图书馆藏本,第19页。

阙里派是否接纳张香朱氏进入茶院朱氏世系体系中。事实上,从我们今天对婺源统宗谱的追踪看,结果是清晰的。在明代阙里派所修的统宗谱中,芦村府君长房中孚公下是另外一套世系,根本并没有张香朱氏的位置。阙里派不认可朱爵所带去的旧谱的态度是明显的。会谱的结果,显然否定了天顺谱自说自话确立的"与朱熹共五世祖"的早期世系格局,极大地损伤张香谱牒关于宗族历史起源的话语传统的神圣性。这样的结果,嘉靖谱怎能接受? 进一步从常识上判断,如果会谱的结果是,张香朱氏被来自阙里的朱熹后裔认可,被纳入了朱氏统宗的谱系中,如此彰显宗族正统性的重大问题,朱爵怎么可能会在家谱中忽略,避而不谈? 由此,朱爵在嘉靖谱上回避会谱结果的态度,很有可能是刻意的。进一步来说,朱爵可能已觉察到天顺谱所构建的早期世系存在问题。但是这一问题实在重大,出于保护旧谱的权威性,维系张香朱氏宗族的凝聚力,避免地方社会"看笑话"等动机,嘉靖谱采取刻意回避的态度,始终坚守了旧谱的立场。从嘉靖谱的这种选择看,传递话语传统的目的显然更倾向于宗族建设的需要,而非家谱中所标榜的"木有源、水有本"式的对祖先历史来源的心理探究。

其二,在追踪徽州谱牒的过程中,笔者意外发现在茶院朱氏长田派中有早期族人迁往泾县的记录。这看起来是一个更值得张香朱氏认真研究的宗族历史源头,嘉靖谱对之态度却十分暧昧。婺源朱氏统宗谱显示,尽管不在芦村府君这一支,但是在长田朱氏名下有两次族人迁泾县的记录,时间上大约南宋中后期和宋末元初,并不比朱纬、朱旦晚太多。这两人均与朱然有关,就是朱熹谱序中所说的"族弟然",应该是自长田洪武谱中留下来的谱系传统。参见世系图2.7。

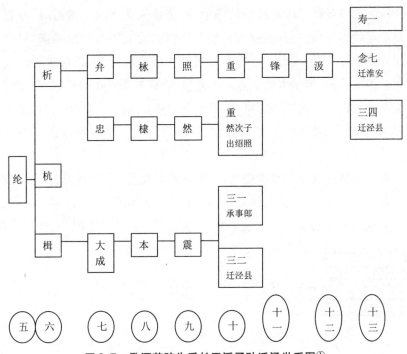

图2.7　婺源茶院朱氏长田派子孙迁泾世系图①

　　参见上图,前往泾县的长田派族人,一为朱三二,茶院朱氏第十世,堂伯父为朱然,就此推测朱三二生活年代,大约比朱熹略晚,时间为南宋中后叶。

　　二为朱三四,茶院朱氏第十三世,出自长田派中最为崇奉的祖先奉使公朱弁一系,但是从血统上又是朱然的玄孙。关于这段故事来历,在朱泰坛的洪武谱序中有明确记载,由于朱弁的子孙迁居杭州,道路阻隔,失去音信,出于对宗族的"拳拳之心",朱然即将自己的次子朱重过继,以便奉祀奉使公的血脉。② 时间推测下来,朱三四生活的年代大约在宋末元初。

　　从天顺谱错接世系可知,张香朱氏第一次修谱对早期世系问题是迷茫和盲目的。就此而言,某种程度上,长田派的记载是张香朱氏应该利用的宝贵资源。因为不管长田派两人是否真的是张香朱氏的祖先,总比认一个没有迁徙记录的、还有自己明确的子孙后裔的朱中立/中孚要靠谱。

---

　　① 本图内容源自明崇祯四年《朱氏统宗谱》卷一《长田派世系》,上海图书馆藏本。

　　② 参见清乾隆三十四年《朱氏正宗谱》卷一《朱泰坛序》,上海图书馆藏本,第2页。

从之前已经梳理出的修谱脉络中看,张香朱氏在天顺修谱时,没有前往婺源寻找谱系传统,其实婺源长田派早在洪武二年已经修成谱牒;张香朱氏来到的是歙县,改编的是歙县环溪谱。现在看来,休歙系统的朱熹谱系固然值得重视,但最大的缺点是不完整,详载朱熹所在的惟甫支,而对惟则支下的长田派只录到第六世,以下没有记载。因此,天顺修谱时,张香朱氏没有机会看到婺源长田派的迁徙情况,自然也无法反映在世系的构建上来。

然而朱爵前往婺源参加会谱,他是有机会发现长田派朱氏下有族人迁泾记录的。事实上,朱爵所传嘉靖谱上是载有长田派世系的,而且一直记到明初茶院朱氏第十六世。但是令人困惑的是,嘉靖谱所记的长田派世系中迁往泾县的两名族人正好是缺失的。参见图2.8。

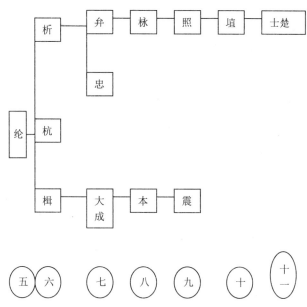

图2.8　嘉靖谱所录婺源茶院朱氏长田派世系(部分)①

比较图2.7和图2.8的不同之处。第一,两图的朱析支从第九世开始不同,图2.7第九世有朱埴、朱重,朱重由朱然次子过继而来,而图2.8不录朱重,也没有朱然的名字,不录朱重自然就没有后来的曾孙朱三四迁往

①　本图内容源自明嘉靖十九年《泾川朱氏宗谱》卷1《长田派世系》,南京图书馆藏本。

泾县一说。第二,两图的朱楫支,图2.7的第十世朱三二迁泾县,而图2.8到第九世朱震处就突然终止了。

嘉靖谱既然要录长田派世系,为什么又正好缺两个关键的迁泾人物呢?就此,笔者根据所掌握的资料,提供两种可能的解释。

第一种解释为,嘉靖谱所参阅的文本——正德长田谱关于迁泾人物的记录本来就是缺失的。

前面做过介绍,嘉靖谱中新加一个正德谱序。正德谱的原貌不见,但是阅读和考察正德谱序,基本的判断为:它虽是长田派族人所修,但是与长田洪武谱——阙里统宗派的谱系传统并不完全一致。

一是该谱由长田朱氏正德年间所修,却并不承认洪武初朱泰坛修谱的传统。谱序中说:"徽国序次之后,继书之者,不知其几,但传写谬误,无可依据,长田府君十六世孙永年,承伯兄永龄训述之志,继为修辑。"①

二是文中特别强调长田派先祖中出了"文章气节远出流辈"的奉使公,以至于表彰其人成为修谱的重要目的,即所谓:

> 天下后世莫不知公为宋名臣,孰能知公为茶院朱氏与徽国同祖乎?婺之人,抑孰知公为长田之朱乎?公生于婺长于汴洛,终于临安,居婺日浅,以故乡族子弟莫有能道其万一者,此朱氏谱之续,不容以但已也。②

就此,上饶师专的吴长庚认为,该谱的重点是补充洪武朱泰坛谱所遗漏的奉使公支后裔。③ 笔者认为他的理解有启发。联系朱泰坛洪武谱序,谱序在涉及奉使公后裔的问题说,由于朱弁的子孙迁居杭州,失去音讯,朱然即将自己的儿子朱重过继给奉使公支,"会族立祠,命其子祀之"。但是正德谱的修谱人似乎对此并不领情,而是以"正其讹绎,补其阙遗"的姿态来修谱的。④ 可见,围绕奉使公支后裔的承祀问题,长田派内部是有争议的。

这里提出一种假设,如果正德谱因为不承认由朱然一厢情愿将自己的

①②④ 参见清道光五年《张香都朱氏支谱》卷首《旧序·王寿序》,上海图书馆藏本,第16页。
③ 参见吴长庚、赵火金:《铅山〈石岩朱氏家谱〉述略》,《上饶师专学报》1992年4月号。

次子朱重过继给奉使公支下,而将朱重支摒除于谱外的话。那么参阅正德谱的嘉靖谱,将失去机会看到朱重支后裔迁往泾县的线索。

不过,这种解释本身假设的成分很多,最重要的是无法解释不录另一位迁泾的人物朱三二的原因,接下来,笔者反向推理再提供另一种更大的可能性。

上面论证过,朱爵在婺源会谱期间,很有可能知道自己的谱系无法与中孚公世系图对上号的问题,但是嘉靖谱对旧谱的谱系系统依然坚守。沿着同样的逻辑来理解,他在嘉靖谱上将长田谱系中的迁泾人物摒除不录是一种有意识的行为,目的是减少不必要的麻烦。因为早在七十多年前,天顺修谱时已经认定中立公为张香朱氏的始迁祖,如果突然又出现了两个迁泾的先人,会引发谱系的混乱和思想的动摇。

尽管没有提到奉使公名下有后裔迁徙到泾县的记载,嘉靖谱中又充满着浓厚的奉使公情节。在世系源流中,他强调:"本派与徽国公同五世祖芦村府君,与奉使公同七世祖昭元府君。二公之道德文章重宪万世,况同宗盟而共统绪者,乌敢遗之而不录也。"①这种姿态,与清以后谱牒中对朱熹独尊的姿态是有鲜明差异的。

此外,嘉靖谱虽然不录长田派迁泾族人朱三四,但是在关于始迁祖朱纬迁徙经历的故事中,却有耐人寻味的暗合。如图2.8,在婺源统宗谱系中,与朱三四迁泾的记录相伴随的总是他的兄长朱念七迁往淮安。回头再看嘉靖谱关于始迁祖朱纬经历的记载:"历官于淮,而信宿于泾之丰登旧识家,见其土地沃饶,山水明秀,谓其子旦,居此则后其昌乎?遂迁居之。"②两段记载都出现"淮(安)"的地名,人物的角色都有两个,兄弟俩和父子俩。查《泾县志》,"丰登"地名是明嘉靖七年间由"丰乐乡"新改而来,张香都之前属于修德乡,此时改入丰登乡。③因此,这段故事应为嘉靖谱新编。故事意味深长,为什么嘉靖谱不录朱三四其人,在编朱纬迁徙故事时,又出现一个和与朱三四相关的特定地名?这是不是一种对长田派迁泾记录的隐晦回应?

---

① 明嘉靖十九年《泾川朱氏宗谱》卷1《世系源流》,南京图书馆藏本,第2页。
② 明嘉靖十九年《泾川朱氏宗谱》卷2《世系图·纬公》,南京图书馆藏本。
③ 参见清嘉庆十一年《泾县志》卷2《城池·乡都》,黄山书社,2008年点校本,第94页。

尽管嘉靖谱纠结而又暧昧的姿态，给我们许多想象的空间，然而面对天顺谱已经确定下来的世系格局，出于宗族建设的“大局”，嘉靖谱后来不论发现了什么矛盾和问题，也只好将所就错，把这样的谱系继承下来，传递下去。

综上所述，受限于资料原因，上述论述显得推理大于实证。之所以这样行文，一是试图对在读嘉靖谱过程中所发现的问题作出解读，提出一个解释模式与研究者共同探讨；更重要的是，通过分析嘉靖谱中耐人寻味的态度，旨在说明话语传统并非在历修家谱之间自然而然的传递，而是一个由时势发展和人为选择而逐渐造就的复杂的历史过程。

二、话语传统在清代家谱中的强化

由明天顺谱确立的关于张香朱氏历史起源的话语体系，经过嘉靖谱的二次传递进入清代。到乾隆三十年谱中，这种话语传统的正统性和权威性得到极大的强化。其最重要的原因是，张香朱氏在康乾年间通过一系列重要活动笼络了婺源阙里派宗子、翰林院世袭五经博士朱坤、朱世润父子，取得了他们的支持和认可。

康熙五十四年（1715年），是第一个重要契机。阙里派朱坤（字方斋）前往京师袭封翰林院五经博士，在归途中夜宿芜湖客栈，遇到在此经商的张香朱氏族人，该商人盛情约请他前往张香朱氏新建设的大宗祠做客，于是朱坤前往张香朱氏宗祠拜访。朱坤在泾期间，“曾与诸宗长叙述源流，考订世次，恭进紫阳正宗匾额”①，这样张香朱氏在偶然的机会下，结识了这位贵客，并成功利用机会获得了阙里宗子的初步确认。

进入乾隆年间，张香朱氏应婺源阙里派的邀请，前往参与会修新一轮统宗谱的活动。去后发现阙里派因为如何追溯先祖的问题，产生分裂。朱坤之子朱世润虽然贵为新的阙里派宗子，但是在这样激烈的争执中，他退出参与统宗谱，张香朱氏趁机邀请朱世润前往泾县，会修张香朱氏宗谱，于是有了乾隆三十年谱的诞生。

---

① 清乾隆三十年《泾川朱氏宗谱》卷首《朱世润谱序》，上海图书馆藏本，第2页。

朱世润在乾隆三十年谱序中说:"张香旧有谱,修于嘉靖庚子,自茶院以下兼及惟则公后十三世,芦村以下兼及绚公后十四世,细为稽查,悉与文公年谱行实所载若合符节,予幸是谱之信而足徵,乃更为序次。"①但是细加考究,朱世润用文公年谱行实而非明修统宗谱来验证张香的世系,而文公年谱一向对旁系并无记载,如何来进行验证?充其量只能用来验证泾县谱牒中对朱熹直系祖先的记载是否正确,这方面,无论是参阅环溪朱氏谱的天顺谱,还是曾去婺源会谱的嘉靖谱都是基本没问题的。

不过,以阙里派宗子的身份在家谱上说"是谱之信而足徵",其分量自然非同小可,在宗族内部和泾县地方有足够的权威性,并且对阙里派于乾隆三十四年(1769 年)修的统宗谱有直接的影响。

阙里派在乾隆三十四年重修统谱时,虽然没有正式吸收张香朱氏加入统宗的行列,但是中孚公下面却出现了空缺,注明迁泾县,而将明代统宗谱中原有的中孚公世系挪到他的堂兄弟名下,另外关于迁移派别的说明中在原有的迁往泾县的朱三二、朱三四之外,增加了中孚。②

经过重大修改的乾隆三十四年《朱氏正宗谱》在书面上基本认可了张香朱氏的地位,在形式上解决了泾县张香朱氏的谱系的合法性问题。之后出现的泾县乾隆四十年谱、道光五年谱、七甲支谱、光绪三十二年谱等开始光明正大地引用"徽谱"。它们都在世系朱纬公名下增加了小注"中立公,徽谱载中孚"。这一"徽谱"即为阙里新修的乾隆三十四年的《朱氏正宗谱》。在道光五年谱中,朱珤就此还做了一番考证,给出一个解释说:"原名中立,字中孚,而纬为乳名"③。从表面上看,围绕中立、还是中孚,泾县家谱上的讨论很是认真,但古人名号繁多,人名出现差异实在是无伤大雅的小问题,至于更深层次的问题——明代的婺源"徽谱"是怎么样的,自称与婺源阙里会通过的嘉靖谱尚且不提,清代泾县朱氏谱牒更是难觅踪影。

不过,我们今天有了研读大量私家家谱的机会和条件,遗留在明代文献上的痕迹毕竟是抹不去的。关于中立公世系早期记载不仅保留在徽州明代的两大朱熹谱系传统中,还通过明代的统宗运动把传统带到了浙江等

① 清乾隆三十年《泾川朱氏宗谱》卷首《朱世润谱序》,上海图书馆藏本,第 4 页。
② 参见清乾隆三十四年《朱氏正宗谱》卷 1《朱氏迁派考》,上海图书馆藏本,第 1 页。
③ 清道光五年《张香都朱氏支谱》卷首《补存》,上海图书馆藏本,第 2 页。

地,使得张香朱氏谱牒上"特立独行"的朱纬世系图很容易被识别出来。

第三节　小结

综上所述,话语传统的权威性自然离不开"真实性"。只不过这种"真实性"是一个历史过程,通过历修家谱的传递、强化,甚至在机缘巧合下实现发酵膨胀式改造,成为存在于后世族人意识中的"深信不疑"。

话语传统的权威性,也必然主要由宗族建设的需要所赋予。对于宗族构建早期世系的必要性,钱杭教授有过重要解释:

> 宗族要在社会上立足,就需要有明确的世系,和一个能被文化传统所认同的宗族的历史,这是宗族给予社会成员的用以证明其社会身份和社会权利的特殊资源。而当这一切由于时代和战火的掩埋变得模糊不清时,人们就依靠本群体的力量来回忆、确认、澄清、补足,直至重造这些资料。这种努力当然并不都是有结果的,它可能使原先已经模糊不清的历史更加混乱和漏洞百出。然而重要的不是这种'重造'可能会有多少真实性,而在于对宗族历史的'重造'行为本身就是有意义的。它表现了宗族对自身'合历史性'的高度重视。①

可以说,利用或实或虚的资源,构建一套关于祖先来源的历史解释是宗族建设的关键,是宗族在地方社会这张权力关系大网中安身立命的前提。某种程度上说,宗族建设是一场集体建造祖先神的竞赛。话语传统一旦建造出来,就很难逆转,而是随着竞赛的走势和历史的惯性滚动下去。

从文化软权力的角度考察,在理学成为明清社会主流意识形态的情形下,打造一个与理学大家同出的名门世系,无疑是一张十分有分量的文化名片。张香朱氏通过几代人的努力,塑造了这套与朱熹世系挂钩的话语体系,其现实意义无疑是十分直接的。对内可以用"与圣人共祖"来激励和

---

①　钱杭、谢维扬:《传统与转型:江西泰和农村宗族形态》,上海社会科学院出版社,1995年,第94~95页。

教化子孙后裔;对外则可以借助这一文化资本,提高宗族的社会地位,在地方社会的权力竞争中赢得先机;甚至在矛盾和冲突中,这一强势的话语传统,可以化身为集体的话语强权,推动地方社会利益格局的调整。关于最后一点,我们在后面的章节中还将借助实际案例详细展开。

第三章　人物形象的升华与流转

　　家谱是以特定的人群——宗族祖先为主要叙述对象的一部"家史"，无论是世系中的简明的"人物大全"，还是墓图中的诸多墓主和志铭，都是以人为中心的叙述。而家谱中的人物传记，更是"专记本族著名人物生平事迹"，而"区别于记载一般宗族成员简略事迹的'世表'"，它的"名称有'传''传记''列传''家传''行实''传略''行状''言行录''祭文'"等。[1]

　　家谱人物传记，一方面是修谱人的私人话语十分活跃的部分；另一方面，传记中的著名人物作为宗族的形象代言人，成为宗族公共话语向外力推的对象，从而又作为宗族的"私家话语"，影响了地方公共文化的构建。

　　本章继续以张香朱氏系列家谱为中心，分析家谱中的人物传记的编纂问题，讨论家谱在参与地方文化构建过程中所扮演的角色，观察文化软权力在地方宗族权力关系网络中所发挥的作用。

第一节　人物传记编撰中的私人话语表达

　　在理论上，人物传记是宗族在家谱中借弘扬先祖的光辉业绩和优良品德，进而担当"彰美扬善"功能，并对子孙后裔实施教化的重要载体，是一般家谱中的重要组成部分。就此，在张香都朱氏的明天顺谱序中，进士、户部郎中赵昌就强调了人物传记的重要功能和教化意义。他认为，族人"详究斯谱"，不仅只是借以明白本族的源流世次、亲疏服制，还应对祖先中

---

① 参见钱杭：《中国宗族史研究入门》，复旦大学出版社，2009年，第130页。

"善美"者"袭其芳"、"敬谨自持"者"继其躅"。最后特别指出:"诚如是,则斯谱也始为有益之谱,而不徒为载家世之谱也。"①

然而人物传记的彰美教化功能固然重要,编纂起来却不容易,甚至会陷入种种误区。对此,修谱人自身也常有议论和反思。如乾隆三十年谱的会修、婺源阙里宗子朱世润说:"先祖有善而弗知曰不明,知而弗传曰不仁,是固然已至。若本无是善而冒附之,本无可传而援及显达,是自诬之矣。"②

在人物传记编纂过程中,"不明"原属无可奈何,"不仁"受限于各种条件尚可原谅,但是那些"本无是善而冒附之","本无可传而援及显达"的"自诬"情节已经偏离了人物传记对先祖进行"彰美扬善",对子孙"实施教化"的本来目的。然而朱世润所指出的家谱人物中存在"自诬"情节原非空穴来风,也并不罕见,而是我们在研读家谱过程中常常能捕捉到的。

这里出现一个矛盾的现象:一方面,修谱人赋予了家谱承担教化的神圣功能,希望通过为优秀祖先树碑立传来加以实现,而且鲜明表达了对"无善而冒附""无传而援及显达"现象的反省;另一方面,在编纂人物传记过程中又不乏"自诬"情节的出现。其实,也正是在这种矛盾的情形中,编纂者实施于家谱之上的私人话语就"显山露水"了。下面主要以乾隆三十年谱为样本进行分析。

乾隆三十年谱中的人物传记称"传赞"。这些人物传记以张香二甲、五甲、三甲、六甲、九甲和花林诸甲的顺序排列。据人物传记的篇幅长短又分"大传""小传"两种。乾隆三十年谱共录入4600多男丁③,进入人物大传的仅为85人,进入小传的为103人。这样进入人物传记就面临一个甄选标准的问题。对此,在凡例中有这样的规定:

> 生人行实,谱例俱不多载。但朝廷旌表节孝,邑志纪美懿行,又不论存殁,盖善善之意,不嫌从厚也。故生丁中,凡行谊可风、有乡评足据者,亦得备书。惟六十以下者,是非毁誉,公论未定,诚不宜滥及耳。
>
> 扬善类,盖以昭先德示激劝也。故有福寿俱全、德位兼备及诸聪

① 清道光五年《张香都朱氏支谱》卷首《旧序·赵昌谱序》,上海图书馆藏本,第17页。
② 清道光五年《张香都朱氏支谱》卷首《旧序·朱世润谱序》,上海图书馆藏本,第21页。
③ 参见清乾隆三十年《泾川朱氏宗谱》卷首《新修宗谱引》,上海图书馆藏本,第7页。

明豁达、异才异行者,悉皆纪实。其余书名书字,道常也。①

这两条规定:第一条规定,放开了生人行实从略的一般性谱例,规定除了去世的族人,尚健在的族人,年纪在六十岁以上者,在具备一定条件后也有进入人物传记的资格。这是一条对人物入传设置的硬性门槛。第二条规定声明,人物传记"彰美扬善"的功能,列举了人物纪实的类型包含:"福寿俱全、德位兼备及诸聪明豁达、异才异行者"。这是一条类型广泛的软性指标。

家谱在"大传赞"的引言中,对于编纂人物大传又声明了具体的要求:"族有忠孝节义其人者,类各有传赞,递推之,而凡有一节可称,一行可取,其流传于宗族乡党与褒美于士林贵显者,篇章具在,事迹昭然,汇为大传赞一帙。"②

就是说,能够在家谱中进入专门的大传行列的人,理论上有要符合忠孝节义的标准,要得到"宗族乡党"的公认,或者"士林贵显"的褒扬。但是很明显,忠孝节义的评优指标也十分软性,而所谓"宗族乡党""士林贵显"的认同,更是富有主观色彩,在实践中很难得到严格的落实,必然为操纵修谱权力的人们表达自身的诉求和利益留下操作空间。

正因为如此,细细阅读这些人物传记,即可以明显发现,一些人物尽管经过了精心包装,但是看上并非尽善尽美,甚至不乏有"自诬"情节的嫌疑。就此,我们分析人物大传中的两个案例。

一、去魅:人物个案中的断裂与解读

(一)案例一:朱天鳌——碧潭公行传③

朱天鳌,字良魁,在谱系上是二甲祖朱达真之孙,朱氏第二十世,嘉靖谱编纂人朱天爵之弟,生活在明弘治至嘉靖年间。朱天鳌没有像其兄长一

①　清乾隆三十年《泾川朱氏宗谱》卷首《凡例》,上海图书馆藏本,第3页。
②　清乾隆三十年《泾川朱氏宗谱》卷12《大传赞引》,上海图书馆藏本,第1页。
③　本目下文皆引自清乾隆三十年《泾川朱氏宗谱》卷12《大传·碧潭公行传》,上海图书馆藏本,第5~6页。

样有官职,也不见有功名和学业的记载,在其传记中,除了"嗣守祖父成业,晚年家道益盛,志量高远,课子教孙,以诗礼世其家";灾荒时,"即输粟赈饥";寿八十四岁,"以耆寿荣膺冠带,屡旌善人"等简略的义行说辞外,最大的"亮点"是与明代抗倭名将胡宗宪交往的一段传奇故事:

> 幼与胡经略讳宗宪公最善交。当宗宪公未遇时,与公同居旅邸,公见其气宇轩昂,心知其非常人也。而窃怪其行李萧然,而面有贫窘色,乃叹曰,以当世之英雄,而竟若是其困乏乎?因与谈终日,遂成莫逆,复厚赠其资。是年登榜,即联捷去,不通音问。

胡宗宪,是泾县的邻县绩溪县人,曾任浙江、福建总督及兵部尚书,在任上重用俞大猷、戚继光等名将,直接领导了明朝抗倭斗争取得胜利,后来以抗倭的功绩入传明史。朱天鳌早年有幸与这样的民族英雄结交,偶然邂逅于旅途中,以慧眼识英雄于贫贱之时,并资助其上京赶考,虽然因为与古典小说中常见的情节雷同,显得有些戏剧色彩,但是也没有证据能反证其可能的虚构性,因此不便随意加以指责。

不过,接下来的情节则显得过于离奇了。朱天鳌与胡宗宪第二次相遇的情景,竟然是以囚犯的身份和这位人人敬畏的封疆大吏的再次邂逅:

> 后公有从弟名八者,以事系狱,当发配充军,及定所充地即宗宪公经略所也。是时,宗宪公军功正显,凡充配来囚犯,例重杖八十,不死者十中一二。八公知公与宗宪有旧,竟诬公于狱,以出己罪也。遂并配充经略处。至,则宗宪公因母寿日未杖,解役系公辕下。会宗宪公出,公大呼曰:"梅溪亦念贫贱之交乎?"梅溪者,宗宪公字也。遂大惊,携入内宅,并释之,谢曰:"向非君厚惠安得至此乎?"待有殊礼,公辞,欲旋里。乃酬公帛百端、金千两。公亦辞曰:"大丈夫处世若以货财结纳非夫也。"宗宪公称谢,因书"笃义堂"匾额以赠,命二子亲送至里,乡人荣之。皆谓,公能论英雄于贫贱之时,不望厚报于势利之际。

这则材料虽然重在褒扬朱天鳌"不望厚报于势利之际",以"大丈夫处世若以货财结纳非夫也",坚决拒绝胡宗宪馈赠的厚礼,但也透露出朱天鳌似乎有过一段并不光彩的历史,"入过狱,充过军"。细读材料,那段朱天鳌被从弟诬陷的"冤案",有多处不合常理处。

首先,朱天鳌入狱充军的起因经不起推敲。传记说,朱天鳌从弟"以事系狱",因为知道要发配到胡宗宪辖地,就诬陷朱天鳌入狱同配,这在从常识上说不过去。一则,其从弟知道要充军胡宗宪辖地的消息,合理的想法是请朱天鳌帮忙找胡宗宪申诉,而不是把朱天鳌一同拉入狱中。因为他应该明白,把从兄诬陷入狱,从兄心怀怨恨尚来不及,又怎么可能再向胡宗宪申请为其自己免罪呢? 二则,照传记所称,充军因犯到发配地,会面临九死一生的八十大板,从弟应该清楚,把从兄拉去,极为可能的后果是没有见到胡大人的面之前,就会被大板折磨而死,又如何有机会申诉案情呢? 此外,他应该想到,即便没有被打死,在等级森严的社会中,一个被拘押的囚犯能面见封疆大吏的机会又有几何呢? 因此,传记所揭示的从弟诬陷朱天鳌入狱的动机经不起推敲。朱天鳌到底因何入狱,能否与从弟的案件完全撇开干系在此不得不打一个问号。

然而接下来的一系列偶然事情发生了:朱天鳌因为遇到胡宗宪母寿日,侥幸获得生机,拘押在外时恰遇胡大人从身边走过。但这些事情显然并非弟事先就能预料到的。最后,朱天鳌免除牢狱之灾的情节匆匆收场。胡宗宪对充军而来的犯人的案情不加审问就迎入内宅,不走法律程序,马上释放,并一再道谢馈赠厚礼。而对黄金千两,朱天鳌毅然加以拒绝。至此,他大丈夫处身立世、重义轻财的形象到达了顶峰。至于那个从弟八公的命运,没有交代,也无法交代。可以想象,说八公随从兄一同豁免,这非其诬陷行为应得的回报;说八公依然充军发配,显然与前述八公想借从兄与胡宗宪的交情而诬陷从兄入狱以免其罪的逻辑不合。

笔者之所以不厌其烦地推敲这篇传记的情节,揭示其破绽之处,寻找故事的断裂和间隙,是要说明,剥离那些与名人相交的光环,朱天鳌是一位没有功名、没有官职的庶民,一位道德举止简单脸谱化的普通人,更关键的是,他还曾经入狱充军,有一段不清不楚的案底。按照谱例"作恶逆者不书",虽然不能确定朱天鳌案底的真相到底如何,但是对这种并非因争取宗族利益而犯过事的族人是明显有所忌讳的。然而就是这样一位似乎形象并不高大的祖先却争取到了入传的稀缺资源。

最直观的比较,其兄朱天爵曾任上饶县县丞,又是嘉靖谱的修谱人却没有专门的传记,这背后的原因究竟是怎样的呢?主导人物评优的书面标准是至关重要的?还是又有其他更关键的因素?接下来我们会就此进一步分析,在此之前,先看案例二。

(二)案例二:朱明贺——方来公传①

朱明贺,号方来,生明万历四十三年(1615 年),卒崇祯十四年(1641年)。从履历上看,和朱天鳌相似,是没有功名和官职的普通庶民,其一生的亮点也是和一位出名的英雄联系在一起:

> 祖有象先公,讳仪者,亦公从叔祖也,由庚辰特用进士,授四川嘉定州牧。以襄事需人,而择于诸子侄中。知公才干优长,正直无私,遂邀之往。……公以蜀道□□,来往殊艰,又念家贫亲老,不忍复事远游以离左右。辞之再三,而兄杨与标曰:"亲老在堂,我两人能服侍焉。蜀道虽难,而我家贫乏,别无治生策。与其贫无以养,何如就是役图甘旨乎?"公闻是乃语曰:"吾始不愿往,今决计矣。"遂从之往。适张献忠寇蜀,象先公合门遇难,而从以宦游者七十余人无一生还。夫祸福之来,固不可测。公以衣食奔走,冀累金养其亲,而生死异路,莫不知其可胜哀哉!……呜呼,象先以王事尽忠,而公以谋养而殒身,天之报施善人何如哉?然以王事尽忠者其名不朽也;以谋养殒身者其瓜瓞犹绵长也。百行固莫大于孝矣,公亦岂为不幸哉!

传记中所指象先公,名朱仪,谱名朱汝襄,系明崇祯庚辰年的特用进士,在四川嘉定州知州任上,遇到张献忠围城,"以王事尽忠",其夫人和儿子合门遇难。清雍正六年(1728 年),朱仪被知县上奏朝廷表旌。而随朱仪宦游一起遇难的同族子弟七十多人,多数无名无姓便湮灭了。翻阅家谱,只有朱明贺进入家谱单独成篇的大传中,并且身列朱仪传记之后。

但是阅读该传记,并没有发现朱明贺追随朱仪在这场大难中大义凛然

---

① 本目下引文皆自清乾隆三十年《泾川朱氏宗谱》卷 12《大传·方来公传》,上海图书馆藏本,第 9～10 页。

为朝廷英勇献身的事迹。相反,传记充满了遗憾,随同朱仪宦游的朱明贺,本来顾虑蜀道之难不愿前行,但因为家中贫困,为了衣食谋生,"累金养其亲",才不得以出行,最后因不测之祸殉身异地。

显然传记比较务实,朱明贺虽然同样殉难在张献忠围城之时,但是与朝廷命臣朱仪的气节和境界无法等量齐观,最后给朱明贺的评价落脚在孝上。所谓:"以王事尽忠者其名不朽也;以谋养殒身者其瓜瓞犹绵长也。百行固莫大于孝矣,公亦岂为不幸哉!"

这其中,朱明贺的后代"瓜瓞犹绵长"提示我们,这一事迹并不显赫的普通殉难者,前往四川本有谋生养的功利目的,殉难也是属不幸遭遇不测之祸,何以能成为众多的殉难者中唯一入大传者? 这一问题的答案,显然还要从实际操纵乾隆三十年家谱人物传记的编纂者中寻找。

而前述案例中,那位曾经入狱充军的朱天鳌,同样要求我们思考那些软性的入传标准背后,实际操控人物入传的力量是什么? 要对两则案例进一步深度解释,按照惯有的分析路径,必须还原这两位人物传记的世系背景。为此,笔者制作了"张香二甲朱氏人物大传传主"(见图 3.1),接下来就将世系图和案例结合起来解读。

(三)对两个案例的解读

参阅图 3.1,朱明贺系第二十四世"明"字辈,而其直系云孙第二十八世"安"字辈朱安拱,恰为乾隆三十年谱的修谱人之一。关于朱安拱,在乾隆三十谱卷首"纂修宗谱名目"中,名列"督理"之一。在世系表中也有小注:"安拱,字环臣,协调谱事,克称其职,生雍正辛亥。"[1]

由此可知,"协调谱事"的朱安拱为自己的高祖朱明贺在人物大传中安排一个位置可谓是"近水楼台先得月"。因此,也就更能参悟那篇传记透出的尴尬味道:在同族祖先进士朱仪以身报效朝廷的忠烈光辉掩盖下,如何为自己的高祖生平定调? 同时在诸多族中先辈一同殉难的情形下,又如何实现人物形象的升华,得以跻身家谱人物大传的行列?

正如我们后来看到的,传记指出"以谋养殉身者其瓜瓞犹绵长也",强调其后代子孙昌盛,瓜瓞绵延,在"天命厚报善人""百行孝为先"的基调

---

① 清乾隆三十年《泾川朱氏宗谱》卷 2《张香二甲李村园派世系》,上海图书馆藏本,第 33 页。

下,树立了祖先"孝"的形象。在后人的谋篇布局下,这篇传记既表达了自身的利益,又保持了与人物大传所要求的忠孝节义标准没有大的偏离。但是传记中凸显的"为衣食谋"的境界,放在"正气浩然""荡气回肠"的明忠臣英雄赞歌之后,还是显得反差不小。

而朱天鳌案例就更加差强人意了。参阅图 3.1,朱天鳌,第二十世"天"字辈,是长房瓒初公三子,其下子孙繁盛,而参与乾隆三十年谱修谱的就有三人,朱云翔,名列"分修","府庠,字愿凌,号凤岗,乳名义一,名菖生,生康熙己亥";朱攀桂,名列"督理","业儒,字枝一,乳名安室,生乾隆庚午";朱安辉,名列"督理","字采庭,号在田,乳名正心,生雍正乙卯"。①

沿着系谱往上推,这三位修谱人的谱系交集正好出现在朱天鳌身上,可见为朱天鳌立传很有可能是三位修谱人达成共识的结果。然而为朱天鳌树碑立传的难度比朱明贺要大得多,毕竟已不是人物平庸与否的问题,而是如何为其祖先留下的案底做精心包装的问题。于是,我们在传记中看到的是,对其案底的轻描淡写和含糊其辞,转而以胡宗宪的光辉为己身涂脂抹粉,借此隆重推出祖先"贫贱之时识英雄"和"重义轻财"的伟丈夫形象。

然而毕竟制作的难度很大,人为设计情节中破绽百出。初读材料,已让我们对忠孝节义的标准产生虚妄感,而对其背后权力操纵的力量有了隐约的感知。再通过将传主还原到世系图,与修谱人建立明确关联的工作,进一步证明了修谱人作为谱牒的制造者,有着"近水楼台"之便,和为己身最关切的利益服务的诉求,他们的利益和之间的相关共识,是宗族人物能否上大传的重要标准,至于是否符合忠孝节义的标准,能够做到公私兼顾最好,实在不行只好依靠包装来强行推出了。

以上我们通过世系图,锁定了朱明贺、朱天鳌和后世修谱人的对应关系,初步揭示了主导入传标准的是修谱人的直接利益关切,而非单纯的忠孝节义的书面标准。接下来,我们将从更大范围统计和确定人物大传中的传主和修谱人的世系对应关系。

---

① 参见清乾隆三十年《泾川朱氏宗谱》卷2《张香二甲李村园派世系》,上海图书馆藏本,第42、45、52页。

二、谁是人物大传的操控者?

为了研究方便和容易展示,笔者在乾隆三十年谱所有的人物大传中截取了张香二甲的 25 篇人物大传中所涉及的 27 位男性传主①为研究对象。他们是:朱达真(见《廷孚朱府君行状》)、朱瓒初(见《明义官朱宗器君传》)、朱天鳌(见《碧潭公行传》)、朱仪(见《明忠臣象先公传》)、朱明贺(见《方来公传》)、朱其柱朱大动父子(见《奥斋公父子合传》)、朱文接(见《宿茂公行传》)、朱文善(见《楚茂公传》)、朱文锡(见《朱公乐山府君传》)、朱文钦(见《振峰公传》)、朱文芳(见《耆寿伯庸公传》)、朱文雅(见《驯度公传》)、朱武代(见《太学生国兴公传》)、朱定权朱庆浙父子(见《秉衡公父子合传》)、朱武丰(见《武丰公胡孺人传》)、朱武竖(见《贡生朱立侯公传》)、朱杭喜(见《耆寿正伯公传》)、朱连喜(见《朱西园公传》)、朱芝生(见《少文公传》)、朱昇庆(见《例贡生太期公传》)、朱鼎庆(见《朱定州公传》)、朱陪庆(见《伯臣公传》)、朱钟杰(见《国学朱静斋公行传》)、朱安世(见《太学滨英公传》)、朱志澄(见《国学志澄公传》)。张香二甲族人登记在家谱上有九百多人,而这些人是如何入选"大传"的?

(一)关于张香二甲人物大传世系图的解读

由于文档显示空间限制的问题,接下来按照所属于的两个房支"长房朱瓒初支"和"三房朱琇初支"将他们还原到两张世系图上。参见图 3.1 和图 3.2。

---

① 张香二甲人物大传中仅在"武丰公胡孺人传"出现一位女性传主"胡孺人",因此省略,不在图 3.1 上显示。

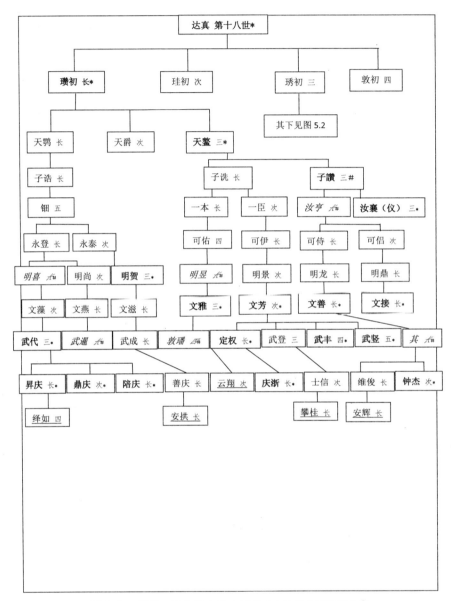

图3.1　张香二甲朱氏人物大传传主(长房朱瓒初支)①

————————

①　图3.1中,加＊者是张香二甲朱氏人物大传中所有的男性传主;加#者是部分小传的传主;加横线者表示乾隆三十年谱的编纂者。特别要说明的是,编制这场世系图是以张香二甲人物大传主和修谱人的世系关系为基本框架的,而不考虑小传传主的世系问题,因此部分小传传主只是搭便车。之所以如此操作,会在正文叙述中逐步交代。受限于图表空间,传主中的兄弟世系多数省略,而人名旁边的"长""次""三""四"等表示兄弟排行,图3.2、图3.3与图3.1同。

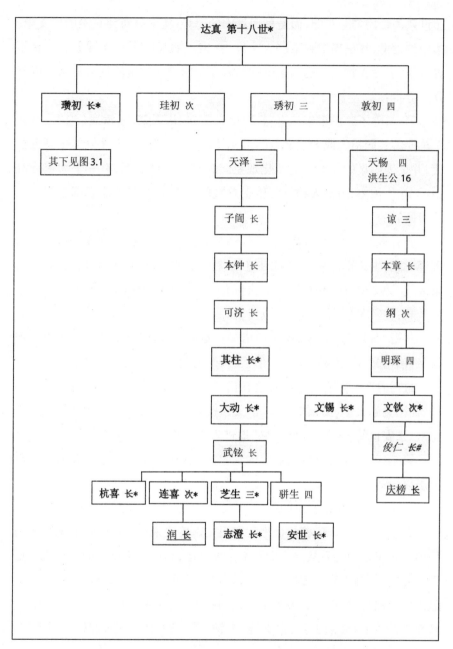

图3.2　张香二甲朱氏人物大传(三房朱琇初支)

参阅图3.1和图3.2,张香二甲27位男性传主以及修谱人(加横线字体)的世系关系都已经清楚显示出来。基本特点为:这些人物传记不是按照世系关系均匀分布的,而是呈现集中的态势,集中分布到有限的房支中,集中到近世,甚至集中到某些大家庭内,出现明显的板块化现象。而且不难判断,引导人物大传趋向集中的动力在于修谱人的直接利益诉求。以下具体分析:

第一,除了二甲祖朱达真、长房祖朱瓒初、朱天鳌、朱汝襄(朱仪)这四个早期的共同祖先或业绩显赫的祖先外,人物传记的重点无疑集中到近当代,并呈现明显的大家庭板结化现象。观察两个世系图,有三个大家庭集中了16位传主,占到人物大传传主总数的59%。这些大家庭都是修谱人自身所属的大家庭。

先看朱绎如,名列乾隆三十年谱的"督理","监生,字仲连,协理谱事,勤谨无私,生雍正辛亥"①。就是这位评价为"勤谨无私"的修谱人,其祖父朱武代、父亲朱昇庆和叔叔朱鼎庆都是人物大传的传主,在加上刚出五服的族叔,在其名字之上就有4位传主。

再看"督理"朱攀桂,其父和祖父尚健在,大概不便入传,但是他的曾祖父、伯祖父、两个叔祖父和堂伯父,共5人全部进入人物大传。

最后看"总纂"朱润,其家庭五代共7人进入大传。包括高祖父朱其柱、曾祖父朱大劢、父亲朱连喜、伯父朱杭喜、叔父芝生,甚至两个堂兄弟朱志澄、朱安世等,几乎"一网打尽"地进入了人物大传。

第二,除了这三个特别集中的大家庭板块外,其他传主与修谱人均有五服以内的亲密关系。

传主朱明贺是朱安拱的高祖;传主朱文雅是朱云翔的祖父;传主朱文锡、朱文钦分别是朱庆榜的伯祖父和祖父。传主朱文善、朱文接、朱钟杰与修谱人朱安廷的关系从谱系上看不是很直接,有些弯弯绕。但是详查家谱即可发现,朱钟杰系朱安廷生父,后朱安廷过继到伯父朱维俊名下,朱文善是朱安廷的祖父,而朱文善系朱文接的亲弟弟,过继到朱明龙名下。由此,从血缘关系上看,朱文善、朱文接、朱钟杰分别是朱安廷的祖父、伯祖父、生父。

第三,从总体上看,传主主要集中在有限的房支内,一些房支在其中没

---

① 清乾隆三十年《泾川朱氏宗谱》卷2《张香二甲李村园派世系》,上海图书馆藏本,第24页。

有任何份额,呈现非均称状态。

这里必须要说明的是,理论上在世系图上应该展现二甲所有的房支,才能清晰地观察到"传主集中到有限房支"的现象。不过,由于图表空间的限制,其他没有传主的旁系房支均省略了。笔者在世系图的姓名后面均加注了兄弟排行,这些排行一定程度上可以反映了旁系房支衍生的情况,但是毕竟还是不够。受制于技术呈现的困难,以下笔者通过对其他房支的文字描述来说明传主分布非均称的问题。

首先,看第十九世,二甲祖朱达真有四子,下分为四房。长房瓒初、二房珪初、三房琇初、四房敦初。人物传主全部分布在长房和三房中,二房和四房没有任何份额。这一点在世系图3.1、3.2上均有显示。

再看第二十世。长房朱瓒初下有八子,天鹗、天爵、天鳌、天培等,但是传主均集中到天鹗和天鳌支下,天爵和天培等支下均没有份额。再看第二十二世,朱子诰下有锻、鍊、钿等五子,传主均集中到朱钿房下,朱锻和朱鍊等下均没有份额。

对在人物大传中失语的房支进行共性比较,可以看出,他们的房支普遍人丁不旺,有的甚至到乾隆三十年修谱时已没有直接的后裔。这无疑导致了这些房支在家谱编撰中或者由于势单力薄不掌握话语权,或者由于后代失传,根本没有了在家谱之上发言的机会。

举例来说,第二十世的朱爵在明正德年间曾任江西上饶县主簿,又是明嘉靖家谱的主修,比曾经充军发配的天鳌有更多的可圈可点处。但是朱爵的5个儿子均没有后代,也就是说朱爵房仅传到第二十一世就失传了。而朱天鳌房下到乾隆年间支衍派分、子孙昌盛,上述世系图已显示,直接参与修谱的后裔至少有三人。两厢情况比较,我们可以意识到,在人物大传的榜单中,朱爵之所以落败于朱天鳌,很大程度不是他们之间"善美功德"孰优孰劣的竞争,而是修谱时后裔子孙力量的竞争。

情况类似的是,第二十二世的朱锻,他是明代嘉靖甲午举人,也是张香朱氏明代以来出现的第一个举人,后来出任宜城县令。就是这样一位无论在科举还是宦业上都取得开创性成绩的人物也没有进入大传。相反,他的弟弟朱钿的后裔中有5人进入大传。追溯原因,还是与后裔的繁盛和在家谱编纂中有发言权有关。

朱锻后裔到第二十六世有后传者,就剩下朱武时1人,第二十七世为2人,第二十八世为4人,第二十九世3人;而朱钿支后裔繁盛,到二十六世有后传者达22人之多,一直繁衍到三十世,人数更多。直系后裔子孙的兴衰,很大程度上决定了在家谱编纂中的发言权的大小。

行文至此,我们可以清晰地看出,关于宗族人物大传的甄选,本来意在在宗族范围内为本族的出彩人物树碑立传,以他们的"忠孝节义"的光辉形象,来感化和教育后代子孙。但在实际操作中,为族内的强宗大支和他们的代言人——修谱人所直接主导。于是,人物大传很大程度上成为少数有能力主导家谱编纂的人们竞相标榜自己直系祖先的"封神榜",他们无一例外戴着"忠孝节义"的大帽子,大帽子下的面孔反而斑驳不清了。

(二)小传——为大传"查漏补缺"

在乾隆三十年谱中,除了人物大传外,还有人物小传。"小传"的情况是如何的? 和"大传"的关系又是怎样的? 接下来继续分析小传。理论上,人物小传和大传在"彰善扬美"的功能取向上是大体一致的,但是受制于材料等困难,所以篇幅较小,即所谓:"言多失实,不特厌目,亦不足信矣。兹于大传外,复列小传赞,乃局内各派所搜行实节略,汇叙成册,分卷录之,所以存真。"①此外,大传不仅篇幅大,所推出的人物在量级上一般也要超过小传人物,而且往往请名人或专人撰写,传记落款明确。就此而言,小传传主本身不太引人瞩目,编纂要求相应变低,就"局内各派所搜""汇叙成册",但是这样的操作方式,反而也就更加便于局内人操作。

为了与大传比对,我们同样截取的研究对象是张香二甲的人物小传传主,共25位,比大传传主少2位。出于世系图呈现空间狭小的问题,并为了讨论小传传主与大传传主的关系,笔者拟从以下方面为小传传主定位世系。

第一,先将25位小传传主投影到前面的两张大传世系图上,见图3.1、3.2中加#者,这样有8位小传传主找到精确的世系定位,而不需要构建新的世系图。也就是说,有近三分之一的小传传主,直接落到为大传传主编制的世系图的框架中,进一步强化了大传传主已经营造出的"条线化"和

---

① 清乾隆三十年《泾川朱氏宗谱》卷14《小传赞引》,上海图书馆藏本,第1页。

"板块化"的格局。例如，朱明喜——修谱人朱绎如的高祖父进入小传，进一步"完善"其宗族"板块化"的结构。朱云翔的曾祖父朱明昱、父亲朱敦璠的加盟，使得这一条线更加清晰。而朱安辉祖父朱其、朱庆榜父亲朱俊仁的出现，同样弥补了"条线"中的关键一环。

第二，没有落到大传传主世系框架中的小传传主，也多数集中落在其附近，特别强化了宗族"板块化"的结构。由于大传世系图已经没有拓展的空间。下面我们放大三个世系片段，进一步观察小传主的世系定位结果。（参见世系图3.3）

片段一，关于修谱人朱庆榜的大家庭。朱庆榜的叔祖父（文釴）、堂伯（武衍）、父亲（俊仁）均进入"小传"，与"大传"中的伯祖父（文锡）和祖父（文钦），形成一个基本成熟的大家庭板块。

片段二，关于修谱人朱绎如的大家庭。朱绎如的高祖（明喜）、叔曾祖（文英），两个从祖父（祝龄、裕龄）和他的亲兄弟（纯如）进入"小传"，再加上进入"大传"的三位先人，使得原本成型的家庭板块更加丰满。

片段三，关于修谱人朱云翔的大家庭，是最用心在"小传"上做文章的。在大传中仅有朱云翔祖父（文雅）一人，但是小传中上接了曾祖父（明昱），旁接了伯祖父（文钟）和堂伯（武瑞），下续了父亲（敦璠）、三个伯父（鹤龄、鹗龄、鹏龄）和堂兄（士信），由此形成一个比较完整的大家庭板块。统计一下，他的大家庭阵容豪华，共有8位成员集体在"小传"中亮相，一个大家庭就占到了"小传"总人数的近三分之一强。

这三个大家庭片段小传人物总数为17人，投影到世系图3.1、3.2上的8位小传传主去除三个片段中的重复者为3人，目前世系已经定位的20人，尚有5人。一位是朱士佐，大传传主朱武竖之子，是修谱人朱攀登的堂伯。一位是文岱，为大传传主文接之弟，也是修谱人朱安辉的曾叔祖。剩余3位与修谱人均出了五服关系。一位是朱大志，修谱人朱云翔高祖的兄长的曾孙。最后两位朱武埒、朱青选为第二十世朱天培的后裔，分别是第二十六世和第二十七世子孙。

由此可以明确，小传是大传格局的强化、完善和补充。

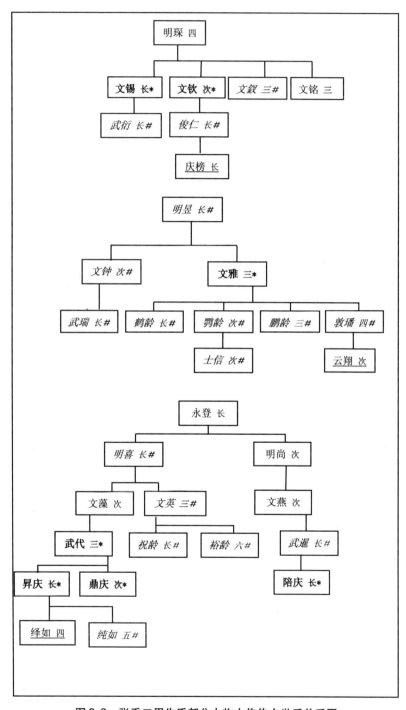

图3.3 张香二甲朱氏部分人物小传传主世系关系图

三、人物传记背后的利益格局

接下来,把人物大传和小传传主合起来,再与修谱人建立一个简明的关联表。(参见表3.1)

表3.1　张香二甲朱氏人物传主与修谱人关系表

修谱人	与修谱人有五服内关系者		其他
	大传传主	小传传主	
朱润(纂修)	高祖其柱,曾祖大动,父亲连喜,伯父杭喜,叔父芝生,堂兄弟志澄、安世	无	早期公共祖先: 大传传主:二甲祖达真,长房祖瓒初,天鳌,汝襄(仪); 小传传主:子讚,汝亨
朱云翔(分修)	祖父文雅	曾祖明昱,伯祖文钟,堂伯武瑞,父亲敦璠,伯父鹤龄、鹗龄、鹏龄,堂兄士信	
朱庆榜(分修)	伯祖父文锡,祖父文钦	叔祖父文釟,堂伯武衍,父亲俊仁	
朱攀桂(监理)	曾祖文芳,伯祖父定权,叔祖父武丰、武竖,堂伯庆浙	堂叔士佐	晚期先人: 大传传主:培庆; 小传传主:大志,武暹,武姅,青选
朱绎如(协理)	祖父武代,父亲昇庆,叔父鼎庆	高祖明喜,叔曾祖文英,两个从祖父祝龄、裕龄,弟纯如	
朱安拱(协理)	高祖明贺	无	
朱安辉(协理)	曾祖文善,伯曾祖文接,生父钟杰	曾叔祖文岱,祖父其	
总计	22人(大传)+19人(小传)=41人		11人

表格所统计的大、小传主与修谱人的总体情况显示:人物传记分布最基本的特征就是,围绕着修谱人呈现大家庭板块的特征。换句话说,修谱人主要的精力放在为自己的大家庭人物树碑立传,而所谓的"忠孝节义"这些相标榜的人物甄选的前置性标准,很大程度上异化为这些人物"涂

抹""妆点"的"脂粉"。

但是对于早期的共同祖先,出于沟通世系、寻求感情归属的需要,修谱人也会沿着世系脉络追本溯源,例如二甲祖达真公、长房祖瓒初公、天鳌公、汝亨公等,都处于重要的世系分支上游的公共联结点上。

这其中一个重要的祖先朱仪,虽不处于世系联接点,却是得到清廷认可的"忠烈"明代人物,我们之前一再提及的。对于这样一位能彰显宗族声名的历史资源,修谱人们各取所需围绕之大做文章。

一类是修谱人朱安辉所属的房支,系朱仪的兄长朱汝亨房。由于朱仪合门遇难,没有后裔,他们就成为与朱仪世系关系最亲近的一支。在人物传记中,他们有六人朱汝亨、文善、文接、文岱、其、钟杰入榜。

这些人的传记中皆标榜与明忠臣的关系,赞扬朱仪的光辉业绩。有的在行文中追记与朱仪交往的生平事迹。例如,朱仪兄长朱汝亨入小传,小传记载,汝亨也曾随其弟入川,但因为与其幕友不合而返回故里,因此幸免于难。① 还有的演绎与祖先神游的故事。如朱汝亨曾孙文接,又名重桂,传记中就"重桂"这一名字的来历,演绎了一段神秘故事。文接出生的时候,院中枯死的桂花树重新开花,而"其先世象先公生曾有是兆",因此而命名。② 就这样。通过种种方式的书写和安排,朱安辉的房支塑造了"名门宦家"的光辉形象。

另外一类,和前述的案例朱明贺情况相似,与朱仪世系关系稍远,但也是追随朱仪入川的不幸殉难者。例如,在《奥斋公父子合传》中的朱其柱——纂修朱润的高祖,也是随朱仪殉难四川的。朱其柱入川时,恰逢其子大动在宣城参加考试,大动知道父亲赶赴四川的消息后,为了见其最后一面,连夜赶到芜湖,但还是错过了。后来父亲一去不复返,大动屡次欲入川寻找父亲,因家贫而止,每念于此,痛哭流涕。值得注意的是,在传记中还附会了一个不详的传说,说朱仪以进士被任命为嘉定州知州时,"初报捷,夜近,乡各处惊闻鬼声,时人皆大异之,后随任宦游七十余人同遇张献忠乱,无一还者"③。

---

① 参见清乾隆三十年《泾川朱氏宗谱》卷14《小传赞》,上海图书馆藏本,第1页。
② 参见清乾隆三十年《泾川朱氏宗谱》卷14《大传·宿茂公行传》,上海图书馆藏本,第14页。
③ 清乾隆三十年《泾川朱氏宗谱》卷12《奥斋公父子合传》,上海图书馆藏本,第10~13页。

很显然,这一传记和朱明贺传记中一样充满着不幸、悲情和遗憾的色彩,与朱仪的近支族人对祖先骄傲和自豪的基调是有微妙差别的。可以想象,在同一场悲剧中,进士、知州朱仪的忠烈名分得到朝廷的表彰;而随行的族人多数身份卑微,殉难后无名无分,给后裔留下的是一段惨痛的记忆。因此,在家谱上出现两种不同的叙述基调。

综上所述,钱杭教授所强调的世系关系具有的主观建构性质①,从家谱人物传记如何被后人主观选择和编排的角度体察,也更加突显。在"彰美扬善"旗号、"忠孝节义"的标准下,掌握修谱权力的修谱人对大家庭人物的入传采取宽容主义的态度,对于早期的公共祖先和历史名人采用的则是功利主义的态度。其背后反映的是,修谱人和他所属房支对"扬名家谱"这一稀缺资源的利益汲取和他们之间对族内公共资源所达成的利益上的妥协与共识。

第二节　明忠臣朱仪——忠烈形象的发掘、塑造与流转

在乾隆三十年谱人物传记中,形象最为光辉的是明忠臣朱仪,也是张香朱氏向地方社会力推的宗族名人。本节计划通过对明忠臣角色的发掘、塑造和流转过程的追踪,呈现私家文献家谱与官修地方文献的互动关系。

一、忠烈形象的发掘与塑造

乾隆三十年谱中,关于朱仪的传记并非修谱之时撰写,而是清雍正六年(1728 年),江南太平府江防同知署泾县事于鼎元上奏朝廷的奏章。② 在这篇奏章中,泾县知县将朱仪的忠烈事迹汇报给朝廷:

余摄泾笏恭进

圣天子显微阐幽,褒恤本朝忠孝节义之行,俾郡邑各建祠宇,详请

---

① 参见钱杭教授《族谱的世系学研究》课程笔记,第一章《世系学原理》,第10页。
② 参见清乾隆三十年《泾川朱氏宗谱》卷12《明忠臣象先公传》,上海图书馆藏本,第7～8页。

题旌,以崇祀典,其历朝有实迹昭灼者,各上宪亦檄核准予入祠。余谨奉行,披览至明忠臣朱嘉定公者,尤不禁流连钦慕,代为之感慨而唏嘘。虽然予闻其略矣,尚未得其详。越数日,县试朱氏多所赏拔,进谒之日,有名秉清、庆瑟者,二子为公之侄玄孙,询以颠末,犹能具对。

公讳仪,字象先,别号赤林公。父讳误,太学上舍,事亲孝、课子严。故公以丙子登贤书,庚辰成进士,任嘉定州知州。会贼张献忠寇西蜀,兵薄城下。而公以牧守坐困其中,外无蚍蜉蚁子之援,内无坚壁借一之佐。旦夕不降,城且受屠。时有一子侍公,公因抚而谓曰:"命锡,昔汝王父恒言曰:士生天地间,处则竭力于亲,出则致身于君,大节只此两端耳。今事急矣,丈夫即死,不可为不义屈。"公子俯身泣下,不能仰视。乃公宜人胡氏瞿然起曰:"父教子孝、臣事君忠,而妻独不能为夫死节乎? 请先死以明吾志。"遂拔所佩金簪刺其喉,血淋漓满地,困而少苏,更强起以手抠入深处,气乃绝。公见宜人既死,乃服命服北面再拜,以头抢地,悲泣之声震动天地,因命外举火,公与宜人一子偕归煨烬,而家众亦间有从之者。

奏章开首显示,朱仪的忠烈事迹被重新发掘起来,源于雍正初年清廷发动的一场自上而下的"褒恤忠孝节义"的运动。

清雍正元年(1723 年),雍正帝连续发布两道上谕《谕旌表》《谕立忠孝节义祠》。在《谕旌表》中,雍正帝认为,治政之要,"首在风化,移风易俗,莫先于鼓励良善",要求礼部"即行传谕督、抚、学政诸臣:嗣后务令各属加意搜罗,虚公核询,确具本人乡评实迹,题奏旌奖"。在《谕立忠孝节义祠》中,谕旨再次声明:"旌表节义给银建坊,民间往往视为具文,未曾建立。恐日久仍至泯没,不能使民间有所观感。着于地方公所设立祠宇,将前后忠孝节义之人,俱标姓氏于其中;已故者,则设牌面于祠中祭祀,用以阐幽光而垂永久!"①

两道谕旨都要求地方官员深入民间,搜罗忠孝节义之人,上报朝廷,"题奏旌奖",并令地方公所建立"忠孝节义祠",加以"祭祀"。

---

① 清乾隆七年《重修福建台湾府志》卷首《圣谟》,大通书局,1983 年,第 12 ~ 13 页;但查阅《雍正朝汉文谕旨汇编》未见有录。

对于雍正初年的这场"褒恤忠孝节义"行动,泾县知县于鼎元表现得颇为积极,朱仪就是被他发掘出来的"忠烈"典型。不过,对于发掘的过程,我们时时可以观察到地方基层社会和朱氏宗族在其后助推的身影。首先,于鼎元说:"披览至明忠臣朱嘉定公者尤不禁流连钦慕。"这一披览到关于朱仪简略事迹的文牍①,可能是县里乡都图上报的忠孝节义之人的名单和事迹。然而于知县"闻其略矣,尚未得其详"。后来借助县试的机会,请朱仪的侄玄孙秉清、庆瑟讲述了详实。

伴随着清康熙后期以来政治经济社会的稳定和走向繁荣,王朝的统治也更加自信,对于包括明朝在内的"历朝有实迹昭灼者",也给予题旌入祠祭祀的权利。同时,被明清鼎革而中断的地方社会宗族建设进程也再度活跃起来。应该说,这次雍正王朝发起的表彰地方忠孝节义人物的运动,同时也给了地方宗族整理本族资源、推荐本族杰出人物的机会。正是在这种双向互动的结果下,朱仪在官方和地方宗族两股力量形成的合力中被推到前台。但是从后来的事实上看,这份奏章当时没有获得朝廷明确认可,进行正式表彰。

但是以此为始,这位原本为张香朱氏所感怀和乐道的先祖,成为泾县地方社会忠烈形象的文化符号,开始了在不同时期的官方公共文献中的环游经历。而家谱作为人物文化符号环游中的重要一环,其参与地方文化建构的角色担当也得以体现出来。

二、忠烈形象的流传

在中国传统社会中,定期编纂的地方志是构建地方文化形象和文化秩序的主要平台。朱仪环游的首个重要驿站是入《泾县志》。

自清雍正六年上报朝廷旌表后,朱仪作为"忠节"人物的代表之一,进入了乾隆《泾县志》。乾隆二十年(1755 年),知县王廷栋聘请钱人麟编修的《泾县志》(简称《钱志》)和由贡士郑相如以一己之力修撰的《泾县志》

---

① 查阅钱人麟纂乾隆二十年《泾县志》有忠烈朱仪,源自采访册,由此可以判断,之前官修顺治《泾县志》、康熙《泾县补志》等没有出现朱仪。因此,于鼎元在雍正年披览的文牍应非前修志书。

(简称《郑志》)①同时成书,皆记载了朱仪的事迹。如《钱志》中记载:

> 朱仪,字象先,倜傥有大志,崇祯丙子举人,由庚辰特用任嘉定州
> 牧。以政最行,取将入京。会流寇张献忠拥众入川,士民汹汹,或劝之
> 去。仪曰:"事变至此,我去,谁与保障?"遂率众为固守计。已而,贼
> 兵大至,州城陷,不屈,阖门遇害。妻胡氏,见"烈女传"。(采访册)②

　　相比较雍正六年的奏章,进入乾隆《钱志》的关于朱仪的记载,做了重
要的技术处理。首先,剥离了朱仪与儿子对话的场景,其妻子的事迹被分
割到"烈女传"中。进而又增加了一个重要细节:朱仪在任上因为政绩突
出得到提拔,本来准备离开嘉定前往京城,但是面对张献忠入川,众人劝他
离开,他大义凛然地说:"事变至此,我去,谁与保障?"毅然选择留下来守
城。这一细节的设计,将朱仪置身于一个本已卸任离职,有机会选择离开
的特殊情景下,因而大大升华了朱仪这一忠烈形象的品格。

　　比《钱志》晚出的乾隆三十年谱在编纂过程中,为什么没有直接选择
新近的《钱志》的人物版本,而是把早些年雍正六年的奏章找出来刊载?
推想下来,采用奏章可能有几个考虑:一则向朝廷上奏的奏章无疑具有更
大权威,借以传递信息:祖先是知县向朝廷推荐过的要求表彰的忠烈人物。
二则,和县志相比,奏章非公开传播,一般人更难看到,在家谱上刊载,起到
与县志材料互补的效应。三则,从内容上分析,县志因为承担了公开传播
的功能,行文有一定的规范和要求,因而对人物事迹的叙述进行了重新编
排,包括删减、补充、拆分。而奏章中传递的信息显然更加丰富。不仅朱仪
本人,而且对其儿子命锡和妻子胡氏的殉难情节都有生动的记述,在这一
点上是符合家谱叙述的习惯;此外,知县于鼎元在奏章最后,还发表了长篇
感慨,阐发旌表这一人物的意义所在:

> 余闻而叹曰,嗟乎,求忠臣于孝子之门,岂不信哉? 公以进士甫受
> 州牧,其受国恩,未甚深大,而当时拥高位餍厚糈,一旦遇难,辄屈膝归

---

① 《钱志》上海图书馆有藏,《郑志》国家图书馆有藏,均因装修长期不开放。
② 清乾隆二十年《泾县志》卷8(上)《人物·忠节》,钱人麟纂,上海图书馆藏本,第22~23页。

诚,欲全躯命而保妻子,卒至身死名灭,为天下笑者,何可胜道。而公乃若此,吾知其渊源于庭训者非一日矣。公死而得谓之,自靖自献,公死而亦得谓之,全受全归,公死而后九原之谊可报,公死而亦使九原之目可瞑,发义愤于一朝,享禋祀于百世,不其宜哉?①

奏章还明确表示故事的讲述人是朱仪后裔朱秉清和庆瑟,于鼎元还"敬赠'嚼齿奇忠'匾额",令"二子携归,表其旧闾,用誌景慕之诚。而二子者英英露爽,皆以年少见头角,忠孝渊源之家,其亦所以自勉也夫"。②

这些现实感很强的信息,都是县志所没有体现,而为朱氏宗族所乐见的。由此可见,就同一人物的形象的塑造,家谱由于有自己的利益关怀和呈现方式,而和县志呈现相异之处。

一般认为,作为地方文献的县志记载在史料的可信度上要大于私修的家谱。但是上述案例表明:在一些具体个案中,县志受限于行文规范,将材料"削足适履"的情况是存在的,而家谱编纂由于具有灵活性和机动性则有可能保留了更加原生态的资料。

到修成于嘉庆年间的《泾县志》和《宁国府志》,延续了《钱志》关于朱仪的说法。引人瞩目的是,刊行于嘉庆二十一年的《四川通志》在卷204《杂类·辩伪》中出现了一条关于朱仪生平的澄清:

明嘉定州知州朱仪,江西进士。
[按]仪事迹皆无考,嘉定府志亦承旧志之讹。今按国子监进士题名录,前明崇祯壬午特用科第四十八名朱仪,下注泾县人。安徽宁国府志暨泾县志:朱仪,字象先,以进士任四川嘉定州知州,遭流寇张献忠之乱,城陷不屈死,妻胡氏见列女传。旧志缺略殊甚,适其族裔孙格来守嘉定,见其家传所传阖门殉节事相符合。因为补传入志,并改其籍贯之伪焉。③

---

①②　清乾隆三十年《泾川朱氏宗谱》卷12《大传·明忠臣象先公传》,上海图书馆藏本,第8页。
③　清嘉庆二十年《四川通志》卷204《杂类·辩伪》,常明等修,巴蜀书社,1984年,第5865页。

原刊行于雍正年间的《四川通志》，对于朱仪的记载只在职官表格中显示其名字，籍贯为江西，而生平和事迹均无考。在嘉庆《四川通志》中对此进行了更正。更正的依据是《国子监进士题名录》的记载，另一个依据，就是"其族裔孙格来守嘉定，见其家传所传阖门殉节事相符合，因为补传入志，并改籍贯之伪焉"。

朱格，字寿平，于嘉庆十九年（1814年）以户部郎任四川嘉定知府，正好到祖先所在的嘉定府，这可不谓不是一个历史的巧合。从谱系上讲，朱格系张香朱氏八甲成叔公派第三十代裔孙，是朱珨的从侄，而与属于二甲朱氏第二十一世的朱仪，世系关系比较远。

张香朱氏乾隆三十年会修宗谱时，八甲没有参加，而八甲成叔公自己的支谱到道光年间才编纂完成。但是，对于外界来说，争取张香朱氏祖先的权益时是不分派别的。朱格所称的"家传所传阖门殉节事"当为乾隆三十年谱。这样，在四川修省志接近尾声时，依照《国子监进士题名录》《宁国府志》《泾县志》以及朱格所依持家传谱牒，朱仪的生平和忠节事迹得以在卷尾通过"辩伪"的形式登录到嘉庆《四川通志》中。

进入道光五年（1825年），道光《泾县续志》刊行，此次没有简单复制自乾隆以来县志的记载，而是有了重要的补充：

> 明朱仪，字象先，崇祯丙子科举人，庚辰特用进士，出知四川嘉定府。以课最行，取将入都，会流寇张献忠拥众入蜀，分兵四掠，或劝仪遁去.仪曰;"我去，谁与守？"乃率众登陴。已而，贼大至，环攻援不至，城将陷。仪语其子命锡曰："士生贵大节耳，事急矣。岂不可为不义屈。"仪妻胡氏在旁奋然曰："为国死，忠也。为夫死节也，妾请先。"即以簪刺喉，血如注，稍复苏，自以手抉之，乃绝。仪北面再拜，命家人举火，与子命锡及胡氏尸同燔。家人多从死者，同族其柱者，字宇石，时为仪署西席，亦同殉节。仪卒年五十三。事载国朝府县志，道光三年题旌祀忠孝祠。
>
> 朱命锡，仪子，性至孝，仪将之官，世父汝亨谓命锡曰："川中寇氛甚急，汝勿往偕往。"对曰："父母远行，命锡不往侍，谁当往者，遂至任。"值张献忠分兵围州城，力屈，城将陷。仪谓命锡曰："语汝无他，

但勿为不义屈。"命锡唯唯,举家自焚死,语见仪传。国朝道光三年题
旌祀忠孝祠。①

　　分析发生变化的内容:首先,出现在道光《泾县续志》上的关于朱仪的
事迹,将乾隆《钱志》和嘉庆《泾县志》上的朱仪传记和乾隆三十年谱上所
载雍正六年奏章中的朱仪情况进行了杂糅。例如,在保留朱仪即将离任毅
然守城的细节后,又补充了朱仪在临终前叮嘱其子命锡"勿为大义屈"和
其妻先行以簪刺喉的情节。其次,补充了与朱仪一同殉难的朱其柱。关于
朱其柱,我们在乾隆三十年谱人物大传《奥斋公父子合传》中做过介绍,他
是总纂朱润的高祖父。之前乾隆志和嘉庆《泾县志》提及朱其柱,但是将
之和"朱仪中进士祖墓闻哭声"的传说放在杂识异闻卷中。此番修志直接
附录于朱仪之后,位置无疑得到极大的提升。最后,朱仪之子朱命锡作为
忠节人物,得以单列。
　　内容上的变化之外,还有地位的变化。嘉庆《泾县志》人物忠节篇中
共上榜27人,朱仪仅是其中一位。而道光《泾县续志》作为嘉庆《泾县志》
的补充,人物忠节篇中仅仅推出朱仪父子二人。为何朱仪在道光《泾县续
志》中得到如此隆宠的地位? 原因与道光《泾县续志》中显示的朱仪父子
在"道光三年题旌祀忠孝祠"有直接关系。
　　以上已经说过,早在雍正六年(1728年),知县就曾经向朝廷奏请题
旌,但是没有显示有下文,这次道光《泾县续志》明确表示朱仪终于得到朝
廷的权威认证。关于朱仪得到朝廷题旌一事,在清代名臣陶澍的文集中详
细记载。陶澍时任安徽巡抚,在"为一门忠烈,详请入祠事"中,会同两江
总督孙玉庭向道光帝请旨,准许朱仪父子和其妻胡氏进入忠义节孝祠祭
祀。请旨的时间是道光三年(1823年)十二月初九日,道光帝发布批准的
谕旨时间是道光四年(1824年)四月十四日,这与道光《泾县续志》道光三
年题旌的日期稍不同。②

---

　　① 　清道光五年《泾县续志》卷3《人物·忠节》,阮文藻修,《中国地方志集成·安徽府县志辑
46》,江苏古籍出版社,1998年,第9页。
　　② 　参见《前明嘉定州知州朱仪等入祀忠义各祠题本》,《陶澍全集》(5),岳麓书社,2010年,
第35~39页。

朱仪不光在道光《泾县续志》中大书特书,刊行于道光五年的《安徽通志》也将朱仪收入志中。① 至此,朱仪作为忠节人物的文化符号于道光年间得到中央和地方的一致承认,达到了一个至宠至荣的地位。

总结朱仪环游的历程,从雍正六年,借助朝廷要求表彰忠孝节义运动被泾县知县和朱氏族人重新发掘出来,到进入乾隆《泾县志》、嘉庆《泾县志》和嘉庆《宁国府志》,在这长达百年的历程中,朱仪在泾县,至多在宁国府范围内,作为忠臣的文化符号,缓慢低调地流淌着。但是以嘉庆后期进入《四川通志》为折点,朱仪从本地府县的文化圈中突然跃居到异地高级别的方志,进入道光初年更是发力不断,不仅在道光《泾县续志》中高调宣传,同时被《安徽通志》正式收录,而且得到朝廷谕旨的正式表彰,进入忠义祠祭祀。

在此过程中,朱氏族人和家谱在助推朱仪走向公共文化平台的作用已经作出初步解释,但是要理解为什么从嘉庆后期到道光年间,朱仪突然快速走红,还要进一步介绍其幕后推手。

显然,最为关心明忠臣朱仪作为地方文化符号地位的是张香都的朱氏后人,而有能力推动朱仪向官方高级别文化平台大范围扩散的必定是一位有足够影响力的人,这就是我们之前一再提及的进士朱珔。

三、朱珔——明忠臣加速流传的幕后推手

从朱珔生平可以得知,朱珔中进士后没有外放地方作官,而是长期在京师国史馆担任史官,交游十分广泛。朱珔也十分熟悉宗族历史和族内名人,朱仪就是其中一位,而将其推荐到《四川通志》,除了朱格外,还有他的功劳。

在文集《小万卷斋文稿》中,朱珔记曰:

---

① 无论是清道光《安徽通志》,还是陶澍奏章中均提到,朱仪事亦存《嘉定府志》。但是查《嘉定府志》一修于嘉庆八年,无朱仪事,二修于同治年间,有朱仪,并注明根据《四川通志》加以改正。但是显然不是道光年修《安徽通志》时,所能看到的。因此史料缺乏,无法进一步考证,暂且存疑。

族祖象先公,明末知嘉定州,献贼屠蜀中,全家遇难。而《明史》及《胜朝殉节录》皆不载,惟见《四川通志·职官表》,颠末亦未详,其籍贯乃误以江南为江西。盖改革之秋,传闻失核,不足怪。开史馆时又无人上其事,故遂遗之。然则世之不□,而竟归于湮没者,岂不胜道哉。嘉定久升府,甲戌夏,从侄格出守是郡,临行余语之故。至会修省志,秉笔者毗陵杨蓉裳农部也,既乞更易,立补传附为辩证,而公之迹始大白。①

《四川通志》通过"辩伪"将朱仪的籍贯更正为泾县后,朱珔随即又发现了新的问题:"谨按公之成进士以庚辰,旧志无异词。近川中修志族人邮寄国子监进士题名碑录,以正籍误,遂并从录,改庚辰为壬午,殆考之不慎。"②接下来朱珔详细地考证了朱仪为庚辰科进士而非壬午科进士,《题目录》上表示的是壬午年撰写的。同时,结合《明史·张献忠传记》等文献,对朱仪中进士后入川一直到殉难的情节进行了更加详尽地描绘。

道光二年(1822年)朱珔辞别京师回乡,一直到道光五年(1825年),约两年多的时间里,在泾县张香都黄田村乡居。在此期间,他主持了八甲成叔公派支谱兴修工作。在朱珔筹划修谱时,他的同年好友安徽巡抚陶澍也正在组织人马紧锣密鼓编纂入清以来的首部《安徽通志》,朱珔再次把朱仪推到了省志中,并借助陶澍的禀奏得以向朝廷表旌成功。这在《小万卷斋文稿》中有记:"族祖象先公殉难嘉定,余既为诗文以张之,时犹未邀旌典。道光甲申,适值同岁生陶云汀中丞抚皖,急札致陈其事。中丞据以入告,初虑年远跻湮,格部议,乃蒙谕旨并其胡氏、子命锡,咸准祠祀。"③

祖先朱仪终于得到从中央朝廷到安徽、四川省一致承认,朱珔很兴奋地总结道:"计殉难之岁,迄奉祠之岁,甲子恰奉三周,际会符合,夫岂偶然。今既重以天子之命,而四川省志书之、我省新修通志复书之,较之以前仅入

---

① 朱珔:《小万卷斋文稿》卷14《族祖象先公题黄鹤楼诗字书后》,嘉树山房,清光绪十一年(1885年),上海图书馆藏本,第27页。

② 同上,第29页。

③ 朱珔:《小万卷斋文稿》卷14《为象先公征诗成帧书后》,嘉树山房,清光绪十一年(1885年),上海图书馆藏本,第31页。

郡邑志,倍加章著,可补柱下史及稗官纪载之阙。"①

随后,朱琦又趁热打铁,为祖先征集赞诗,"顷学士大夫竞赋诗歌,激昂慷慨,直觉行墨间",最后编成诗集,"碧血荧荧,辉光照射,由是久之,英灵其毋□,而公之名亦遂永垂天壤矣"。②

不过,令朱琦遗憾的是,朱仪之名并未永垂天壤。进入咸丰同治年间,安徽地方成为太平军和清军反复争夺拉锯的地方。而光绪重修安徽通志,面对战争的重创,忠节人物篇中呈现的是清一色的殉节于"洪杨劫"的忠臣烈士,哪里还有可能有明忠臣的位置?而地处皖南的泾县同样遭受空前的浩劫,元气大伤,在民国时期地方一直动荡,以至于到新中国成立后,泾县地方再也没有修过县志,自然更不会有朱仪事迹的再放。

一个时代有一个时代的文化符号。当我们巡检了承载忠节文化符号的朱仪在清前中期地方文献的流动轨迹,可以发现,在清廷面向地方社会提供了一个表彰忠孝节义的文化资源后,在朱氏宗族特别是得力人物朱琦的运作下,家谱、地方各级方志、名人文集等地方文献成为可以相互贯通的文化平台,它们相互借重和声援,共同推动了那个特定时代的忠节文化符号的成功塑造。

再仔细审视一下,家谱在这一文化符号流动旅程中所扮演的角色。它是文化符号流动生物链中一个重要的基础信息库。乾隆三十年谱中所收录的雍正六年奏章,保存了第一份关于朱仪事迹的权威认定文献,对朱氏宗族直接起到启蒙作用,而且通过族内代际传播的方式把这一信息传递下去。后来到嘉庆年间,朱仪跻身《四川通志》,与朱氏裔孙朱格以"家传所传阖门殉节事相符合"为凭据向上推介是分不开的。而道光《泾县续志》中,朱仪和其家人传记的大量增补,很明显是整合了乾隆三十年谱中的资源。例如,无论是关于朱仪在临终前叮嘱其子命锡"勿为大义屈"和其妻先行以簪刺喉的情节,还是关于与朱仪一同殉难的族人朱其柱事迹的增补,都可以从乾隆三十年谱中找到原型。在地方社会中,对某些宗族而言,一轮大规模的家谱兴修前后,实际上是一次重要的对族内各种文化资源进

---

① 朱琦:《小万卷斋文稿》卷14《为象先公征诗成帧书后》,嘉树山房,清光绪十一年(1885年),上海图书馆藏本,第33页。

② 同上,第33~34页。

行系统收集、整理,甚至是对外宣扬的过程。朱琇在兴修支谱的过程中,即是如此。正是在修谱契机的推动下,对朱仪忠节事迹的宣扬也达到了一个顶峰。

由此,通过朱仪个案,家谱作为承载了地方宗族势力公共话语的私家文献,在地方公共文化进行创造、流动和整合中所发挥的作用清晰展现出来。

第三节 流动的人物志:张香朱氏家谱与泾县志的互动

接下来,我们将超越朱仪案例,计划运用更多证据、在更大范围内对家谱与地方文化建构的关系作出讨论。县志作为基层地方文化最为重要的公共历史平台,承担着地方文化的整塑功能。讨论家谱和县志编纂的互动作用,无疑是落实家谱参与地方文化建构的现实途径。

考察明清时期泾县地方文化构建的脉络,县志和家谱在某一特定时期出现同步共振的动向。在同一历史时间下,在同一地域空间内,当县志遭遇家谱,这两个重要的文化载体发生碰撞、互动,从而共同整塑着地方文化的内涵和外延。而地方文化上所贴的鲜明的宗族标签,宗族板结化的人物在县志和家谱之间的双向流动,指示着县志和家谱背后有一个共同的操纵力量——强宗大族与官绅阶层结合所达成的共谋性质的权力关系。

一、当县志遭遇家谱

据赣南师院李晓方对方志编纂发展脉络的梳理:在隋唐之前,方志是专记地理沿革的地理书。北宋以降,方志记事由地理沿革拓展至人文历史。迨至元、明以降,既往方志"重地理、轻人文"的现象发生了根本性的扭转。明清以来,在方志编纂中,人文历史部分所占比重越来越重,其中尤以人物和艺文的扩容最为显著。[1] 本书所关注的泾县志的发展趋势与上

---

① 参见李晓方:《县志编纂与地方社会:明清〈瑞金县志〉研究》,华东师范大学博士论文(2011 年),第 108 ~ 109 页。

述判断是基本吻合的。

（一）县志"人物志"的扩容

关于泾县的"旧志源流"，嘉庆《泾县志》有过梳理："泾虽汉县，然唐宋图经、图牒等，均已不存。惟宋嘉定中濡须王柽宰此县，撰县志十三卷，最有条理。见于陈振孙《书录解题》、马贵与《文献通考》，惜亦不传。明有宣德、成化、嘉靖三志，惟《嘉靖志》尚可观。"①由此可见，泾县清代以前所修的志书，到嘉庆年间，已仅存明代所修嘉靖《泾县志》。

到了清代，泾县前后修成志书多部。最早的一部为顺治志（十一卷）。康熙年间又有《泾县志补遗》（一卷）、《泾县续志略》（一卷）。乾隆二十年（1755 年）同时产生两部志书，上面也提到过，一部是官修的，由泾县知县王廷栋委托曾任日讲起居注、翰林院侍读学士武进县钱人麟主持所修，简称《钱志》（十卷）；另一部由泾县贡士郑相如私人修撰，俗称《郑志》（四十五卷）。嘉庆《泾县志》对于这两部志书的评价是，《钱志》"不甚考古"，《郑志》"则微伤于凿"，"皆得失参半焉"。②

由洪亮吉担任总修的嘉庆《泾县志》（三十二卷），初刊于嘉庆十一年（1806 年）。不仅是泾县志中最具代表性的一部，而且在方志学界被视为名志。清道光五年（1825 年），在知县阮文藻的主持下，泾县修成道光《泾县续志》（九卷）。这部县志是应安徽省纂修《安徽通志》的要求，而在嘉庆《泾县志》基础上所出的续补，即"聊备省局取材，不遑详加审定也"③。

光绪年间，泾县邑人琴西洪公曾欲效仿乾隆年间郑相如修志，"自为一书"，但是未就而逝世。到民国初年，邑人崔凤翔等人重新刊刻嘉庆《泾县志》和《道光续志》，期待"后来贤者""接踵续修"。④但是令人遗憾的是，县志长期失修，一直到 1992 年才有当代《泾县志》的出现。

从明嘉靖《泾县志》到清道光《泾县续志》，总的发展趋势是《泾县志》人文历史的部分越来越受到重视，篇幅越编越大，而新增篇幅中，人物志是重头部分。具体而言，现存最早的明嘉靖《泾县志》和清初草创的顺治《泾县志》，对于人物志记述相对简略，但是到乾隆年间同时成书的两部县志却发生了比较大的变化。无论是官修《钱志》和私修《郑志》人物志的数量都

---

①② 清嘉庆十一年《泾县志》卷 29《旧志源流》，黄山书社，2008 年点校本，第 1221 页。

③④ 清嘉庆十一年《泾县志》附录《民国重印跋》，黄山书社，2008 年点校本，第 1418 页。

有相当幅度的增长,而其中尤其以《郑志》的扩充最为显著。到嘉庆《泾县志》人物志的篇幅达到顶峰造极的程度。二十年后继修的道光《泾县续志》,续增的部分也主要在人物志部分。

在人物志的扩张过程中,人物志中的一般门类,如名臣、宦业、文苑、忠节、儒林、武功、五世同堂、百岁等有比较明确的资格限制和相对硬性的标准,所以人数的增长相对缓慢。隐逸、孝友、寓贤等名目的标准虽然比较软性,但是还有特定的方向,而且总量也不大。懿行门则不然,不仅录取资格软性、进入标准含糊,而且人数从无到有,从少到多,最后在嘉庆《泾县志》和道光《泾县续志》中呈现出暴增的局面。例如,嘉庆《泾县志》人物志共4卷14个门,懿行一门单独占一卷,由于录入人物太多,又分为上、下部分,整个篇幅约占人物志的46%。而道光《泾县续志》4卷,懿行一门占两卷,约占人物志的66%。因此,"懿行"类人物的变化是一个非常活跃而且具有决定意义的指标。考察人物志的扩容的具体情况,可以通过梳理"懿行"类人物的变化来实现。

从现存的历代县志看,"懿行"门类在乾隆《钱志》和《郑志》中首先出现,之前的明嘉靖《泾县志》和顺治《泾县志》人物志不仅比较简略,也没有"懿行"门,与之相类似的可能是"乡行"。

乾隆《郑志》在"列传"下设"懿行"名,"循循于诗书,断断于隆亩,为乡里之善人足矣",即人物录取的标准是"乡里善人"。[1] 但是嘉庆《泾县志》承袭的是钱志中"懿行"概念:所谓"郑志人物分门最繁,如直节、廉介、恬退等,其有钱志已入名臣、儒林、文苑者,今悉遵钱志编入各门,余俱并宦业。又义德、学行、乡行等,除钱志已入懿行外,余多附入懿行,或载入尚义以昭画"[2]。也就是说,相比乾隆《郑志》,嘉庆《泾县志》、道光《泾县续志》执行一个更加宽泛的"乡里善人"的标准,理论上有义、有德、有学行、有乡评的人都可以入志。

于是,嘉庆《泾县志》根据更加宽泛的懿行概念,对旧志人物进行归并和整理,并新增了大量的人物。参见表3.2。

① 参见清嘉庆十一年《泾县志》卷29《旧志源流》,黄山书社,2008年点校本,第1229页。
② 清嘉庆十一年《泾县志》卷首《洪亮吉序》,黄山书社,2008年点校本,第2页。

表3.2　清嘉庆《泾县志》懿行人物来源分类统计暨道光《泾县续志》新增人物数表①

县志	嘉靖志	顺治志	乾隆钱志	乾隆郑志	嘉庆志	道光志
人物·懿行	1	20	60	276	新增320	新增172

如表格数据显示,从乾隆志开始,懿行类人物开始显著增加,《郑志》的增加量更大,而嘉庆《泾县志》中,懿行类人物新增加量几乎是以前的一倍,道光《泾县续志》则将人物志约66%的篇幅用于新增加172个"乡里善士"。

必须要指出的是,懿行类人物不是不可以快速增加,关键问题是其入志的标准过于软性含糊,"乡里善人"的方向其实质是为强宗大族进行权力运作开辟了很大的空间。以后还会用实例来说明,懿行门是滥收宗族先祖的主要门类。

综上所述,《泾县志》进入清代,特别是乾嘉道年间,出现以懿行门为首的人物志篇幅大幅度扩容的现象,而与之相伴随的是民间家谱兴修的热潮涌动。

(二)家谱兴修的热潮涌动

考察泾县地方修谱的情况,与全国的情形类似。自明代后期,兴修家谱的活动逐步走进民间。进入清代,随着"康乾盛世"的到来,民间修谱的活动进入高潮,虽然中间经过太平天国运动的冲击,但是晚清一度恢复元气,这种势头一直延续到民国年间。相关数据可以参阅表3.3。

表3.3　泾县家谱数量统计表②

时间	明代 (嘉靖后)	清代前中期 (太平天国前)	清代后期 (太平天国后)	民国	合计
家谱 数量	10个姓氏 12种	22个姓氏 38种	18个姓氏 29种	18个姓氏 35种	41个姓氏 114种

表格数据主要反映的是《中国家谱总目》中所统计的公共收藏机构和

---

① 根据清嘉庆《泾县志》和道光《泾县续志》相关数据整理;少量人物的来源系两部以上旧志或采访册等多种来源,所以数据中有少量的重复统计的现象。

② 根据《中国家谱总目》和笔者田野考察所见家谱统计,详情参见本书附录一。

个人所藏的泾县家谱数目,另有少量笔者田野调查所得。可以估计,散落在民间或者已经佚失的家谱不在少数。但是表格数据是能反映泾县地方兴修家谱的基本走势的。

其中明代存世家谱有 10 个姓氏 12 部,皆为嘉靖(含嘉靖)年以后所作,反映了民间修谱从明后期开始进入发展的快车道。进入清代前中期,尤其乾隆到道光年间家谱大增,其间所存家谱有 22 个姓氏 38 种。太平天国运动波及泾县地方,修谱活动一度中断,到光绪年间开始重新活跃起来,清代后期的 29 种谱牒中 25 种为光绪年间修。这种发展势头一直延续到 20 世纪二三十年代,抗日战争爆发后基本上就中止了。

对比泾县县志人物志扩容和家谱兴修的发展脉络,可以发现,乾隆年间是两者走向活跃的关键折点。在同一地域空间内,两个地方文化的重要载体遭遇了。那么县志对家谱持一种怎样的态度呢? 家谱又如何看待县志呢?

(三)县志视野中的家谱

乾隆二十年(1755 年),官修钱志在县志凡例中表达了对家谱的态度:

> 自顺治丙申迄今九十八年,为时既久,所征事实得诸搜访者一二,得诸士民公举及子孙开报者十八九。顾举报纷纷,或仅本传伪,或证以家谱,咸谓旧志有遗,恳请补载。往往有语本鄙信,而其家宝若丹书,姑择其一二可存者录之。
>
> 人物各传,上不溯高曾,下不逮会元,冢墓仅载名人显爵数处。盖邑乘与家谱不同,不妨从略也。
>
> 核实虽严,用意本极忠厚。故本传之外,复有附见、有类叙,采录盖已宽矣。或家传增饰过情,致有误入,或本家不自开报,事后乃以呈漏见绳,此正无策解免也。①

在乾隆钱志编辑凡例中出现了三条与家谱相关的指导意见,可见在当时县志编修过程中,如何处理运用家谱资料已成为一个需要认真面对的问

---

①　清乾隆二十年《泾县志》卷首《凡例》,钱人麟等纂,上海图书馆藏本,第 1~3 页。

题。究其原因如下：

自明后期，民间修谱运动发酵并快速推进以来，进入清乾隆年间，民间谱牒已经成为蔚为大观之势。在明清鼎革造成的官方文献紊乱与清初近百年不修志的情况下，家谱成为修史和修志者不得不借重的民间文献之一。因此，乾隆钱志在编修过程中，出现"所徵事实得诸搜访者一二，得诸士民公举及子孙开报者十八九"等依赖自下而上公举和开报的情况。

然而很明显，《钱志》对于家谱资料自身的缺陷有清醒的认识，认为这些私家文献存在子孙为祖先过度增饰的倾向和"语本鄙信"的天然缺点，因而对家谱的涌动保持了一种克制的态度。因此通过凡例规定，针对家谱的进入设置了准入原则和运用规范。

例如，第一条可以视为"采用准则"，考虑到家谱时常"语本鄙信"，《钱志》主张谨慎采用，采"其一二可存者录之"。第二条规定，要求邑志之上的人物传记撰写规范是"上不溯高曾，下不逮会元"，以避免邑志和家谱体例的混同，也是为了尽量消除邑志被家谱化的印记。

第三条很值得玩味。《钱志》称，如果修谱过程中，出现家谱"增饰"过度导致人物误入，或者本家自己不上报导致缺漏的情形，事后再"呈漏见绳"，"此正无策解免也"。该条与其说是规定，不如说是一个免责申明。可以想象，县志编纂者在编纂人物志的过程中，面临着如何平衡公与私的问题。因此，对于修志之后可能出现的"滥用"与"缺漏"的议论，作了一个澄清，将责任预先抛给家谱误导或者本家当时不上报。不过，这项免责声明将出现错误的原因归结于家谱之类外界因素的干扰，反过来表明编纂者对县志系公共历史平台原则的守护还是旗帜鲜明的。

《钱志》对私家家谱的谨慎态度，与总纂钱人麟的秉持"公"的修志理念有关系。钱曾任日讲官起居注、翰林院侍读学士，对于治史修志均有心得，他说："天下有公是非，史是也，即一郡、一邑亦有公是非，志是也。史美恶并陈，贵在核；志彰美弃恶，贵无滥美，无溢美。尚已美焉而滥焉，犹未大失也。惟非美而美之，斯君子疾之。"①

正是秉持反对人物志滥收溢美的修志理念，在凡例中，钱志对子孙持

---

① 清嘉庆十一年《泾县志》卷29《旧志源流》，黄山书社，2008年点校本，第1230页。

家谱或其他方式举报的人物保持一种谨慎的态度。这从上述表格中可见，钱志"懿行"类人物数量虽有增加，但是增加量幅度并不大。然而同时成书的私修郑志，不仅志书整体篇幅远超钱志，而且懿行类人物大增，可谓首开滥觞。①

贡生郑相如，有司马迁之志，以个人之力独立完成了大部头的泾县志。郑相如对于人物志的态度与钱志不同。他以"生长父母邦，前人之德言功烈磨灭不传，后起者之过也"鞭策自己，因此他认为泾县志人物传记过于单薄。他说：

> 昔晋常璩作《华阳国志》，于一方人物丁咛反覆恐有遗。虽蛮髦之民、井臼之妇，苟有可纪者，皆著于书。而泾自分邑以来几二千年，先汉至唐初，逾九百岁，才得载八九人，其前达官、贞士、节女，可书者讵鲜，而所纪者无人。非无人也，生我邑者，采访之不勤，搜罗之不广，壹至此也。

为此，他在国史、旧志、诗文之外，对"邑中之残碑断碣"，"故家世族之蠹简蚀编，片纸只字之一二存者，靡不搜寻"，因此对于家谱等文献，他的态度是持开放地主动拥抱的姿态。特别是，他曾计划写成"氏族志"，"氏族则一百八家之得姓，迁徙始末、源同支别志之，亲不容远，疏不容混"。但是不知何故没有修成。②

不过，他在当时掌握了许多地方宗族发展情况和他们所修的家谱材料，是没有疑问的。也正因为有大量民间家谱的资源，郑志能在人物志中大量增补，而懿行类人物尤为突飞猛进，增加了两百多人。

相比较乾隆《钱志》对家谱"语本鄙信"进行批评，并取"其一二可存者录之"的谨慎态度，《郑志》对"故家世族之蠹简蚀编，片纸只字之一二存者，靡不搜寻"的积极态度，嘉庆《泾县志》对于家谱没有直接的表态，显得

---

① 懿行类人物，按照清嘉庆《泾县志》对《郑志》中原来的懿行、乡行等名目归并后的数据统计。由于国图善本阅览室装修关闭，导致《郑志》无法查阅，所以在此根据嘉庆《泾县志》转引的《郑志》内容来分析。

② 参见乾隆《泾县志》"郑相如自序"，转引自嘉庆《泾县志》（黄山书社点校本），第1228～1230页；关于"氏族志"未成事，见第1227页。

比较隐晦,需要作一番推敲。

在嘉庆《泾县志》凡例中有两条与人物志编纂相关的规定:

> 人物一门,历史有专传、附传者,即据史文录入,无则采《一统志》《江南通志》,旧府、旧县志名人记载,近时则据《采访册》,以明述而不作之意。

> 新入人物,分城隅、东、西、南、北乡五方,各录入底册。举报所知,以定去取。虽搜采稍繁,不失善善从长之意。①

推敲这两条规定,尤其要注意的是,《采访册》的名目。新增人物根据的是《采访册》,《采访册》的来源是"举报所知,以定去取",而指导思想是"善善从长"的宽松原则。可以推理,无论是这样的宽松原则,还是"举报所知"的采集渠道,能为地方强宗大族和他们的私家文献家谱在其中进行运作打开方便之门。

因此,嘉庆《泾县志》不像《钱志》那样提及家谱材料的甄选问题,作为官方志书也不能向私修《郑志》一样公开持开放态度,而是以一种不直接回应又实则不为家谱之上的私家历史的进入设置明确防线的特殊方式。这种实际放宽标准的操作方式与上述表格中的监控数据"懿行"类人物的暴增是可以相互呼应的。洪亮吉当时已明确意识到县志中存在的这一问题,为此在序言中专门解释道:"于懿行、文苑诸门,虽采择微广,要不失乎善善从长之意;亦庶几常璩之志士女,挚虞之撰流别比乎?"②

道光年间《泾县续志》在嘉庆《泾县志》基础上续修,没有列编修凡例,但是在知县阮文藻所作序言中有一段对话,颇能显示此次修志的理念:

> 阮子将序续志之成,客有促席前告者曰:"志不可滥也,同于史。往者钱志失之略,郑志失之凿,洪志虽不蹈两者之弊,而登采不免滥也。今且沿袭其旧,毋乃不足以训来兹信后世乎? 盖严核而去诸。"
> 阮子曰:"客胡为信史而疑志也。余自束发授史传,迄今垂二十余

① 清嘉庆十一年《泾县志》卷首《凡例》,黄山书社,2008 年点校本,第 17~18 页。
② 清嘉庆十一年《泾县志》卷 29《旧志源流》,黄山书社,2008 年点校本,第 2 页。

年。往往见其附会不一,传闻互异。或因子孙之闻达而讳其祖父之过举,或据疑似之形迹而定其生平之罪案。千百年以疑传疑,迄无定论。史之不可信也尚如此,又何论乎邑志?且夫志称美而不称恶者,第以垂劝耳。人惟存此好名之心,始可引而进于善,若并此心而无之,又何所顾忌而不为。故君子乐成人美,恒宽予之,坚其为善之志,今以为滥,而举众口争传之事,欲概从而芟之,则非所以激劝人心之意也。"①

通过阮文藻和客人的对话,我们可以明晰,在道光修志时,就有人反思历次修志的不足,认为官修《钱志》失之略、私修《郑志》失之凿,而嘉庆《洪志》失之滥,与我们之前的分析是基本一致的。因此,道光兴修续志时,有人提醒主持者纠正嘉庆《泾县志》登采过滥的问题。但是阮文藻对此进行了激烈地批驳,坚持"善善从长"的理念,并认为借此可以"激劝人心"。

因此嘉庆《泾县志》的做法在道光《泾县续志》中得到延续,而对于家谱的问题和嘉庆《泾县志》一样以一种不回应的态度实则降低了家谱之上的私家历史进入的门槛。直接表现就是人物志继续大幅度扩容,而监控数据懿行人物再次大大膨胀了。

(四)家谱对县志的态度

相比较,县志对家谱的态度经历了一个从明显克制到实际纵容的态度,家谱的回应始终要求是县志应该重视家谱资料。前述,《钱志》凡例中,也表明,随着家谱兴修热潮的到来,民间大量存世家谱并非死气沉沉,被动地等待县志的采撷,而是被地方宗族势力"宝若丹书",反过来星火燎原,"围剿"县志。例如,在乾隆官修县志时,"咸谓旧志有遗,恳请补载"。家谱因此成为地方宗族竞争挤入县志这一公共历史平台上的文献凭据。

县志在评判家谱价值,而家谱也在表达对县志编修的看法。成于官修钱志后十年的乾隆三十年谱中有这样一则材料,明显是对《钱志》处理家谱资料过于简略的一种回应,表达了要求县志重视家谱记载的立场:

古者太史采风,輶轩所至,十五国之歌谣,有美必陈邑志。家乘之

---

① 清道光五年《泾县续志》序,《中国地方志集成·安徽府县志辑46》,江苏古籍出版社,1998年,第798页。

有列传,夫亦犹是彰先德,以励后人耳。□以子孙而颂扬其祖父,或有过于谀,近于诬者,家颂舟而户史会,吾知其难矣。故家乘所传邑志每多略焉。然而亲友、知交、名公、臣卿亦岂尽无所依据而漫为揄扬哉?况家乘所载,又邑志所凭以采择者也,懿行逸德亦既显著于乡评,乌敢遗之而不录也。①

它采用"以退为进"的策略,首先承认家乘存在"以子孙而颂扬祖父,或有过于谀,近于诬者"的问题,故对县志在编修过程对家乘所传"每多略焉"的立场是可以理解的。马上又笔锋转移,强调"家乘所载,又邑志所凭以采择者也",原因一是家谱并非"尽无所依据而漫为揄扬",而是有所依据,有可信之处;二是声称家谱某种程度上反映了乡评和民意,是不能"遗而不录"的。

在乾隆三十年谱中,还有一则特殊的人物传记——《张香九甲铭保公传》。根据明代旧谱的记载,张香九甲朱铭保曾经为"掾吏署太平县印三月",九甲族人请婺源阙里宗子朱世润为之作传。朱世润查阅了县志,发现里面没有记载,于是质疑家谱所记载的真实性。张香九甲族人为此解释说,在编修县志时,九甲族人据家谱曾经向县志编纂机构上报,要求登载。但是对方的回答是,按照规定,对于"以贡监入官者"和"以纳粟得官者"可以刊载,但是对于吏员,"无至府佐牧令者"不能入志,所以"力争之不得也"。因此对于铭保公其人,系"邑志执例而遗,岂家乘凭虚而造哉?"接下来,九甲族人长篇论证了家谱记载的真实性:

旧谱曰,公为太平掾,奉公守法,因邑宰公出,上司委掌县事云云,此盖据实之词耳。夫我祖八一公以进士而为仁和尉,旧谱不能易以守令丞簿而尉之,亦可知其事必征实而不敢虚词,以上诬其祖矣。况旧谱中,丁以千六百计,而由三考筮仕者仅十五人耳,人亦孰不欲尊荣其亲者,而我公之官职乃仅见之而特书之,理所无而事所有,此我公之奇

---

① 清乾隆三十年《泾川朱氏宗谱》卷12《大传赞引》,上海图书馆藏本,第1页。

遇也。宁谓邑志未载，而并谓旧谱之不足取信乎？①

　　这则材料反映了族人们呵护家谱的观点，在家谱与县志没有对应的情况下，族人并不承认县志的权威性，而是一再强调自己家谱的真实性。族人的态度与《钱志》所说"其家宝若丹书"的现象是一致的。但是族人对于县志上所记载的本族人物，又是欣欣然在人物传记中必然要加以标榜，宣称"其扬徽于邑志，流芳于家乘也"。②

　　乾隆三十年谱在卷首还制作了一张特殊的"人物纪名表"，体例仿照县志，有科举、恩例、职官、懿行、乡宾、耆寿、寿妇、贞节的名目，对本族中在以上方面有表现的人物分类陈列。制作这样一张类似县志体例的"人物索引"，固然是"俾来者知所瞻仰咸效法"③，而一个非常的现实功用是，极大地方便了今后县志编纂对本族人物进行"采撷"。

　　而在道光五年支谱中有一个门类"县志附录""续志附录"，专门将嘉庆《泾县志》和道光《泾县续志》中刊登的朱氏八甲成叔公派下的族人，全部摘录下来附在支谱中。续修的光绪三十二年支谱延续了这一做法，道光以后泾县没有再修志，但光绪年间安徽省志重修，因此光绪三十二年支谱在复制道光五年支谱"县志附录"和"续志附录"的同时，又增加了"省志附录"部分。这样做的目的，显然是借助于方志的官方权威来彰显本族祖先的光辉形象，表达了家谱之于县志一贯的攀附与靠拢的心态。

二、人物在家谱与县志间的双向流动

　　以上梳理了县志对于家谱态度的变化，和家谱对县志"心向而往之"的姿态。随着历次县志兴修向家谱逐步"解禁"，和在此背景下家谱不断地滚动式续修，两者共同的交集，即人物志在某种程度上发生了从家谱到县志、从县志到家谱的双向流动。下面我们首先讨论一下人物从家谱进入

---

　　① 清乾隆三十年《泾川朱氏宗谱》卷13《大传·张香九甲铭保公传》，上海图书馆藏本，第3~4页。
　　② 清乾隆三十年《泾川朱氏宗谱》卷12《大传·武丰公胡孺人传》，上海图书馆藏本，第32页。
　　③ 清乾隆三十年《泾川朱氏宗谱》卷首《人物》，上海图书馆藏本，第1页。

县志的流动方式。

（一）从家谱到县志

概括起来,人物从家谱进入县志的流动方式,有"直接引用"和"间接引用"两种。

1.直接引用

关于县志直接引用家谱的情形,道光《泾县续志》有一个典型的例子。它在人物寓贤门中新增了一个人物——朱纬。

> 宋朱纬,一名中孚,世居婺源,于徽国文公朱熹为伯曾祖。历官于淮,归过泾,寓邑东城山,爱其山水明秀遂家焉,因号城山。建炎三年辛,年七十二,今为张香朱氏始迁之祖。孙兴、曾孙祺俱登第。兴仕至评事,祺历任仁和诸暨尉。葬本里大山下铁炉冲,向有爱敬道院,今废。国朝嘉庆中,裔孙理始建神道坊。（朱氏家乘、采访册)①

这则传记中所反映的张香朱氏始迁祖朱纬的生平和事迹,我们并不陌生,之前在张香朱氏家谱中被不断讲述过。而该则资料的出处也明确标注来源为"朱氏家乘"和"采访册",这就说明了在县志编纂过程中,家谱作为人物传记资料的一个来源发挥了直接作用。

这种通过从家谱中直接引用的流动方式,还可以参阅根据嘉庆《泾县志》相关数据统计的结果。

表3.4 嘉庆《泾县志》人物志注明引自家谱的案例汇总表②

姓名	生平概要	人物类型	传记标注的出处
赵青藜	清,乾隆元年丙辰会元,曾任江西道、山东道监察御史	名臣	《行状家乘》及《墓志铭》

---

① 清道光五年《泾县续志》卷6《人物·寓贤》,《中国地方志集成·安徽府县志辑46》,江苏古籍出版社,1998年,第857页。

② 资料来源于清嘉庆十一年《泾县志》卷17～20《人物》,第726～922页,加黑字体者为引自家谱的案例。

续表

姓名	生平概要	人物类型	传记标注的出处
左匡政	唐,曾任歙州刺史、宣州都督	武功	《元和姓纂》《元和郡县志》《新旧唐书》《太平寰宇记》《万姓统谱》《左氏家乘》《旧府县志》
吴江龙	明,万历丁未武进士,曾任广东拓林守备,广西昭平参将、永宁副总兵	武功	《钱志》《吴氏家乘》
胡祥宗	明,代弟从军	懿行	《胡氏家乘》《采访册》
查天魁	明,查氏文运之昌,自魁始	懿行	《查氏家乘》《采访册》
查有孙	明,查氏钱粮迟缓,孙一人顶罪	懿行	《查氏家乘》《采访册》
翟络、胡一科等	乾隆五十年助赈	尚义	乾隆五十年助赈而名未汇于县册者,其子姓据家乘、县所给匾额为征,故亦汇而载之。
万巨	唐,与李白交游,万氏谱载:"巨尝助粟讨叛,诏赠司马"。	隐逸	钱志 嘉庆《泾县志》补注:钱、郑二志皆云:巨为晏五世孙,《万氏家谱》亦同。
左断炎	元,任医学教谕。	隐逸	《万姓统谱》 嘉庆《泾县志》补注:《嘉靖志》作断炎,与左氏谱合。
查伟	唐,由丹阳迁居泾,为邑查氏始迁祖	寓贤	《查氏家乘 韵府群玉》

不过,总体而言,在人物传记后面直接引用家谱的情况并不多见。以上表格中的 10 个直引案例,已经是穷尽嘉庆《泾县志》"人物志"搜罗而来的了,在数千个人物中,无疑所占比例微乎其微。更何况,家谱只是人物材料来源的一种,一般都要配上其他文献,或者采访册。

2. 间接引用

人物从家谱进入县志的渠道,更多是通过间接的方式,间接引用一般是通过"采访册"的形式。

"采访册"是县志中向基层社会开放的主要针对庶民收集资料的人物底册,而"采访册"的采集方式是"举报所知"。这其中多数都是子姓后代

"举报"自己的宗族人物,有家谱的往往持家谱作为凭据,没有的则通过文集、碑刻、墓志铭或口述等其他方式上报。因此,在县志中,我们虽然在多数人物传记中看到来源注明是采访册,看不到家谱在发挥作用,但是在许多情况下家谱之上的人物已通过加工整理进入了采访册。具体情况,可以看以下案例:

（1）朱敏泰案例——家谱作为佐证

乾隆《钱志》人物忠节门中,除了张香都的朱仪外,还有花林都十甲的朱敏泰。朱敏泰传记后面注明是源自采访册。那么,家谱在其中发挥了怎样的作用? 在乾隆三十年谱的朱敏泰传记中正好有所反映。

朱敏泰传记在乾隆二十年(1755 年)由时任知县王廷栋撰写。这个时间是乾隆《钱志》编纂的时间,而知县王廷栋正是《钱志》的主持人。

传记称,朱敏泰由吏员初任南京芦课大使,历任宣州督粮通判。在督粮通判任上,遇到李自成军攻陷宣州,巡抚朱之冯殉难,"公亦自经,家属七口同殉于难",并且"明史详载其事"。但是在雍正朝"奉恩例访求前朝轶事"的时候,包括朱仪在内的邑人共计八人上报朝廷表旌,而朱敏泰因"举报无人,几致泯灭",直到"今重修泾志,遍搜而得公之始末"。而发掘朱敏泰事迹的过程中,家谱发挥了重要作用。传记称:"家谱与《明史》适符,即史书未详邑里,与夫宁有嫡嗣之子孙,而敢忘其祖者哉?"①

也就是说,《明史》关于朱敏泰的记载没有说明籍贯地,而在编纂县志过程中,通过采访朱敏泰族的家谱与明史记载相互印证,使得差点被泯灭的"忠烈",重新被发掘出来,由此进入了县志。可见,家谱以其记载宗族人物的优势,发挥了与官方正史文献相互印证的作用,使得正史记载的人物在地方文化系统中得到重新确认。从这个案例中也透露出,在采访册的形成过程中,家谱作为一种资料佐证,为本族人物进入县志发挥了助推作用。

（2）朱礼宗、朱本书的案例——改造过的家谱人物

朱礼宗、朱本书这两个人物都是见之于乾隆三十年谱之上的张香朱氏的重要祖先。朱礼宗系八甲分甲祖,而朱本书是从贺氏手中勇夺始祖纬公

---

① 参见清乾隆三十年《泾川朱氏宗谱》卷 12《宣府通判敏泰公传》,上海图书馆藏本,第 37 ~ 38 页。

坟山的族内英雄。在嘉庆《泾县志》中,他们均通过"采访册"的形式进入,其中朱礼宗被安排进"隐逸"门,而朱本书进入了"孝友"门。

这里要注意的是,与家谱原型比较,县志中的朱礼宗和朱本书都经过精心的改造和编排。乾隆三十年谱中所记朱礼宗充当北京富户螟蛉义子的事在县志中被删除了,而是添加了"终日焚香静坐,言不及世事"等符合隐逸门的情节。①

县志对朱本书的处理更值得玩味。乾隆三十年谱中的朱本书传记中提到有一个八甲族人顶替朱本书以死抗争,但是无名无姓。在嘉庆《泾县志》中则明确指出这个八甲族人叫朱明用,并将之提高至与朱本书同样的位置,称其"同心竭力、不避生死,族里称为二杰"②。此种别有深意的安排,反映的是朱氏八甲势力的上升和他们的代言人介入县志的书写中,后面还会对此详细分析。

综上所述,相对于直接引用家谱的情形,人物从家谱向县志流动更多地通过渗透进采访册这样一种间接的方式。其实作为一种重要的民间文献,在采访册中运用家谱资料原属正常,对家谱资源进行符合县志体例要求的修改也是可以理解的。这里最大的问题是,某些强宗大族把持了采访册,不仅通过对家谱人物的局部改造和加工,使县志重新向有利于自身形象提升和赚取更多的文化资本方向书写,更重要的是,将过多的资源用于为某些特定的宗族树碑立传,使县志偏离了作为公共历史平台的功能。接下来,我们要分析的人物从县志到某一特定家谱的集体流动,就是上述趋向的反映。

（二）从县志到家谱

翻阅一下嘉庆《泾县志》和道光《泾县续志》中的人物志就会发现,从姓氏结构中,这些人物隶属于少数几个姓氏包括左、赵、吴、查等,朱姓则是其中非常显赫一姓,而且朱姓中多数是通过"采访册"的形式在两轮修志之时新增的。进一步来看,将两部县志中采访册所载人物摘录下来,并研究他们的世系关系,就会发现他们中间多数为张香朱氏八甲成叔公派。

---

① 参见清嘉庆十一年《泾县志》卷12《人物·隐逸》,黄山书社,2008年点校本,第914页。
② 清嘉庆十一年《泾县志》卷12《孝友》,黄山书社,2008年点校本,第771页。

表0.5　嘉庆《泾县志》、道光《泾县续志》人物志载张香八甲成叔公派族人表

嘉庆《泾县志》人物志		
隐逸门	朱礼宗、朱枱	来源于《采访册》
懿行门	朱文绅、朱武勋、朱武容、朱必达、朱庆瑞、朱庆霖、朱庆霈、朱庆彩、朱庆棕、朱安润、朱安泗、朱安法、朱安同、朱安池、朱廷慢、朱绍陈、朱苞、朱荪	来源于《采访册》
道光《泾县续志》人物志		
名臣门	朱理	
宦业门	朱德懋	
寓贤门	朱纬	来源于《朱氏家乘》《采访册》
懿行门	朱快、朱武烈、朱庆霞、朱庆霈、朱庆彩、朱本、朱棻、朱安渭、朱廷愜、朱偕、朱苞、朱蕙、朱蒲、朱华、朱茂、朱著、朱怡、朱琛、朱瑠、朱忻	来源于《采访册》
文苑门	朱瑶、朱焕、朱佩、朱镗、朱廷黼	来源于《采访册》
五世同堂门	朱安邦妻下五世同堂	

　　这些登录在张香朱氏八甲成叔公派的族人共49人，分布在名臣、宦业、隐逸、寓贤、文苑、懿行、五世同堂门中，其中懿行一门人数最多，达38人。此外，两志"列女"中的朱家的媳妇、女儿还有40人，没有反映在上表中，如果全部加上，则这支朱氏共有89人在两部县志中榜上有名。

　　由于人数较多，选择要紧的21人，将其世系关系理清后，就能建立起一幅规模不小的比较完整的世系图。参见图3.4。

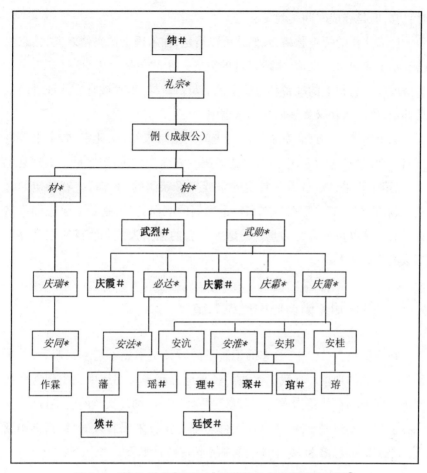

图3.4　嘉庆、道光《泾县志》所载部分人物世系关系图①

很明显,这是一幅由于县志人物连接起来的世系图就是进士朱理、朱瑃所属成叔公派下的一幅最为骨干的世系图。近的说,朱理的儿子、兄长、父亲、祖父、曾祖父、伯曾祖父、四个伯祖父、从伯父、两个堂弟等人进入了县志;远的看,始祖、八甲分支祖、黄田村奠基祖(朱枪)、同族远支等多人也进入了县志。

而朱理、朱瑃宗族的家谱"道光五年支谱"正式修成于道光五年(1825年),比嘉庆《泾县志》(1806年)晚了近二十年,与道光《泾县续志》几乎同

_____

①　人物世系关系据《张香都朱氏支谱》(道光五年)所载世系图复原,加 ＊ 者为嘉庆《泾县志》所载人物,加#者为道光《泾县续志》所载人物。

时兴修,但是修成时间稍晚于县志。

理清这样的历史脉络,我们就可以清楚,在朱氏支谱兴修之前,县志中已经基本完成了对朱理、朱琦宗族的近支远亲的集体合影,反过来为朱氏修谱提供了资料上的准备和思想上的动员。这样,带着被官方认证过的耀眼标记,这些人物又集体回流到家谱中。

综上所述,一方面,有朱氏旧谱中的老祖宗朱纬、朱礼宗、朱本书等进行精心地改造,进入嘉庆、道光二志。另一方面,大量新增成员汇集到县志中,以至于将采访册变成了特定的宗族兴修家谱的"预演"。在特定的时期,宗族板结化的人物在县志和家谱之间的双向流动,指示着县志和家谱背后有一个共同的操纵力量——地方社会的强宗大族与官绅阶层共谋所形成的权力关系。

三、县志和家谱背后的操纵力量

在明清地方社会中,县志的编纂者同时又是本族家谱的兴修者,并不是什么罕见的现象。在我们关注的泾县地方和朱氏宗族中也出现这样的情况。而他们自然是沟通县志和家谱两种性质不同的文献的直接桥梁。

从乾隆到道光年间,泾县三次修志都有张香朱氏族人的参与,其中两人又是家谱的兴修者,对于他们的基本情况统计如下:

表3.6　参与编纂县志的张香朱氏族人情况统计表

姓名	参与编修的县志	生平概要	参与修谱
朱润	乾隆《泾县志》(钱志)分纂	张香朱氏二甲达真公派第28世邑廪生	乾隆三十年谱纂修
朱焕	嘉庆《泾县志》分纂	张香朱氏八甲成叔公派第30世廪贡生,试用训导,署宿州学正	无
朱作霖	道光《泾县续志》分纂	张香朱氏八甲成叔公派第29世恩贡生,候选教谕	参与道光五年支谱

首先看朱润。他既在乾隆二十年编纂《泾县志》(《钱志》)时担任分纂,也是乾隆三十年谱的纂修。关于他的双重身份,在乾隆三十年谱世系

表中朱润简传也有明确说明："朱润,字雨若,号竹坪。学宪观公拔送敬敷书院肄业,双公举优,行达部两次。戊午科上海知县李公房荐,邑尊王公礼请分校县志,乙酉总修宗谱。"①

再看朱焕,一讳品,字题士,一字褆士,号璞园,廪贡生。他参与嘉庆《泾县志》的情形,道光《泾县续志》和道光五年谱中皆有记载。道光《泾县续志》中就称:朱焕"比归,与撰县志,为主修洪亮吉所推重。"②特别值得注意的是,朱焕与洪亮吉私人关系从密。道光五年谱中称:"采辑外,篇章酬和,性喜饮,月夜陪编修登水西山,弗李太白杜牧之遗迹。"③引文透露出县志编修洪亮吉在泾县修志时,与地方士绅打成一片,引文记录了其饮酒、游玩、篇章酬和等情景。

最后看朱作霖,一名开泰,字济三,号霄山,恩贡生。道光《泾县续志》中任分纂,同时又参与了道光五年谱的兴修。他在道光五年谱最后作跋语称:"初议定以甲申年终为限,今兹夏立,余适奉邑尊阮侯之聘,兴修续志,九月告归。值谱事尚未蒇功,辄复怂恿族长,自始迁祖中孚公而下,凡成叔公后裔新入各门人物,以次附刊于后,并乙酉正月以来生卒名目皆补载焉。虽于例稍似踳驳,要亦本兰坡序中所谓尊祖敦族之义,推而通之云尔。"④

可见,在兴修道光五年谱的过程中,朱作霖一度被知县抽调到县城参加道光《泾县续志》的编修,工作结束后又继续参与了修谱活动。特别重要的是,他把嘉庆《泾县志》和道光《泾县续志》中所记载的本族本支人物加以整理作为附录加在家谱中。

从世系关系上看,参与乾隆《钱志》编纂的朱润属于张香朱氏二甲,而参与嘉庆《泾县志》和道光《泾县续志》的朱焕和朱作霖都属于朱氏八甲成叔公派。这种在县志中更替的格局,其实也反映了从乾隆到嘉道年间,朱氏宗族内部所发生的分化。自明嘉靖年间以来就处于强势地位的二甲朱氏,到嘉道年间被朱氏八甲成叔公支所取代。

---

① 清乾隆三十年《泾川朱氏宗谱》卷2《张香二甲李村园派世系》,上海图书馆藏本,第8页。
② 清道光五年《泾县续志》卷2《文苑》,《中国地方志集成·安徽府县辑46》,江苏古籍出版社,1998年,第829页。
③ 清道光五年《张香都朱氏支谱》卷27《传略铭赞·璞园司训暨子霄岚明泾合传》,上海图书馆藏本,第35页。
④ 清道光五年《张香都朱氏支谱》卷末《跋》,上海图书馆藏本,第14页。

在乾隆《钱志》兴修过程中,由于总修钱人麟坚持相对比较严格的甄选制度下,同时张香朱氏宗族自身尚未显赫,因此我们看到,仅有包括明末进士朱仪和朱润的曾祖父大动公在内的聊聊数人进入县志。

但是在嘉庆《泾县志》和道光《泾县续志》中,出自八甲成叔公派的朱焕和朱作霖围绕如何展现本族本支人物的风采方面大做文章。一方面,力推旧谱中的老祖宗们,并进行精心地改造。例如前文所说,始迁祖朱纬进入了家谱,八甲分甲祖朱礼宗经过改造也登上县志,将八甲的朱明用提升至与六甲朱本书一样高的地位,制造了"族内二杰"的新格局。另一方面,将大量族内成员新增到县志中,这就将采访册变成了他们兴修家谱的"预演"。

朱焕和朱作霖之辈的修志人能在县志中为本族人谋得这么多版面,一方面与嘉庆《泾县志》和道光《泾县续志》对人物志编修所持有的"善善从长"的态度有关系。另一方面,真正发挥影响力的还是族内那些在朝廷和地方的高官们——朱理、朱珵等人。在前一节中,我们已经介绍过朱珵对宗族建设的热情以及在力推本族人物朱仪中显示的能量,在此再介绍一下朱理。

朱理系朱珵的堂哥,在朱氏宗族中,他的宦业最为显赫,在泾县地方也十分突出。他是乾隆五十二年(1787年)二甲一名进士,后历官浙江按察使、山东布政使、江苏巡抚、贵州巡抚等。嘉庆《泾县志》修志之时,朱理时任浙江按察使,虽然在嘉庆《泾县志》的编修者名单中没有他的位置,但是作为出自本地的封疆大吏,其影响力实实在在。嘉庆《泾县志》的编修者主动向朱理靠拢,嘉庆《泾县志》卷首泾县山水图修成后,专门请朱理为之题写跋语。朱理持家乡寄来的山水图,桑梓之情涌上心头,于是感慨道:"理离家千里,羁宦十年,故土可怀,新图忽展","当握管神游,恍置身琴水、幕山之上;试悬楼卧览,应结梦青莲、黄檗之儔"。① 对于张香朱氏宗族事务,朱理也十分关心。嘉庆年间,他领衔对张香朱氏始迁祖朱纬墓进行了重修,还设置神道坊,不仅显示了八甲对朱氏宗族事务的领导地位,这件

---

① 清嘉庆十一年《泾县志》卷首《泾县志图》,黄山书社,2008年点校本,第52页。

事也是直接推动了朱纬进入道光《泾县续志》。①

　　在道光五年谱中,朱氏八甲成叔公派下,除进士朱理、朱瑃之外,还有出现一名新进士朱楣,此外,还有朱煊等 7 名举人,副榜、拔贡、恩贡、廪贡、附贡等 20 多人。② 张香族内经商风气从明以来已成为传统。朱瑃的祖父朱庆雷诸兄皆从商,而生父朱安邦长年外出服贾,家产丰厚。因此这支朱氏是泾县地方显赫的科宦名族和经商世家。而对于地方志的编修,在经费上也是出手大方。朱瑃的曾祖父武勋公名下曾拿出一千两,分捐嘉庆《泾县志》和《宁国府志》,拔得嘉庆《泾县志》乐输名单中的头彩。③

　　在前述雍正《谕旌表》中说:"旌表节义,乃彰善大典。每见直省地方有力之家,尚能上达;而乡村贫窭之人,则多湮没无闻,深可悯恻! 着督、抚、学臣及有司遍加采访,务使寒苦守节之家,同沾恩泽。"④

　　这道由皇帝颁发的谕旨里,实际上真切反映了朝廷的旌表节义活动被地方有力之家所把持,而乡村贫窭之人多湮没无闻的现实,雍正为此希望通过鞭策官员们加强对寒苦守节之家的采访。问题是,这些官员往往与地方有力之家形成利益同构关系,又如何能通过他们来真正落实雍正"同沾恩泽"的期望。

　　某种程度上,县志中的人物传记编选活动与此相类。在编纂县志过程中,主持修志的地方官员、外聘的修志名士、参与分纂采访的出身地方强宗大族的士绅,以及出自本土的朝廷高官们形成一个利益同构的权力格局,他们共同主导下的人物传记的编纂必然呈现少数"有力之家"集合的面相。李晓方在关于瑞金县志的研究中,也认为"县志远非纯客观的历史记录",掌控着明清瑞金县志书写权的地方士绅,与地方官员互利合作,在县志中掺入了其宗族观念和私人目的,努力将私家历史记录转化为县域公共

　　① 参见清道光五年《泾县续志》卷 12《隐逸》,《中国地方志集成·安徽府县志辑 46》,江苏古籍出版社,1998 年,第 449 页。

　　② 参见清道光五年《张香都朱氏支谱》卷 28《甲科贡衿录》,上海图书馆藏本,第 18 页。

　　③ 参见清嘉庆十一年《泾县志》卷末《嘉庆十年修府县志两志乐输题名》,《中国地方志集成·安徽府县志辑 46》,江苏古籍出版社,1998 年,第 728 页;该志黄山书社点校本未收录该部分内容。

　　④ 清乾隆六年《重修福建台湾府志》卷首《圣谟》,刘良璧纂辑,《台湾文献丛刊》(第 74 种)1961 年,第 12~13 页。

历史记录的一部分。① 而正是在这样的过程中,私家文献家谱通过与公共文献县志的种种互动,成为那些"有力之家"篡取更多地方文化资本的得力工具。

第四节　小结

费孝通曾经用小石子投入水中所形成的一圈圈波纹来比附中国传统社会的基本格局,并将之命名为"差序格局"。"在差序格局里,公和私是相对而言的,站在任何一圈里,向内看也可以说是公的。"②"当他牺牲族时,他可以为了家,家在他看来是公。当他牺牲国家为他小团体谋利益、争权利时,他也是为了公,为了小团体的公。"③在这样一种公私利益、群己界限不分明的情形下,其实为私人权力的利益最大化提供了心安理得的道德支持,而公共利益的维系却显得十分脆弱。

就此而论,同样处于"差序格局"中的家谱,虽然作为宗族内的公共历史平台,却很难兼顾公与私的平衡问题。在实际操作中,修谱的主导者们运用修谱权力将本宗族的私人利益最大化。因此,家谱之上推出的人物传记被板结成个别几个大家庭的人物群像。

在"差序格局"里,家谱在族内是公共文献,对县志而言,又是私家之史。出于同样的逻辑,在某些强大的地方宗族压力下县志也难避成为了掌握权力的强宗大族赚取文化资本的工具,于是个别家谱之上的私家历史被推到县志之中。而私家之历史经过官方镀金后,又"出口转内销",重新回流到家谱中。那些强宗大族所力推的祖先们,在家谱和县志进进出出的公私互换中,赚取了丰厚的文化资本,进而强化了原有的权力格局。

在差序格局里的家谱,所辐射的范围是一个可以伸缩的圈子,而且这个"富于伸缩的社会圈子会因中心势力的变化而大小"④。圈子的扩张力决定于中心势力的强弱。中心势力强大者可以主导家谱本身,而且可以跃

---

① 李晓方:《县志编纂与地方社会:明清〈瑞金县志〉研究》,华东师范大学博士论文(2011年)。
②③　费孝通:《乡土中国》,上海人民出版社,2006年,第25页。
④　同上,第22页。

出家谱,在县志乃至省志上发挥影响力。

　　家谱不一定是铁板一块,而是时常被少数掌握权力的修谱人所操控,成为他们自我表扬的家庭"光荣榜"。家谱也并非是一个自我封闭的文献体系,而是一有机会就会参与到地方文化建设中,成为地方宗族赚取文化资本的得力工具。

　　如福柯所言:"如果没有话语的生产、积累、流通和发挥功能的话,这些权力关系自身就不能建立起来和得到巩固。"[1]公共话语和私人话语在家谱上的生产、流通,与县志等地方公共文献的互动,是明清泾县地方宗族权力格局的现实折射,其主要目的自然服务于权力关系的建立和巩固。

　　从软权力角度分析,利用好家谱中的人物志资源,是软权力运作者特别感兴趣的地方。他们致力于包装族内名人的人物形象,对内激励子孙积极向上,对外则将其推广到地方志之类的公共文化平台,以进一步光耀门楣,为本家族在地方社会权力格局中赚取更多的文化资本。

① ［法］福柯:《权力的眼睛——福柯访谈录》,严锋译,上海人民出版社,1997年,第228页。

第四章 "入谱权"背后的较量

在新层世系的研究中,我们普遍能观察到,族人入谱的权利(简称"入谱权"),受到一定规范的制约,一些族人的"入谱权"因为种种原因被剥夺了,导致他们被排除在世系表之外。这些限制族人"入谱权"的规定一般在家谱的"凡例"中有明确说明,笔者将之视为由家谱主导者制造的另一类集体话语体系。其与之前讨论的早期世系中的"历史的话语传统"明显不同。

凝集在张香朱氏早期世系中的话语传统,是一套关于宗族起源历史的解释体系,它得到张香朱氏宗族的高度认同,张香朱氏各家谱对这一集体话语传统表现出一致性,鲜有异议。然而在新层世系中关于"入谱权"的相关规定,虽然也是一种集体性的话语表达,但是数个版本的张香朱氏家谱对之解释并不相同,有的条款差异很大,代表不同支派的家谱之间甚至为此激烈争执,家谱俨然成为不同话语体系论战的阵地。究其原因,相比较早期世系,新层世系的构建方式是对现实生活中宗族支派之间权力格局和利益分布更为直接的折射,当宗族发生支分派别和利益分化时,宗族的话语表达往往随之分裂成多个支派的次级集体话语体系。

本章将展示这些限制族人"入谱权"的不同的话语体系是怎样的,分歧和矛盾的焦点何在?话语体系背后的主导者是谁,为何就关于家谱入谱权的约定达不成共识?最后讨论"入谱权"的经济社会文化意义,进而深入理解家谱文本何以吸引话语权力介入的问题。

第一节　家谱中关于"入谱权"的限制性规定

在明清家谱中，一般在卷首的编纂"凡例"中可以看到一些特殊身份的族人被禁止入谱。在张香朱氏系列家谱的"凡例"中也有这样的规定，并且不同家谱中的规定不尽相同。下面我们以嘉靖谱、乾隆三十年谱、乾隆四十五年谱、道光五年谱、七甲支谱、光绪三十二年谱六部家谱中的相关规定为样本进行分析。①

首先看明嘉靖谱凡例中对族人"入谱权"的限制性规定：

> 异姓来继者不书，出继异姓者不书，从释老者不书，作恶逆者不书。②

上述条款明确剥夺了"四类分子"的"入谱权"：异姓来继者、出继异姓者、从释老者、作恶逆者。"四类分子"中，首当其冲的为"异姓来继者"，民间俗称"螟蛉子"，规定的是异姓血缘群体的男子入继本姓族人名下者被禁止入谱。后三类则属于同一父系血缘群体内因为继承关系、职业特殊和犯罪作恶等情形被拒绝记入家谱。

再看乾隆三十年谱凡例中的相关规定，共有两条：

> ——谱例异姓来继者不书，出继异姓者不书，身为下流奴隶不书，从释道不书，作恶逆者不书。此中恐有失于觉察，赖同事者相互访查。在内局者，少所交接，不知不当任过。
>
> ——凡螟蛉异姓者，例于本人下注明"查系某姓子故不入载"，旧谱此条甚严，乱宗之律同事者宜共凛之。至有螟蛉已久不愿归宗者，拟另叙，附入本派房分之后，他姓曾有行之者或一道也。③

---

① 本章主要关注的是对男子"入谱权"的限制性规定，而未涉及女子。
② 明嘉靖十九年《泾川朱氏宗谱》卷一《凡例》，南京图书馆藏本，第20页。
③ 清乾隆三十年《泾川朱氏宗谱》卷首《凡例》，上海图书馆藏本，第5页。

嘉靖谱禁止"四类分子"入谱,乾隆三十年谱中第一条规定又增加了"身为下流奴隶"分子,变成禁止"五类分子"入谱,并且强调执行要严,"赖同事相互查访",以防有"失于觉察"者录入家谱。

乾隆三十年谱对嘉靖谱的改变,不止是数的扩充,如第二条规定实际上是对第一条规定"异姓来继"分子如何处理的补充性规定。补充条款透露了两个信息:一方面表示,对于螟蛉异姓者,惯例是在注明"查系某姓子故不入载",并指出此条规定旧谱执行很严格;另一方面又针对"螟蛉已久不愿意归宗"的特殊情况,提出对螟蛉子另行登记、附录在"本派房分"后面的解决方案。

从嘉靖谱到乾隆三十年谱的变化,实质上反映了"异姓来继者"从被严格剥夺"入谱权",到通过变通性的安排,进而获得部分有限入谱权,尽管是带有条件的且有鲜明的歧视色彩。

但是乾隆三十年谱关于"入谱权"的安排也没有得到后世族人的完全的认同和继承。继续看乾隆四十五年谱、道光五年谱、七甲支谱、光绪三十二年谱四部家谱的"凡例"中关于"入谱权"的相关规定:

　　——异姓入继者不书,出继异姓者不书,身为下流从释道者不书,但异姓入继,历年已久,祖宗血食,不忍遽斩,别为螟蛉养子一篇,附载于后。我族之螟蛉未乃再传,故不另录。①

——乾隆四十五年谱

　　——谱例异姓入继者不书,出继异姓者不书,身为下流及从释道者不书,至其子孙除异姓入继断不可书外,倘有来归本宗干蠹反正者,一体收录,以著罪不及孥之意。②

——道光五年谱

　　——凡螟蛉异姓者,虽非所宜,但艰于嗣者,惧祖父之不祀,不得已而为之,亦仁人孝子之思,当曲为体量,例于本人之下,加详注明,更有续娶怀孕而来者,注明某姓妇某氏所作,为螟蛉某姓子,不得狥情隐

---

① 清乾隆四十五年《泾川朱氏支谱》卷首《凡例》,上海图书馆藏本,第2页。
② 清道光五年《张香都朱氏支谱》卷首《凡例》,上海图书馆藏本,第25页。

匿,庶无欺罔之怨。①

——七甲支谱

　　——谱例异姓入继者不书,出继异姓者不书,身为下流及从释道者书,至其子孙除异姓入继断不可书外,倘有来归本宗干蛊反正者,一体收录,以著罪不及孥之意。②

——光绪三十二年谱

　　继乾隆三十年谱之后,后修的乾隆四十五年谱、道光五年谱、七甲支谱、光绪三十二年谱对于"入谱权"的规定,细微处皆有不同。

　　就"异姓来继者"的入谱权问题,乾隆四十五年谱认同乾隆三十年谱的基本立场,主张"螟蛉养子"应别立一篇,然而对照乾隆三十年谱对待"异姓来继者"比较严厉的姿态,它的态度显得温情脉脉,强调"历年已久""不忍斩别"。

　　最为积极拥护异姓养子"入谱权"的是七甲支谱。它以"当曲为体量"的立场,用少见的口吻对于"螟蛉异姓"的行为进行了积极辩护,认为这是没有后嗣者恐怕"祖父之不祀"不得已而采取的办法,也应列入"仁人孝子"之举。因此主张异姓养子也应该正常入谱,只需在其名下注明即可。

　　道光五年谱和光绪三十二年谱的立场一致,"异姓来继者不书",坚决反对螟蛉异姓者入谱,但提出了一个新的问题:主张对于"出继异姓者""身为下流从释道者",本着罪过不能延及后代即"罪不及孥"的原则,对于其子孙愿意归宗"干蛊反正者""一体收录",进入家谱;但是"异姓来继者"的子孙却没有这样的豁免权,依然是"断不可书"。

　　上述张香朱氏家谱中关于族人"入谱权"的限定,尽管有些令人眼花缭乱,同中有异,异中有同,但是分歧的焦点也很明显,争议集中在"异姓来继者"身上。

　　为此,我们要接续追问:为何这些谱牒对待"异姓来继者"的"入谱权"会有不同的态度,支持者和反对者反复较量? 其中既有居高临下之严厉与温情脉脉之同情,也有不容讨论之冷漠与曲意体谅极力辩护的鲜明对峙。

---

　　① 清道光五年《张香都朱氏支谱》卷首《凡例》,上海图书馆藏本,第3页。
　　② 同上,第37页。

对于"出继异姓者""身为下流及从释道者",哪些主张用"罪不及孥"的理由为之开脱的谱牒仅仅是出于一般性的开明包容,还是背后有明确的动力驱动?

从逻辑上顺演,操纵"五类分子""入谱权"的必然是掌握着修谱权力的人群——朱氏诸家谱的编撰者。他们出于什么样的理由对"五类分子"做出不尽相同的安排? 这些理由中哪些是一般的、普遍性的,哪些又是具体的、特殊性的? 这些理由背后是否还有更层次的利益动机? 而凡例的规定在实际操作层面究竟落实到何种程度? 回答这些问题则需要尽可能回到当时的历史情景之下,从张香朱氏家谱编纂的源流中说起。

第二节 嘉靖谱:"异姓来继者"问题的提出

嘉靖谱虽非张香朱氏第一部家谱,却是提出"异姓来继者不书"的始作俑者。修谱人朱爵在嘉靖谱序中说过:"我先世纂修旧谱,并遵徽国例,但以七世为图,而大小宗之义未著,异姓来綦者亦姑息而未除,无以起人信慕。"①显然,天顺旧谱对"异姓来继者"所持的是"姑息"态度,没有将这些人从家谱上除名,而朱爵对天顺谱的"姑息"态度明确表示不满,认为这种处理态度"无以起人信慕"。

实际上,朱爵本次修嘉靖谱的目的之一,就在于矫天顺谱"姑息"之枉。对此,婺源进士游震得所作《赠判簿朱良贵修谱序》中也有透露:"朱氏之族,世居张香者六百有余年,所生一千六百有余齿,迩来迁居之多,渐致疏远,而名分或綦,礼义或乖,况伪姓得以乱其真。旧谱甚多讹舛。君自致政而归,已尝深虑乎是,但蕴于怀而莫遂者几十年。"②

可见,朱爵对于伪姓"乱其旧谱"的状况,"耿耿于怀"由来已久,因此在嘉靖谱中对"异姓来继者"持坚决的否定态度。在嘉靖谱的世系表中,有多出因认定某人为异姓养子而拒绝其入谱的记录。参见表4.1。

---

① 清道光五年《张香都朱氏支谱》卷首《旧序·朱爵谱序》,上海图书馆藏本,第19页。
② 明嘉靖十九年《泾川朱氏宗谱》卷7《文翰·赠判簿朱君良贵修谱序》,南京图书馆藏本。

表4.1　明嘉靖谱中被剥夺入谱权的异姓养子案例汇总①

茶院世代	父名	其下异姓养子的说明
第十四世	祐孙	旧谱□九孙接续本支,今查姚姓,故不与载,即今徐村坞里是也。
第十五世	观荫	庶子义生,侧室姚氏所出,旧谱有嬴政之喻。又螟洪氏子,改名寅生,并系异姓,故今不复载,即今墓里繁宗家是也。
第十六世	本生	先螟义生子鑑宗为嗣,今查旧谱喻嬴政,必有故焉,以此不载。
第十六世	福海	旧谱以繁宗为嗣,查系洪寅生子,故不复载。
第十六世	寿生	螟本里贺氏子,改名多宗,系异姓,今不复载。
第十八世	力渊	螟义子,取名保哥,公将田产基宇,均作八股分业,即今传子明、别黑,见住公旧基是也。

仔细观察上表,有一个值得注意的问题,天顺谱虽然对异姓养子采取"姑息"态度,但是在其谱牒中并非没有指出这样的问题。例如,表4.1中的茶院第十五世朱观荫之子朱义生的身世,天顺谱用"嬴政之喻"来隐喻义生系母亲姚氏在嫁入朱家前身怀的他腹子。也就是说天顺修谱时,对于异姓养子的问题,采用的是委婉暗示的手法,并未公开挑明。但是到嘉靖修谱时,态度出现明显大转变,转而对异姓养子采取严厉的态度,并毫不留情将之摒除在外。那么朱爵为何要一改惯例,如此坚定地反对异姓养子入谱呢?

嘉靖谱中有一篇"戒约",是朱爵针对"异姓来继者"禁止入谱问题所做的详细说明,可以为我们初步释惑:

尝闻:"作于前者当有虑于今,行于今者宜有警于后。"盖吾族谱牒之修,无非所以敬宗而收族,木求其本、水穷其源,不容有异姓之杂,如苗之有莠,粟之有稗也。奈以本宗前次之修谱者多事姑息,其于螟子乞养异姓遗腹之类或滥收载,以致名罢混淆,是何异于"莒之灭郐""吕之易嬴""牛之易马",而于古人天亲不可,以人为之,义果何有耶?故吾今次谱牒之修,痛革其弊,是吾族者不以贫而见弃,非吾族者不以福而见收,无非致谨夫古人大小宗之法耳。

---

① 本表数据源自明嘉靖十九年《泾川朱氏宗谱》卷3《世系》,南京图书馆藏本。

夫何寿生公之义男贺多郎之子孙荣初、堂初、仲义等不自揣量，妄以非为是，以假认真，非但如"崇韬之冒子仪"，实欲"以范而认张"也。吾等坚持不允，乃被牵捏，寿生公次子一派虚情告府，幸遇太府四川曹侯迈洞照覆盆雷霆明断，责令复本姓贺氏，另立户籍。当差以正宗批供云，世系自古为重，准照承芳于永久。愚思今者后之鉴也。自今以往，凡我族人有无后者，须取同宗之子以为后，庶一脉之相为传续，一气之相为感通，而为至正大公之举，慎无摘取外姓之子以乱我之宗枝。夫摘外姓之子以为后，则阳虽续而阴已绝，其于古人宗法岂渎乱之甚哉。故吾特述此意，并誊录其供薰及曹侯明断批词刊刻于后，以为我族人千万载之鉴戒。更有各派义嗣寅生、九孙、明德、训真、荣真、接宗、纪宗、保哥、能祥一十余家今下从朱姓，俱不收载。惟庆安一枝，实系本宗道寿公四子幼螟与禄生公为义嗣，基业中分，众遂以过房之故不容入谱，后裔其详辩之。

嘉靖十九年庚子岁一阳月谨述①

解读这篇戒约，有两方面内容值得我们重视。

第一，朱爵认为修谱的目的在于"敬宗而收族，木求其本，水求其源，不容有异姓之杂"，因此决心以本次修谱为契机，痛革前谱"滥收之弊"，以"血缘关系"为标准，将有"异姓来继者"及其后裔排除在朱氏宗族的团队之外。也可以说，朱爵在当时发起了一场"纯洁血统"的宗族运动。所谓："是吾族者不以贫而见弃，非吾族者不以福而见收，无非致谨夫古人大小宗之法耳。"

朱爵之所以在修谱时发起"纯洁血统"的运动，大概与朱爵的身份有关系。

前面说过，朱爵曾担任江西上饶县判簿，虽系例贡出身，非科举正途，却是明代张香朱氏第一个有正式官职的人。对于长期浸染在儒家思想体系中的官绅阶层，可以想见，他可能对古代宗法理想有着较深的崇拜和认同，对于按照程朱理学要求从事严格的宗族建设有着更高的自觉性。所以

---

① 清乾隆三十年《泾川朱氏宗谱》卷15《文翰杂著·旧谱戒约》，上海图书馆藏本，第38～39页；南京图书馆藏嘉靖谱该部分内容缺失。

他在"戒约"中反复强调,以同宗之子为后,才能"一脉之相为传续,一气之相为感通",如果以外姓之子为后,"则阳虽续而阴已绝",对于古人的宗法制度更是一种亵渎和破坏。

朱爵在本族发起的宗族运动,显然与明代后期社会变动和思潮演变的大趋向相互吻合。前述对明清宗族建设的发展进程也做过介绍,明代中后期特别是进入嘉靖年间,伴随官方里甲制度的废坏,宗族制度深入民间并迅速成长,与之相伴的是官方对于宗族礼仪控制的松动和宗法伦理庶民化的新形势。在这一历史时期,诸如国家宗族礼制改革的大事件"夏言提案"被赋予了推动宗族运动向民间普及的重大意义。而地方上学校和书院的勃兴,也承载了传播程朱理学所倡导的宗族理想的使命。在嘉靖年间,泾县县城附近的水西成为讲学集会之所,引得宁国府六邑士子前来聚会,"慕邹鲁之风,力行古道"。

因此可以说,从天顺壬午到嘉靖庚子,朱氏的两次修谱,中间间隔78年,约两代人的时间,但是社会风气却为之大变,种种机缘使得民间宗族建设的进程大大加速了。如果说天顺谱是第一次简单的草创,是诸般宗法建设规范刚刚酝酿的话,那么嘉靖谱显然应时应人而精密化了,族人的"入谱权"被附加了限定条件,宗族成员资格被提出了规范性要求。家谱也从简单的谱系关系的清理和宗族关系的凝聚,转而逐渐承载了更广泛的意义,从恢复宗法伦理的"齐家"理想乃至逐渐延伸至基层社会的实际的政治运作中。

第二,"戒约"还透露出明嘉靖年间朱氏族人围绕异姓养子的"入谱权"问题曾经发生过惊心动魄的斗争。显然是朱爵开展的"纯洁血统"运动引发了相关群体的激烈反抗。他的主要对立面是"寿生公次子一派"。

寿生公次子即多宗,茶院朱氏第十七世。朱爵认定,多宗是寿生公的贺姓养子贺多郎,因此禁止其后裔入谱。多宗的孙子荣初、堂初等显然加以否认,以至于双方对簿公堂。"戒约"显示,官方的判决支持了朱爵的意见,声明"世系自古为重",令"寿生公次子一派"恢复本姓贺氏,另立户籍。朱爵在"戒约"中还指出他把官方的判词附在了家谱中,但是由于南京图书馆所藏嘉靖谱残缺,这份宝贵的材料未能看到。

除了多宗一支,朱爵还声明朱氏各派中还有十余家系异姓义子不能入谱,而有庆安一支,经后裔详辩,认定为同宗过继,准予其入谱。可见,朱爵站在道德伦理的制高点上,态度十分强势,族人如想入谱,需要通过甄别血统这一关。当时的"纯洁血统"运动,斗争面颇广,烈度也颇高。

需要补充的是,嘉靖谱中在凡例中提出"四类分子"禁止入谱,但是在"异姓来继者"之外,并未见到因其他三类原因被排除在谱外的实际案例。例如,后来成为八甲朱氏分甲祖的朱礼宗,明医道,依靠给北京富户当义子换回了良田 50 亩。对此,嘉靖谱仅仅直书其事,并没有取消其谱籍。不知是否因为朱礼宗实际上并没有真正离开朱氏宗族有关。尽管如此,礼宗身上这一与谱例规定明显相悖的"出继异姓"的标签,显得十分扎眼,令后人多了许些质疑和疑问。

如我们在前节预先了解到的,嘉靖谱制定的关于"异姓来继者不书"等条规,理论上代表了一种宗族的话语体系,但是却没有得到后世修谱人的一致承认和完全继承,相反数个版本的清代家谱各有各的说法,分歧明显,立场不一。接下来就对清代的张香朱氏家谱作出分析。

第三节　清代家谱关于"入谱权"的多重诠释

进入清代,张香朱氏正式形成"族统八甲"的格局,并于乾隆三十年(1765 年)时,联络花林朱氏,完成表面上看规制颇为宏大的通谱——乾隆三十年谱。但是这次通谱并没有完全联络到张香朱氏各派。材料显示,在商议筹备兴修乾隆三十年谱过程中,张香朱氏内部曾经发生过激烈的争执。

在后修的七甲支谱中曾回忆乾隆三十年谱的修谱情况:"越及国朝乾隆乙酉又修宗谱,此间弊窦不一而足,以致讼语交腾,议论蜂起,头绪□乱,未成全锦,是又诬杂之一验也。"①另据八甲朱氏文峰派朱宁成的回忆:"乾隆乙酉间,各甲族人共兴续谱之说,成随本甲始祖礼宗公派下诸族长,与各甲族人会议于宗祠。谱事已订有成议,卒以意见龃龉,异论丛生,吾甲族人

---

① 清道光六年《张香都朱氏七甲支谱》卷 1《新序·朱一彬谱序》,上海图书馆藏本,第 1～2 页。

坚不欲合。诸派中望望然去者,亦率居什之三。"①可见,在乾隆三十年修谱前,各甲族人曾在朱氏大宗祠召开筹备会议,却出现"讼语交腾,议论峰起","意见龃龉,异论丛生"的不和谐局面,最后七甲多宗公后裔和八甲礼宗公后裔等派退出会议。由此可见,乾隆三十年成谱之时,反而成为张香朱氏内部发生分裂之时,而激发分裂的主要导火索很大程度上是嘉靖谱留下的关于族人"入谱权"的规定所致。

一、"招尤召怨"的乾隆三十年谱

从乾隆三十年谱中看,关于族人"入谱权"的书面规定总共有两条,第一条明确写明"五不书",第二条则提出一个对"异姓来继者"的变通性办法。不过,细读该谱,本次修谱的主要参与人总体上是肯定嘉靖谱中关于"异姓来继者不书"的立场。关于这一点,该谱纂修朱润在"新修宗谱引言"中明确表示:

> 谱牒之修,所以敦宗睦族,亦每以招尤而召怨。盖表微阐幽,志在彰美,而审同辩异,情不可私,故公心直道,但求无愧于我尔,岂能尽如人意哉? 我朱氏城山府君之族繁矣。二百余年前,天爵公身任其事,恶莠乱苗用意最为严切,观旧谱戒约可见前人之铁面秉心、一无所狥哉,至今咸服其正,厥功伟矣。②

引文所见,朱润公开称赞朱爵"恶莠乱苗用意最为严切","铁面秉心、一无所狥","厥功伟矣"。然而明确力挺朱爵的立场,就意味着面临相关利益方的强力反对,因此朱润已意料到本次修谱"招尤而召怨",于是在谱中表明心声:"审同辩异,情不可私,故公心量道,但求无愧于我尔,岂能尽如人意哉?"可见朱润在修谱之时面临着来自反对方的指责和压力。

修谱之时张香朱氏内部冲突矛盾之激烈,修谱的主导人实际上倾向于嘉靖谱的立场,还可以从泾县知县李元标为该谱所做的谱序中看出。李元

---

① 清乾隆三十九年《泾川朱氏支谱》卷首《朱宁成谱序》,南京图书馆藏本。
② 清乾隆三十年《泾川朱氏宗谱》卷首《新修宗谱引言》,上海图书馆藏本,第7页。

标在乾隆三十年谱中说:

> 昨岁仲冬,有贡监朱武治、武镛,邑庠之愿、云翔等以修辑宗谱请示。予曰:"此生等家事耳,务在秉笔得人,何用示为?"及细究其情,知张香盛族蔓延于花林、大成各都,而又多远散他郡外县,其中不无以异姓假冒乱宗之惧,于是遂有私伪狗、多方阻挠、摇动人心者。此诸生所以预谋于作事之始而有备无患也。①

由此可知,该谱修谱人们为了顺利完成修谱、排除反对派的干扰,甚至寻求了时任泾县知县李元标的支持。以上向县长"请示"的人有朱武治、朱武镛、朱之愿、朱云翔,他们都是本次修谱的重要参与人。朱武镛,监生,名列八大"纠首"之首,是首席发起人;朱之愿,邑庠生,名列"分修"之首;朱云翔,郡庠生,名列"分修"中;朱武治,贡生,名列"督理"。通过检索谱牒,可以锁定他们在谱系上的位置:

朱武治谱系:应宗公(17)→达真公(18)→瓒初公(19)→天鳌公(20,嘉靖谱主持者朱天爵之弟)→子谟公(21)→汝亮公(22)→可任(23)→梦鳞(24)→文□(25)→武治(26)

朱云翔谱系:应宗公(17)→达真公(18)→瓒初公(19)→天鳌公(20,嘉靖谱主持者朱天爵之弟)→子讃公(21)→一本公(22)→可佑(23)→明昱(24)→文雅(25)→敦璠(26)→云翔(27)

朱之愿谱系:应宗公(17)→通真公(18,达真公之弟)→珏初公(19)→天经公(20)→子珊公(21)→本欢公(22)→贤国(23)→明电(24)→之愿(25)

朱武镛谱系:肇宗公(17)→茂真公(18)→琪初公(19)→天燦公(20)→子池公(21)→本温公(22)→贤应(23)→明都(24)→文祥(25)→武镛(26)

---

① 清乾隆三十年《泾川朱氏宗谱》卷1《李元标谱序》,上海图书馆藏本,第2页。

除此之外,还有本次修谱总纂修朱润,也系应宗公后。现将把上述修谱人的谱系关系用世系图呈现出来:

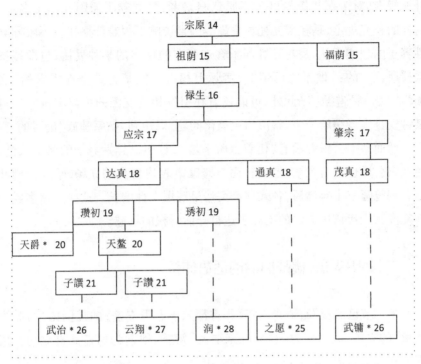

图4.1 乾隆三十年谱重要修谱人世系图①

从世系图上可以看出,乾隆三十年谱的修谱者中:朱润、朱武治、朱云翔、朱之愿同为应宗公后;朱武铺为肇宗公后。他们均为宗原公长房祖荫公后裔,而被指责为异姓养子的多宗公派和有"出继异姓"嫌疑的礼宗公派都出自宗原公二房福荫公后裔。

更重要的是,总纂朱润与武治、云翔又同属应宗公后达真公派,达真公是二甲朱氏李园村派的分甲祖,嘉靖谱修谱人朱天爵正是出自二甲朱氏李园村派,并且武治和云翔都是嘉靖谱修谱人朱爵之弟朱天鳌的后代。由此,对于本次修谱依然宣称要秉承嘉靖谱朱爵留下的禁止异姓养子入谱的旧传统就不难理解了。

---

① 为了简明呈现修谱人关系,谱系图中只列出关键人物,对同一世代中的无关的旁系兄弟略去,虚线表示世代间有省略;有＊标记者为修谱人。

不过,如前所述,乾隆三十年谱的谱例中,一方面规定包括"异姓来继者"在内的五类分子禁止入谱;另一方面又不同于嘉靖谱,做出一个变通性补充规定,对于那些螟蛉已久不愿意归宗者,另立养子派附在本支名下。这样的补充规定,是在婴儿死亡率高等因素影响下很难严格执行不收养异姓养子的现实承认,是对异姓养子客观存在的现实的某种妥协;也即钱杭教授所论述的:"世系之可拟制,实际上相当于对某种社会性需求的'必须'或'强制'遵循。"①此外,可能还有在引发相关支派的抗议下试图通过某种安排实现缓解矛盾,解决历史遗留问题,以达到"敬宗睦族"的目的。

然而多宗公派并没有"借着台阶下坡",甘愿以异姓养子的名义入谱,而礼宗公后也没有入谱,他们转而自修家谱表达自我的立场,于是我们开始看到乾隆三十年谱后,各式支谱突然呈现爆发性增长。这些支谱多成为在乾隆三十年谱中失语的支派表达自身话语权的场域。

二、七甲支谱:挑战旧谱的话语体系

第一节已经提及,道光六年《张香都朱氏七甲支谱》的凡例持"当曲为体量"的立场,最为卖力为"异姓来继者"辩护,他们为何持此种立场? 接下来先分析该谱。

七甲支谱形式上是隶属七甲范围内的朱姓合修的谱牒,所谓"凡在七甲户内者,若寄生公派下启宗公支、禄生公派下肇宗公支、福荫公派下寿生公支、能宗公派下义真公支、繁宗公派下清渊公支,悉皆纲举目张,亲疏判别",且从世系表的谱系上看也确实如此分布,但通观该谱,它其实是被嘉靖谱认定为"异姓养子"的寿生公多宗公派后裔主导的旨在为"历史翻案"的谱牒。

该谱卷开首的四份序和卷末的一份跋,均对嘉靖谱和乾隆三十年谱表达了强烈不满,下面节录其中的部分相关内容。

第一份序,作者为该谱的"纂修"朱一彬:

---

① 摘自钱杭教授《族谱的世系学研究》课程笔记,第一章《世系学原理》,第13页。

明嘉靖庚子所纂宗谱,当事者未能秉公修理,评略异宜,毁誉倒置,且同是一谱,有多数页者,有多十数页者,有年表互异、以弟为兄者。此正失之诬,更失之淆,此不足为徵信也。明季淆诬已极,遂至构讼蔓延,岁久事竟中寝。越及国朝乾隆乙酉又修宗谱,此间弊窦不一而足,以致讼语交腾,议论蜂起,头绪丛乱,未成全锦,是又诬杂之一验也。①

第二份序,作者为该谱的"总理"朱廷玕:

我族自中孚公迁泾以来,历宋元几数百年,至嘉靖年间有主修朱氏宗谱者,其所镌刻实为一己之私,于身则片事必详,于人则妄书且略,至年号倒置,不一而足,即如我甲寿生公亲生四子,长膑宗、次多宗、三永宗、四亨宗,序次昭然。正统二年,公亲笔分单一样四纸犹存,凿凿可据,乃于多公派有以亲生为螟蛉者,有指为抱养朱观生之子者。谱出一人之手,而有径庭之殊。厥后致堂初、仲义等公之讼控,泾渭始分,是非迺定。及国朝乾隆乙酉合族复议重修,奈任事者意见纷如,致各甲有修有不修者,固不得谓之宗谱也。②

第四份为"合谱公序",是本谱的"倡首"朱武玕、庆该、庆祥、庆岐、庆湛、庆欢、安振、平英,"协修"庆瑟,及武迈共10人联名书写:

我寿生公于正统二年亲笔分单联,列四房,毫无异说。嗣因我甲金初直斥二甲天爵之过,两相构怨,是以飞空诬谤多宗公为螟蛉。溯查嘉靖庚子距正统二年相隔一百有三年,所谓天顺壬午谱通族无闻,况正统、天顺均为英宗年号,其间只隔景泰七年耳,天爵何凭而作此语。更可骇者,多宗公分注内载"干蛊克家",易曰"干父之蛊",盖言父有不善,子能盖愆之谓也。此则誉中隐毁,寿生公大受其欺,凡有血气者,莫不发指。大抵其时,我甲读书识字者少,故彼得舞其私智,因

---

① ② 清道光六年《张香都朱氏七甲支谱》卷1《新序·朱一彬谱序》,上海图书馆藏本,第1~2页。

循至今,牢不可破,甚至有奉为圭臬者,不知是何胸臆？……兹谱参明弊窦,屏绝浮言,核实年表,确遵遗墨,以寿生公之心为心,重为厘正,想祖宗亦必欢于九泉,且不违悖乎圣训。是诚我同人之乐闻,更可质之于通族。谱事告成,爰述梗概,设异日统修宗谱,当不致嗤我等为谬妄也。①

支谱跋语,由该谱"督理"朱安阳撰写:

前明嘉靖庚子,族有曾任上饶主簿者,倡修宗谱。其时士风不淳,官势薰炙,颐指气使,任其所为,颠倒是非,不一而足。迨乾隆乙酉,集各甲之谱于大宗祠。我分武泮公见四甲珂初所执始字号,与己谱同五甲天俭执冲字号不符,且后出一年内,有应宗一支多七页,而俭字又系添写;九甲珣宗执牒字号,与己同,七甲□初执谱字号多十数页。只据所见者而记之,其未见者尚多。夫宗谱与国史同,若参差互异,成何体统。虽曰宗谱,甚不足信。至于乙酉谱,其间弊窦更难仆数,今置不论,祇以敦宗睦族为大旨。②

阅读引文、三份序言和一篇跋语挑战嘉靖谱和乾隆三十年谱的立场一致,相互支援、相互映衬,激烈批驳了两部旧谱的两大问题:

一是批判嘉靖谱和乾隆三十年谱存在的一般性问题。嘉靖修谱者朱天爵未能"秉公修理",是从"一己之私"出发,"于身则片事必详,于人则无书且略",还存在年号倒置、年表互异问题,因此该谱"不足征信"。在乾隆乙酉会谱时,各甲各房持有的嘉靖谱"参差互异"。至于乾隆三十年谱也是"弊窦不一而足","头绪紊乱",各甲有修者有不修者,"固不得谓之宗谱也"。

二是澄清旧谱关于多宗公为寿生公异姓养子的历史污点。他们指责因为金初(多宗公之孙)"直斥"朱天爵的过错,"两相构怨",导致了朱天爵诽谤多宗公为螟蛉,并且指出之前天顺谱距离多宗公时代更近,它没有提出该问题,嘉靖谱时隔一百多年,做这样认定,有何凭据?为证明多宗公的身份,该谱拿出一份证据,明正统二年(1437年)父亲朱寿生亲笔分家单,其中开首写道:"父朱寿生所生四子,长子膳宗、二子多宗、三子永宗、四子亨宗,凑父在之时,请凭亲族,将祖遗父分并已置田地山塘屋宇风水什物等项,逐一肥瘠好反均匀搭作四股执业。"①四房,家产平分,该分家单被附录在谱末。此外,序中没有提到,谱末还附录一份《多宗公裔助大宗祠基地契约(二甲翼收字附)》,意图很明显,通过证明多宗公后裔曾经参与乾隆年间的张香朱氏大宗祠的建设来显示自身在宗族建设中的正统性和合法性。②

三是《合谱公序》直白地表达了自身的立场,那就是"以寿生公之心为心,重为厘正","设异日统修宗谱,当不致嗤我等为谬妄也"。

其实,只要明确修谱人的身份和修谱的经费来源后,该谱所持的"以寿生公之心为心"的立场也就不难理解了,参见表4.2和表4.3。

主要四个修谱人中全部是寿生公派下后裔,其中"总理""督理""纂修"都属于多宗公派,两位是太学生,一位是把生意做到武汉和江北等地的大商人,只有一位是亨宗公派后裔,从谱牒中看,他既没功名、也无其他显赫,但是辈分最高,被推到台前充当了"倡首"的角色。

从谱牒经费上看,修谱人的"捐输小引"中说,如果是在七甲户内"专派丁田"的话,"甲内贫乏者居多,未免有掣肘之虞",于是采用了自由募捐的办法。③其结果如表4.3所示,全部由寿生公派下出钱,且多宗公派下共捐出了529两白银,占了整个经费的72%,而其他七甲户内的朱氏支派如启宗公派、肇宗公派、能宗公派等分文未出。

---

① 清道光六年《张香都朱氏七甲支谱》卷6《朱寿生立分单》,第1页;全文参见本书附录三。
② 参见清道光六年《张香都朱氏七甲支谱》卷6《多宗公裔助大宗祠基地契约(二甲翼收字附)》,第1~2页;全文参见本书附录三。
③ 参见清道光六年《张香都朱氏七甲支谱》卷6《捐输小引》,上海图书馆藏本,第1页。

表4.2 七甲支谱主要修谱人身份职业列表①

修谱人	修谱角色	所属支派	社会职业身份
朱武玕	倡首	寿生公亨宗公支下杜城派,茶院朱氏第二十六世	无
朱廷玕	总理	寿生公多宗公贵真公支下看霞鲍村派,第二十七世	太学生
朱安阳	督理	寿生公多宗公贵真公支下看霞鲍村派,第二十八世	太学生
朱一彬	纂修	寿生公多宗公贵真公支下看霞鲍村派,第三十世	商人,由吏员捐纳九品

表4.3 七甲支谱修谱经费来源②

修谱经费来源	捐银数目(两)	合计	多宗公分占捐助比
寿生公下膳宗公分	84		
寿生公下多宗公分	529		
寿生公下永宗公分	8	732	72%
寿生公下亨宗公分	118		
其他分	0		

值得注意的是,该谱虽然坚决不承认多宗公是"异姓养子",但并没有完全否定"异姓养子禁止入谱"的规定,而是在极力为收养的行为辩护,要求"曲为体量"的同时,也申明对于"螟蛉子"要在本人下注明。这说明,某种程度上,按照同姓父系血缘关系进行宗族建设仍然是某些族人的一种理想(但是现实中又是无法严格遵循的,事实上,家谱上呈现的一种由后人证实和拟制出来的世系关系),"螟蛉子"的标签依旧是不受欢迎的。

从宗族的世系学原理考虑,在世系所涵盖的三个领域:包括亲属团体成员资格、亲属团体内部一定规模财产、被某一亲属团体垄断的社会公共职位的连续性传递中。一般情况下,只有第一种亲属团体成员资格是可以

---

① 资料参见清道光六年《张香都朱氏七甲支谱》卷6《新修七甲支谱名目》及世系表中相关人物介绍,上海图书馆藏本。

② 数据来自清道光六年《张香都朱氏七甲支谱》卷6《捐输小引》,上海图书馆藏本,第1～2页。

拟制的,财产和公共职位则是不可拟制的。① 这就从事实上造成了螟蛉子这样的异姓来继者在宗族内部遭受歧视的不平等地位。

也正是为了摆脱这一被"旧谱"认定的"螟蛉子"的耻辱身份,同时也是为了确保族内财产和地位的合法性,多宗公后裔将"七甲支谱"当作表达自身话语的场域。

其实,关于多宗公是否真是寿生公异姓养子的问题现实是不可能搞清楚的,也没有必要再去刨根问底,值得我们注意的倒是,多宗公后裔无情地控诉了:作为宗谱的嘉靖谱背后存有"一己之私","于身则片事必详,于人则无书且略","宦势熏炎,颐指气使",欺负"我甲读书识字者少"等现象。过滤掉反对派的过激情绪,也不能完全否认嘉靖谱修谱人所持有的"纯洁血缘""敬宗收族"理想的真诚性,但是七甲支谱以一种家谱中不寻常的激烈表达形式,让我们充分注意到谱牒与权力存在复杂关系的普遍性和重要性,作为宗族公共文献的家谱同样很难摆脱"代理人困境",因此有必要揭开它时常展示给世人的神圣面具,展示其功利的、世俗的另一种面相。

三、从弱势走向强势:八甲各派支谱的入谱权表达

前节所列,对限制族人"入谱权"作出不同解释的,还有三部谱牒:乾隆四十五年谱、道光五年谱、光绪三十二年谱。他们同属八甲礼宗公下支谱,其中乾隆四十五年谱与后面两部谱牒态度有所差别。

乾隆四十五年谱一方面认同乾隆三十年谱的基本立场,主张"螟蛉养子"应别立一篇,另一方面对照乾隆三十年谱对待异姓来继者的严厉姿态,显得温情脉脉,强调"异姓养子""历年已久""不忍斩别"。对待"异姓养子"问题上总的态度,显得中立而温和。到道光五年谱,对于异姓养子问题,重新强硬起来,主张"断不可书",程度甚至超过乾隆三十年谱,直接接续嘉靖谱的传统。但是他们又特别提出关于"出继异姓者"子孙,若愿意归宗要一体收录的新命题。

接下来分析这三部家谱立场和相关背景。

---

① 参见钱杭教授《族谱的世系学研究》课程笔记,第一章《世系学原理》,第14页。

（一）乾隆四十五年谱：中立、温和的立场

八甲礼宗公各派后裔虽然退出了乾隆三十年谱，但之后不久就自修了多种支谱，数量则达到十几种，到我们正在讨论的乾隆四十五年支谱，已经是第十四种。

乾隆四十五年谱为八甲于湘公派所修，形质十分简陋，是一次小规模的支谱。该谱没有山川、人物诸条，主要是录世系，从茶院第二十一世于湘公下一直到修谱人朱安尧及其子孙一代。该派人丁不旺，加上谱序等内容，总共的篇幅才装订了一册，印数则仅标明为 8 部。

主要修谱人朱安尧①（茶院朱氏第二十八世），没有功名也没有官职，他说明本次修谱目的很简单，主要是通过续修，确保世系关系被及时记载下来，所谓："其于山川人物诸条阙焉，虽少润色而世系可保不坠，或亦不无小补云尔。"②

通过对以上背景的介绍，可以对乾隆四十五年谱所持有的温和、中立态度作出一种可能的理解。一方面，作为八甲礼宗公后裔中一个并不显赫的支派，他们修谱的年代距离乾隆三十年谱比较近，可能不愿意卷入二甲朱爵后裔和七甲多宗公后裔之间的恩怨之中，因此在谱例中，支持乾隆三十年谱"另立养子篇"做法的同时，又作出体恤"异姓养子""历年已久""不忍斩别"的温情姿态。此外，一个很重要的原因可能是，该谱"凡例"后述"我族之螟蛉未乃再传，故不另录"。他们支派内目前没有遇到这样的问题，族人间没有类似的利益冲突，也就无须作出倾向性过于明显的表态了。

不过，该谱对分甲祖朱礼宗"出继异姓"的问题采取了回避的态度，没有作出任何交待。这个问题是在道光五年谱中才明确加以解决的。

（二）道光五年谱：提出界定"出继异姓者"入谱权的新命题

乾隆后期，八甲朱氏成叔公派由于经商致富，特别是在科举上取得成功，先后出了朱理、朱珵两名进士而逐渐兴旺起来，到嘉道年间，成为张香朱氏中最为显赫的一支。道光五年谱即有进士朱珵牵头主持兴修，收录成叔公派以下至朱珵一代及其子孙约一千二百名族人。（参见世系图 4.2）

---

① 其在礼宗派后裔谱系图上的位置，见本章图 4.2。

② 清乾隆四十五年《泾川朱氏支谱》卷 1《朱安尧谱序》，上海图书馆藏本，第 2 页。

朱琦在修谱过程中，原本想要联络各甲各派族人合力修成整个张香都朱氏宗谱。但以进士、高官的号召力，最后也未能修成宗谱，各甲各派的分歧到底在哪里？具体的情形我们并不十分清楚，然而有一点可以肯定，即关于异姓来继者的入谱权问题依旧困扰着后来者。

道光五年谱对异姓来继者持"断不可书"的立场，并没有像乾隆三十年谱那样另立养子篇，可见其坚定性超过乾隆三十年谱，而朱琦在叙述"张香支派"脉络时，寿生公派下也不提有多宗公一支。这一立场，大概是七甲多宗公派绝对不能接受的。

朱琦对于"异姓来继者"的立场和嘉靖谱修谱人朱爵可能相似，作为一个科举名士、政府高官、文学大儒，接受了程朱理学的教育，对于保持宗族血脉之不坠和宗法主义的严肃性有着更高的要求，维护这一原则的重要性要远高于对于族人其他方面的要求。

然而道光五年谱更大的看点在于："至其子孙除异姓入继断不可书外，倘有来归本宗干蛊反正者，一体收录，以著罪不及孥之意。"这一规定很明显是针对八甲分支祖礼宗公的。这位祖先尽管一直保留着谱籍，但是曾给北京富户做义子的记录一直保留着，总让后代子孙有名不正言不顺的不安全感，由此加上"来归本宗者，一体收录"的条款，就使得本派别的正当性得以明确地维护。此外，在谱牒中，朱琦既不按照前谱的传统称茶院朱氏第三十二世孙，也不从分甲祖朱礼宗起的世系算起，而是从朱礼宗曾孙成叔公算起，自称成叔公十世孙。采用这种称谓固然有种种原因，例如像朱琦声称的那样效仿朱熹修谱的做法：所谓"文公谱上追茶院仅九世，成叔公逮琦之身盖十世，世数差似，然则谱断自公固犹是文公之志也"①。然而我们简单地就可以判断出，朱琦这一自称的妙处在于，从成叔公起计算世系，回避了朱礼宗这一令人难堪的祖先。

对于"异姓出继者"的新规定是后起之秀成叔公派在自修的谱牒中构建起的新话语体系，很典型地反映了本派的立场和利益关切。

（三）光绪三十二年谱："琦规彝随"

光绪三十二年谱，是八甲朱氏成叔公派在清代最后一次比较大型的修

---

① 清道光五年《张香都朱氏支谱》卷首《新序·朱琦谱序》，上海图书馆藏本，第4页。

谱活动的成果,由茶院朱氏第三十二世、定远县教谕朱彝主修,收录的是自第二十六世朱武勋(朱玪曾祖)以下到朱彝一代及子孙(见世系图3.2),基本可以视为朱玪这一支派的谱系续修。因此,光绪三十二支谱的凡例也是基本上照抄道光五年支谱。对于族人的"入谱权"问题基本上是"玪规彝随"了。

从八甲礼宗公后裔的这三部谱牒中,我们可以看到,呈现在家谱之上的关于族人"入谱权"的表达由弱变强,并开始根据自己的核心利益诉求——"出继异姓者"问题进行新的建构,反映了该派势力在地方宗族权力关系网络上的强劲上升势头和利益关注点的转移。

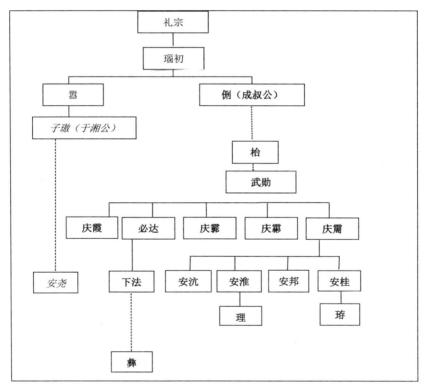

图3.2 乾隆四十五年谱、道光五年谱、光绪三十二年谱修谱人世系关系图①

① 数据来源上海图书馆藏乾隆四十五年谱、道光五年谱、光绪三十二年谱相关世系;为了简明呈现修谱人关系,谱系图中只列出关键人物,对同一世代中的无关的旁系兄弟略去,虚线表示世代间有省略;斜体者为乾隆四十五年谱收录族人的范围,黑体者为道光五年谱和光绪三十二年谱共同涵盖的族人范围。

第四节 小结

通过对泾县张香朱氏系列家谱的解读,我们可以清楚地看到,关于族人的入谱权如何界定的问题。随着家谱编纂从单一宗谱到多元分支谱的演化,出现后起的话语体系对早先的宗族话语体系进行修正,甚至叫板的复杂局面。而操纵这些不同话语体系的自然是这些谱牒的修谱人和他们所代表的宗族派别。

在这幅地方宗族权力格局动态发展的历史图景中,修谱人一般都是乡里有身份有地位或有声望有资产的乡绅阶层,接受较多的主流意识形态儒学的教育与熏陶,因此在修谱过程中,常常站在伦理道德的制高点上,以维护宗法伦理、倡导"敦宗睦族",从事宗族建设为使命;同时他们又是一群有血有肉的经济人,关于"入谱权"的表达不可避免地成为所属支派的现实的特定利益的"代言人",而且表达力度的强弱与他们在宗族中的地位、身份和经济势力大小呈正相关关系。同时我们也要看到,也有一些修谱人身份并不显赫,或不甘心于"入谱权"被人强行诠释,或追随效仿精英,也在借助家谱表达的自己的话语诉求。修谱背后的权力关系网络呈现非单向而是一种多元的互动。

族人拥有"入谱权"意义何在,为什么吸引了各式话语权力的介入并竞相诠释自我的主张?大概言之,被这些修谱人所诠释的"入谱权"具有文化和社会经济上的双重意义。

从世系学原理的角度来思考,在世系所涵盖的三个领域中,如果宗族成员家世的传递主要体现的是"入谱权"的文化层面的意义的话,那么财产和爵衔的传递则更多对应的是"入谱权"的经济社会意义。

就文化意义而言,对于一般族人而言,拥有正常的"入谱权",在家谱上有明确的世系位置,显然意味着为自身"水有源,木有本"式的文化心理找到了归属,拥有了作为宗族这一集体团队一分子的文化凭证。

与家世传递相伴随的往往还有财产和爵衔的传递,这集中体现了"入谱权"的社会经济意义。以上已指出,三者并非并随而至,尤其是异姓家世拟制关系出现时,财产和爵衔的传递往往遭到宗族的限制。由此,"入谱"与否,其呈现方式如何(例如是否异姓拟制关系等),同时关系到个人对财产和爵衔能否合法有效继承的问题。

在理论思考之外,还可以具体从明清社会经济制度史的层面出发,进一步解读"入谱权"在当时的历史条件下所透露出的不同寻常的社会经济意义。

首先要指出的是,随着明后期里甲赋役制度的改革,家谱之上的族人花名册,逐渐承担起了基层户籍人口登记的部分功能,与王朝户籍制度侧重于登记"土地税额"相互补充,因此族人的"入谱权"问题与王朝的户籍制度发生关联,不被家谱认可的族人,往往意味着同时逐出户籍,成为没有合法身份的、社会地位低下的"无籍之徒"。

对此,中山大学刘志伟在《明清广东地区里甲赋役制度与乡村社会》一书中有很有启发的研究。他指出,从明代里甲制到清代图甲制的转变,最重要的是"户"登记的内容由原来的"人丁事产"转变为土地或税额。与这一演变过程相互配合的是以一条鞭法为中心的赋役改革,赋税征收的货币化、定额化、比例化和单一化的趋势是户籍制度改变的基本依据。随着户籍的内容侧重于土地和税粮的登记和稽查,人口登记的意义逐渐消失。这样,政府越来越不能掌控具体的个人,就必然需要依赖种种中介势力来实现对编户齐民的控制,从而为种种中介提供了制度上的空间。① 而在这种户籍制度下的世系关系群体,依靠宗族建设为纽带,通过对世系关系的整顿,以修编家谱的方式来控制人口,从而成为王朝所倚重的中介力量之一。从此种意义上就可以理解,如果族人的"入谱权"被宗族剥夺,自然就面临失去和王朝户籍接轨的中介的危险。

就此问题,刘志伟在同书的另一地方还有进一步论述:明清之际,里甲制中的"户"的登记内容由人变为一定的田产税额,这意味着土地财产具有了更重要的意义。每个社会成员要成为有籍之人,从而确认自己的社会地位,就要以拥有一定的土地财产并向政府承担纳税责任为前提。但由于"户"一般是由某种民间社会集团共同使用和支配,这就意味着没有土地

---

① 参见刘志伟:《明清广东地区里甲赋役制度与乡村社会》,中国人民大学出版社,2010年,第10~11页。

财产的社会成员要获得"户籍",可以并一定要从属于某一拥有户籍的社会集团,成为其中的成员。同样道理,一个人如被取消了在某一社会集团中的成员资格(例如出族),也就意味着变成"无籍之徒",除非他拥有一定的财产,有能力重新立户,而这又是相当困难且需付出一定代价的。这样就必然加强了民间社会集团(一般组织为宗族的形式)的统合力和支配权力。①

刘志伟的研究,揭示了宗族的成员资格与户籍制度之间的密切关系,进而也就可以推导出"入谱权"所传递的社会经济意义:即族人如果被判定没有"入谱权",不允许其进入谱牒,往往意味着被剥夺土地财产关系,进而失去户籍,成为不被王朝承认的"无籍之徒"。

在明确这样的认识基础上,我们回头再看来,嘉靖谱"戒约"中所说的,明嘉靖年间多宗公后裔和朱爵为"入谱权"问题而打起的那场官司。多宗公后裔败诉后,官方判定多宗公后裔"复本姓贺氏,另立户籍"。也就是说,多宗公一支失去的不仅仅是进入家谱的权利,更重要的是要被驱逐户籍,另行开户。如刘志伟所说,另行开户的难度很高,因为户籍制度关注的是申请人有没有土地财产。可以想见,多宗公后裔如果真的要被"出族"的话,族内的公共土地财产必然被剥夺,就是个人的土地财产能否保住也很成疑问。从七甲支谱中拿出的明正统二年寿生公的分家单上看,家产被一分为四,多宗公分得田14亩7分5厘、地1亩9分、山13亩4分。② 毫无疑问,这份分家单是为了证明,多宗是朱姓亲子,拥有和其他儿子一样的土地财产权利,但是如果有更有力的证据证明多宗是贺姓人,被逐出户籍的话,其享有这些财产的合法性也就值得怀疑了。不过从后来的结果看,多宗公后裔实际上没有改姓贺氏,另立户籍。这大概归功于多宗公后裔的反复争取,七甲支谱中对上述官司还有后续记录,"厥后致堂初、仲义等公之讼控,泾渭始分,是非洒定"③。案件最后得以翻盘,使得上述多宗公后裔被驱逐出户籍的惊险一幕没有发生。然而这一激烈斗争的过程,已经足

---

① 参见刘志伟:《明清广东地区里甲赋役制度与乡村社会》,中国人民大学出版社,2010年,第203~204页。

② 参见清道光六年《张香都朱氏七甲支谱》卷6《寿生公分单》,上海图书馆藏本,第1~2页;参见本书附录三。

③ 清道光六年《张香都朱氏七甲支谱》卷1《朱廷玗谱序》,上海图书馆藏本,第2页。

以显现"入谱权"问题与户籍制度之间的密切关系以及对于族人的重要意义。

综上所述,伴随着宗族制度在明清逐渐成为基层社会秩序的重要基础,作为宗族建设的基本文献——家谱,就具有了超越登记世系、"敦宗睦族"的一般文化意义,与宗族制度相配合,具有了服务于基层社会运行的溢出功能,其中很重要的一项,就是通过在家谱上登记和确定族人名单配合官方户籍制度的运作。家谱由宗族管理向基层社会管理的功能溢出,自然进一步吸引了各式权力介入家谱争夺话语权,于是我们看到,家谱这一宗族"宪章"是与世俗的话语权力表达深深地交织在一起的。张香都朱氏系列家谱围绕"入谱权"所做出的多重诠释和彼此角力,就是上述图景中的一幕。

从文化软权力视角来观察,围绕入谱权的激烈较量,比较典型地反映了软权力运作过程中所引发的冲突对抗。乡村士绅、族老编修家谱的文化活动本意为追本溯源、统合族人,但是由于血缘关系的复杂性,反而引发了部分族人的分裂倾向,甚至对簿公堂。其根源还在于文化后背所依托的物质利益冲突。因为明清时期,入谱权的问题已经与户籍、财产等实质性利益密切关联起来。由此,软权力看似是对社会的柔性整合,但是如果对某些群体的核心利益问题处理不好同样会激化社会矛盾,引发社会问题。

第五章　墓图的话语表达与现实纠纷

在明清民间社会,"坟山争讼"是司法纠纷当中表现激烈的一类,尤其是在安徽境内,已经成为相当突出的社会问题。就此,中国政法大学的张小也在相关案例研究中已做出详细的论说。①　这其中,笔者感兴趣的是,在坟山争讼过程中家谱所扮演的那种极其引人注目的角色。通过浏览这些司法案例,一个最直观的感受是,双方当事人在举证过程中,往往拿出各自的家谱,借助家谱之上关于祖先坟山的记载展开激烈的较量和交锋,家谱俨然成为祖先坟山归属的一个证明文件。

众所周知,在家谱中,记录祖先坟山的情况是一项重要内容。具体的形式,除了"世系"中可能有祖先坟山的简要记载外,较大规模的家谱还常常辟有专门的"墓图卷",用图画的形式绘出祖先坟墓所在地并配有相关说明文字。坟山墓图的一般功能,自然是服务于宗族的"敬宗祭祖"的理念和相关墓祭活动。然而上述发生在司法实践中的案例提醒我们关注蕴藏在坟山墓图中的话语表达:编纂者们在什么样的特定社会生态下,借助家谱表达了何种物质和精神的话语诉求? 使得承载了话语诉求的坟山墓图一褪"死气沉沉"的面相,变得"长袖善舞"起来,可以在司法诉讼中"呼风唤雨"。

接下来我们就带着上述问题意识,从坟山墓图这一新的切角,通过对墓图的构建过程、甄选原则、功能意义以及官方态度等层次的剖析,对家谱之上的话语表达作进一步的揭示和论述。

---

① 相关内容可参见张小也有关坟山争讼的两篇文章:《清代的坟山争讼——以徐士林〈守皖谳词〉为中心》,《清华大学学报》(哲社版)2006 年第 4 期;《从"自理"到"宪律":对清代"民法"与"民事诉讼"的考察——以〈刑案汇览〉中的坟山争讼为中心》,《学术月刊》2006 年第 8 期。

第一节 远祖墓图:宗族话语传统的实践

一、坟山墓图的分类和相关说明

乾隆三十年谱中的墓图卷,是张香朱氏第一次大规模地绘制墓图,也是本书分析的基础样本。该谱墓图卷为第十六卷,除开首的两幅"宗祠图"、结尾的"给谱字号""新谱后跋"等简单说明外,其余全部是各式"墓图",总计85幅。每幅图画下均配有相关文字说明,内容涵盖从晚唐徽州婺源的先祖到两宋之交的泾县始迁祖,再历南宋、元代一直到泾县明清各甲各派各分支先人的墓地。

这些"墓图"除"墓图总引"外,按照时间顺序可划分为三部分。第一部分是张香朱氏始迁祖之前的婺源祖先坟山的情况。第二部分为始迁祖到分甲分派祖之间的坟山墓图,自"泾川始祖纬公爱敬山图"以下至"九世祖宗原公暨祖荫公应宗公墓图""横山禄生公墓图",共8幅。第三部分是分甲后各派坟山墓图,其中二甲自二甲祖达真公墓图以下共10幅、三甲"合溪本椿公登贤公墓图"以下共1幅、五甲自"通真公墓图"以下共13幅、六甲自"六甲祖能宗公墓图"以下共15幅、七甲自"七甲本锐公明决公墓图"以下共8幅、九甲自"九甲桂二公四奴公槐公松公诸墓图"以下共22幅、花林都朱氏墓图以下共7幅。

在之前的明嘉靖谱中,墓图规制只是初现端倪,拿朱珲后来的评判说是,"嘉靖谱图甚疏"①。因为嘉靖谱中仅在第七卷"文翰杂录"中零星夹杂了三幅墓图:一幅是始迁祖纬公墓图、一幅是二世祖旦公墓图、一幅是二甲始祖达真公墓图,而且在前两幅图中没有文字说明。②

从嘉靖谱中稀疏的信息模糊的墓图,到乾隆三十年谱,建立起令人眼花缭乱的被"形家"赋予了千奇百怪造型的墓图体系。墓图的构建经历了

---

① 清道光五年《张香都朱氏支谱》卷29《墓图记》,上海图书馆藏本,第1页。
② 明嘉靖十九年《泾川朱氏宗谱》卷7《文翰杂录·朱纬、朱旦墓图》,南京图书馆藏本。

怎样的历史过程？那种仅仅将之设想为不同的修谱人对墓图体例的重视程度不同或者将之引申为一种明清家谱谱例具有不同的时代特点，可能有失之简单的危险。

综合考虑下来，首先要指出，墓图和世系的构建过程有着相似性，需要以修谱人能比较确切追溯到的最远年代为界限，划分为不同的情形，在此之前的历史条件下产生的墓图的构建方式与之后墓图的构建方式是不一样的。

就乾隆三十年谱而言，第一部分是迁泾之前在徽州婺源的墓图，"婺源一世至五世祖"仅有一篇"墓记"，没有具体的墓图，此外附有一幅墓图"婺源四世祖妣程夫人官坑岭图"，从相关说明中可以知悉，单列这幅墓图据说是朱熹的发达源于该地灵秀的地气。该部分内容过于简单，且主要抄自徽州谱牒和《阙里志》，此处忽略不加分析。我们主要分析第二部分和第三部分。第二部分墓图所绘制的对象是从泾县始迁祖朱纬开始到九世祖宗原，为各甲各派的早期的共同祖先的墓地。第三部分墓图绘制的对象是分甲分派后的先人墓地。

前章已经做过分析，张香朱氏在明代天顺年间第一次修谱时，是由宗原公以下的第四世和第五世后裔主持的。在这之后，因为有了明代嘉靖年间和清代乾隆年间家谱的接续和逐渐规范的对族人生死嫁娶等信息的族内登记，宗原公以下的世系和墓地的信息相对是可靠的，墓图的绘制也就比较简单，一般情况下，根据实体坟墓所在的位置和地形进行绘制即可。但是宗原公之上的远祖墓图的建构过程就比较复杂了，接下来让我们重点分析这部分内容。

二、远祖墓图的构建过程

从理论上讲，墓图和世系是相伴相生的，有早期祖先的世系就应该存在早期祖先的墓地。但是我们从嘉靖谱到乾隆三十年谱的变化中，已经观察到墓图的构建相对于祖先世系的构建有滞后性，其中的原因并不复杂。

早期祖先世系的构建只需要提供一个名字，而墓图的构建一般却要求一个可以看得见、摸得着的实体坟墓的存在。就此而言，早期祖先墓图的构建比早期祖先世系的构建要艰难得多,但是可以想见,对于力图"寻根问祖"的宗族建设来说构建完整的祖先墓图意义重大,其结果可能就是勉力为之,自然容易遗留下比较清晰的人为建构的痕迹。

对此,我们首先以张香朱氏始迁祖纬公墓图的形成过程为样本进行分析。

（一）始迁祖纬公墓图案例

作为泾川张香朱氏的始迁祖,朱纬墓图被置于乾隆三十年谱"墓图卷"第二部分上的开首位置,墓图后页的文字说明对墓地的基本情况作了介绍:

> 始祖纬公同程氏三娘合葬爱敬山。旧有爱敬道院,以奉香灯,今之宣阳观祖师从此徙也。丈册辰字壹佰陆拾伍号,土名爱敬山,业主九甲朱纬公,东山脚,西山顶,南墙,北贺山。该山肆亩计九佰陆拾步,取形扳鞍穴,坐西朝东。另有清墓记。①

这段墓图说明对墓地所属地段的官府账册号、业主名字、四至范围、坟山面积、形状和朝向等一一清晰列出。

不过,以上已经提到过,泾县朱氏始迁祖纬公墓图并非在乾隆三十年谱中首次出现,早在明代嘉靖谱中已经出现,但是其上图画抽象,且没有文字说明,显然光凭此图,该墓地的确切位置是无法确定的。

对比嘉靖谱和乾隆三十年谱中两幅关于始迁祖的墓图,显然这不是一个简单的复制过程,而是发生了从信息的稀少、模糊到丰富、清晰的变化。为什么随着时间的推移,同一历史事件反而出现信息的增量? 为此,我们需要进一步努力复原一下始迁祖墓图的形成过程。

查看乾隆三十年谱《文翰杂著》中的《爱敬道院清墓记》②,这是一个关于泾县始迁祖朱纬墓"失而复得"的故事,可以为我们初步释惑:

---

① 清乾隆三十年《泾川朱氏宗谱》卷16《墓图·泾川始祖纬公爱敬山图》,上海图书馆藏本,第13页。

② 参见清乾隆三十年《泾川朱氏宗谱》卷15《文翰杂著·爱敬道院清墓记》,上海图书馆藏本,第27~28页。

爱敬道院,泾川朱氏始祖纬公墓也。前明嘉隆时,六甲本书公为十七代孙世居小溪,年十八,读书报恩寺。一日,从叔父遵公行至道院山后,遵公举手蹙额有愁叹声,问其所由。叔父拊耳而语曰:"我族始祖之墓在此山,前因元代以来失冢,遂为贺姓占据,人皆知之,此我之所痛恨也。"书公应声曰:"盖复墓乎?"遵公曰:"贺族正盛,寡不敌众,弱不敌强,古人有言,汝岂未之闻耶?"书公曰:"天下事论理不论势,独不思木有本、水有源,忍令吾祖竟为他姓所没乎?"遂矢之曰:"予不复此墓,不行此路。"言毕,即回身枉道傍大山下窄径归。是夜,即谒诸伯叔白其志。佥曰:"汝年尚幼,恐不能任大事。"书公曰:"能,明日便遍传通族,申明复墓。"时无宗祠,于任村殿集议族众,同词止之,亦曰:"汝年尚幼,恐不能任大事。"书公厉声而起曰:"始祖之墓复不复虽不敢必,予心有不忍也。如公等以为难事属可已,焉用子孙为?"众闻其言皆失色,无词以对。于是赞成者有人,乐输者有人,同心踊跃,决计与贺姓争之,遂成大讼。书公身负木柱鸣于有司,历控上宪,曾经七载勘验,数次不得决。及至万历辛巳年,谋之同事者曰:"此非冒死具结,愿甘坐罪,恐于事终无济。"乃与家人诀,挺身就死。时有八甲人曰:"若君死则事仍无济矣,我愿赴汤火以往。"果死于刑杖,上宪怜之,乃委三县知县会勘。掘地得冢,立将贺姓盗葬棺骸骨尽为抛废,依律治罪,案始结,而贺族亦自此衰微矣。先是书公尽心竭力,不避艰难,每以饭团饲贺犬,深入不测以察其情实。是夜,闻贺人语曰:"屡勘无据,得我以朱碑置某塘底耳。"听此得实,乃能清复。此固先灵默佑,亦岂非纯孝所感哉。书公,字正吾,生嘉靖丁巳,卒崇祯庚辰,历年八十有四。初娶陈氏柏芳,生子仕侃,合葬白杨岭眠犬形。续娶倪氏、左氏,另葬长枫铺。清墓之事,族众感其贤孝,久已配享宗祠。今因修谱,其后裔具始末以告予曰:"即此事可以想见其为人矣。"爱记之,以愧夫凡为人后而忘其本者。

二甲裔孙润顿首拜书

这则关于始迁祖墓地来历的故事,是乾隆三十年谱修谱总纂朱润根据六甲本书公后裔的讲述重新追记的。故事先是发生在明嘉隆年间,六甲朱本书听叔父讲述朱氏始迁祖的坟墓自元代以来失冢,被贺姓占据,于是立志复墓,本书"身负木柱鸣于有司,屡控上宪,曾经七载勘验,数次不得决",一直到了万历辛巳(1581 年)本书决定"冒死具结",后八甲有族人情愿代为挺身就死。这一行动惊动上司,导致"三县知县会勘",掘地找到坟塚。尽管故事后面的补充叙述说,墓碑并非坟地现场发现的,而是一个水塘里找到的。但是通过这场官司,朱氏从贺姓手中夺得爱敬山墓地,始迁祖墓地得以重建。

据这则《清墓记》,自元代以来始迁祖坟墓就"失冢"了,在万历年间才通过一场付出生命代价的官司得以重建。按照《清墓记》提供的时间线索,那么嘉靖谱始迁祖墓图产生的年代要早于"清墓"事件发生的万历年间,也就是说在相当长的时期内,这幅墓图下根本没有实际存在的坟墓与之相对应。这就与嘉靖谱之上始迁祖墓图信息稀少和模糊的现象呼应起来。

其实,我们通过前章的世系研究,已经得知早期世系中包含有很大的虚构成分,始迁祖朱纬其人是否真实尚且谜团重重,其坟墓是否真实存在更是可疑。由此,嘉靖谱上的始迁祖墓图更多是作为一种精神象征而存在,是自天顺谱以来形成的关于宗族历史起源的话语体系的图像投射。

如福柯所说:"话语都有实践性"①,这幅刊载在嘉靖谱之上的始迁祖"墓图",将宗族的历史话语解释预设在宗族的神圣文献上,并且在流传过程中进一步扩大影响力和可信度,进而对族人的宗族建设实践产生影响。具体而言,起到了激发族人寻找祖先坟墓的行动。万历年间的朱氏与贺氏争夺爱敬山始迁祖墓的血腥一幕就可以视为从宗族历史的话语叙述进而到指导实践的一个结果,而乾隆三十年谱上的墓图则是这样一个复杂的历史进程的最终反映。

以上分析,揭示了乾隆三十年谱中始迁祖墓图的建构过程:关于宗族起源的话语叙述——嘉靖谱上刊载始迁祖的模糊墓图——万历年间坟墓"失而复得"——乾隆三十年谱中的清晰墓图。这比我们想象中按照常规逻辑所设想的"祖先墓地——家谱墓图"的过程复杂生动得多。

---

① [法]米歇尔·福柯:《知识考古学》,谢强、马月译,生活·读书·新知三联书店,2007 年,第 150 页。

但是族人构建墓图的创造力和想象力显然不止这些,下面再看关于
"三世祖朱兴、四世祖朱祺"墓图的案例。

(二)朱兴、朱祺墓图案例

张香朱氏迁泾后的三世祖朱兴、四世祖朱祺,嘉靖谱中没有他们的墓
图,到了乾隆三十年谱中才出现。墓图下有一篇《赐进士邑令浮梁陈大绶
亲勘碑记》①,对于朱兴、朱祺墓地的由来做了详细的说明:

朱公兴、朱公祺父子相继登宋进士,谱载俱葬土墩头,一酉山卯
向,一坐西朝东。于今几五百年,子孙析为七户,不下数千丁,又无不
环此地而居者。而祭绝墓失,影响传疑。嗟哉!公何贵于子孙之殷且
近也。去冬,众按谱继声,以二公墓当在朱麟鹏基后墙处之左角,而麟
鹏以为出本户朱镅举等之仇,私鼓族人之妄认,两相嚷嚷,几构大讼。
嗟哉!公又何安于子孙之疑且争也。众子孙既萃精神于斯,即令建碑
石于斯,而愿二公之且凭依于斯。碑高三尺、广一尺、七寸竖,去麟鹏
墙脚一丈三尺,本县亲勘亲定。和尔子孙,以绥尔先灵。此地古冢累
累,尚多一抔之土,不许轻动。若麟鹏必视为己地、九甲之业,惟九甲
四家明祀而二公之墓终古无据,为此说以犯众怒,非公之心;其七户
内,或有逞臆借义扩邱墓、开拜堂、侵墙脚以病居者,而生兴端,非公之
心;非公之心而为之者均不孝也。

命新丰都约正洪载书丹

朱泰镌石

碑记所记的关于寻找朱兴和朱祺坟墓的过程,虽然没有像前则关于始
迁祖墓地的故事那样悲壮,但是似乎更加耐人寻味。旧谱②记载朱兴朱祺
父子葬在土墩头,万历己亥年(1599 年)族人按照家谱的记载重新寻找这
一五百年前的坟墓,最后认定应该在朱麟鹏屋基后墙处之左角。然而朱麟

① 参见清乾隆三十年《泾川朱氏宗谱》卷16《墓图·赐进士邑令浮梁陈大绶亲勘碑记》,上海图书馆藏本,第15~16页。
② 碑记中所指的旧谱,并没有清楚说明是天顺谱还是嘉靖谱,但是嘉靖谱已显示二人葬土墩头。

鹏以为是本户朱鏞举等人出于仇怨,鼓动族人冒认。双方针锋相对,僵持不下,最后酿成"大讼"。泾县知县陈大绥亲自出面勘定墓地,意味深长的是,他最后的裁决是:既然众子孙"萃精神于斯","即令建碑石于斯",而且希望二公的灵魂就到这里栖身。由此,寻墓的发起人按照家谱的指示,以宗族的集体意愿,并引入官方的权威,建造了一座特殊的"精神的坟墓"。

朱兴、朱祺墓图的案例为我们揭示了另外一个墓图建构的过程:宗族起源历史的话语叙述(旧谱记载)——万历年间确立精神坟墓——乾隆三十年谱墓图。这一案例和上述始迁祖案例,都反映了从话语叙述到实践的建构过程,不过本案例的特别之处在于,虽然经过万历年间的努力寻找,但是很明显,寻找的结果不甚理想,以至于乾隆三十年的三世祖、四世祖墓图下所对应的并非实体的坟墓,而是一座十分勉强的以知县名义认定的"精神的坟墓"。

以上两则关于始迁祖和三世祖、四世祖墓图的案例清晰说明:早期家谱之上的远祖墓图或者相关记载常常出现在"实体墓地"前面,因为其首先来源于预设性的宗族历史话语体系,它们的客观真实性因而大打折扣。后来的实践也证明,按照家谱的记载去回溯性寻找,往往会引发既有地方利益格局的再调整,导致激烈的冲突,结果却是充满风险的。

从材料上看,在嘉靖谱之后,主要在万历年间,朱氏族人把重建远隔两个朝代、长达数百年的迁泾早期宋代祖先墓地的行动推向了一个高潮。始迁祖坟墓费尽周折,有幸获得"掘地得冢"的结果,使得在嘉靖谱中尚"虚位以待"的墓图,在乾隆三十年谱中得以坐实。而三世祖、四世祖的坟墓就有点滑稽了,没有找到实体的坟冢,只好由官府出面按照宗族集体意愿建立起一座似是而非的"精神的坟墓"。

此外,乾隆三十年谱上第二部分其他的祖先墓图体系中还出现"失之不详"的情况。例如,"二世祖旦公墓图"下,称所在墓地的"四至不详";"五世祖桂一公墓图"下称,桂一公兄弟五人,"止知合葬本里而未详某山某地者桂三公也";而"九世祖宗原公暨祖荫公应宗公墓","三墓连近,一墓缺碑,谁为祖荫,后者子孙保之实均有责焉,披此图者可徒从纸上观乎？"①

这些"失之不详"的情况，真实而又无奈地展示构建连续性话语体系的"瑕疵"。而始迁祖和三世祖、四世祖的坟墓经过了万历年间的寻墓活动，得以"做实"，使得张香都朱氏墓图系列中可能出现的特别明显的"断裂"得以弥补。于是，在乾隆三十年谱中终于建构起了从始迁祖到九世祖、在形式看队伍比较整齐的早期祖先墓图系列，进而把宗族建设的进程推进了一大步。

分析至此，可以看出，家谱之上的远祖墓图与实体坟墓之间的关系比较复杂，并非像近祖墓图的构建一样是简单的"一一对应的真实存在的关系"，一种"从实体坟墓到家谱墓图的单向的客观承接过程"，而是呈现一种"非对称的带有虚拟性质的关系"，包含一个"双向互动的人为主观接续的历史过程"。

三、远祖墓图背后的话语诉求

族人们为什么要孜孜以求地致力于构建一个拥有完整祖先传承系列的墓图体系，或者说他们为何致力于与墓图体系的构建相伴随的对祖先坟墓的建设？

（一）建设完整的远祖坟山墓图体系或曰实体的祖先坟墓是宗族建设的需要

宋以来许多理学思想家所宣扬的宗族建设理论中，"水有源，木有本"式的祖先崇拜必然要求后来的宗族重建远祖坟墓，可以说，定期的祖先墓祭是宗族制度的重要组成部分，而且有远祖世系就应该有远祖坟墓相配合，两者相互证明，才能构成一个完整的宗族起源的历史系列。

实际上，张香朱氏所崇奉的祖先朱熹本人，就曾经为重建祖先墓地做出过表率。乾隆三十年谱墓图的开篇《婺源五世祖墓记》讲述了从在徽州婺源的一世祖茶院公到五世祖振公的祖墓源流，其中就请朱熹现身说法：

---

① 清乾隆三十年《泾川朱氏宗谱》卷16《二世祖旦公墓图、五世祖桂一公墓图、九世祖宗原公暨祖荫公应宗公墓图》，上海图书馆藏本，第14、17、21页。

一世祖茶院公暨夫人杜氏四娘合葬连同，在婺源县东三里三都万安乡千秋里即松岩里，文公于淳熙四年还故里，访得连同兆域所在，率族人言于有司而复得之，此载世谱序。……按文公世谱序云，方夫人二世祖妣、十五公三世祖、冯夫人三世祖妣，三墓皆已失之，当时询问仅得连同墓而所称之墓及谱载又俱有其他，殆后子孙力复之也，语见朱氏世系中。①

由此可知，朱熹曾经在南宋淳熙四年亲往婺源故里寻找祖先墓地，对于一时没有找到的坟墓，还要求子孙再接再厉。理学大师朱熹如此亲历亲为，能不对张香朱氏产生效力吗？

（二）我们特别不能忽视，在宗族建设理论之下的宗族与宗族之间、宗族内部围绕祖先坟墓的有形和无形的利益之争

坟山四周就是土地、祀田、山林、湖泽之利，还有那看不见的但是想象中可以主导宗族盛衰的“风水”之利。

始迁祖《清墓记》就是一部朱氏和贺氏两个宗族对地方资源的主导权的残酷竞争，结果朱氏“掘地得冢”，实现了从劣势向优势的转变，而贺氏“盗葬棺骸骨尽为抛废”，势力从此由胜转衰。再看，在重建三世祖、四世祖墓过程中，朱鏘举率领族人寻墓，结果却寻到朱麟鹏家的屋基下，朱麟鹏虽然极力反对坟墓建在自己的住屋旁边，并控诉朱鏘举等人因为私人恩怨假借寻找祖先墓地名义报复。但是这一个人利益的申诉此时显得柔弱无力，被强大的集聚在历史话语传统旗帜下的集体意志成功压制了。

正是逐渐普及民间的宗族建设理论与对地方利益与权力的明争暗斗紧密结合在一起，形成了强大的宗族话语的合力，以至于不惜扭曲墓图和实体墓地的逻辑过程，打破墓图和实体墓地的对应关系，构建起了一个看似连续性的，却暗含断裂和瑕疵的远祖墓图体系。

① 清乾隆三十年《泾川朱氏宗谱》卷16《墓图·婺源五世祖墓记》，上海图书馆藏本，第10页。

第二节　近祖墓图的甄选原则：权力话语的闪烁

从世系结构上考虑，远祖一般是单线的，因此祖先墓图按照世系的承接顺序录入即可，不必考虑甄选原则。但是随着世系繁衍，支分派别，到了近世，祖先坟茔数量大大增多，而家谱的容量有限，必然存在一个甄选的问题，也就是什么样的祖先墓地有机会被绘图录上家谱？

下面拟对乾隆三十年谱墓图卷中第三部分"分甲分派"后的二甲墓图系列的甄选原则作一分析。

二甲名下共有十幅墓图，它们是："张香二甲祖达真公墓""二甲瓒初公郑孺人墓""二甲琇初公墓""二甲子阆公同配赵孺人墓""二甲本钿公墓""二甲三房祖本钟公墓""二甲贤登公桃李降墓""贤登公配洪孺人墓""二甲明琼公戴孺人合墓""二甲大动公墓"。

在世系表上那么多故去的祖先，为什么仅有以上十幅墓图十三位（含孺人）墓主有幸刊载进家谱呢？要明白其中的编排原则，首先要将他们还原到世系图上。除了朱贤登和其夫人洪孺人在世系表上没有对应上外，其余八位墓图的墓主人的世系关系如图5.1：

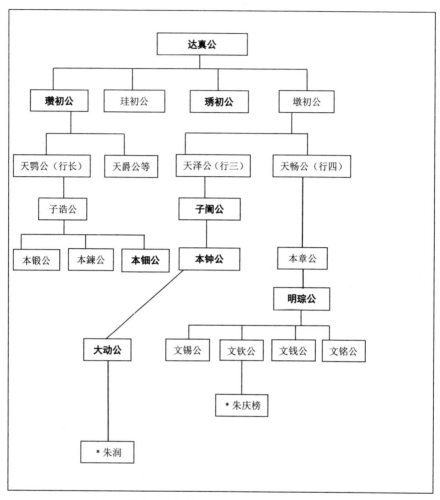

图5.1 乾隆三十年谱张香二甲朱氏墓图墓主世系图①

　　结合图5.1看,达真公位于世系图的最顶端,被二甲族人奉为共同的"分甲祖",所以达真公墓图入选,并放在首位,属情理之中。

　　达真公以下是重要的分派时期,他的四个儿子分领四支,即瓒初公支、珪初公支、琇初公支和墩初公支,但是仅仅长子瓒初公和三子琇初公的墓图进入家谱。对比四支的繁衍情况:瓒初公支第二十六世有后传的为61

----

　　① 通过还原乾隆三十年谱墓图主人在世系中的位置制作;黑体者表示墓主,加＊者表示修谱人。

人,其下一直繁衍至三十世,人数更加繁多;琇初公支第二十六世有后传的为 18 人,其下一直繁衍至三十世,人数也不少。而珪初公支第二十六世有后传者仅为 2 人,第二十七世为 3 人,第二十八世为 6 人,第二十九世为 2 人;墩初公支到第二十六世有后传者为 9 人,繁衍至第二十七世为 17 人。由此可以明显发现,瓒初公支和琇初公支子孙兴旺的程度远远超过珪初公支和墩初公两支,是达真公以下的强宗大支。

瓒初公支下的第二十二世又分为三房,长房本锻是明嘉靖举人,作过县令;次房本錬公家谱记载也是"身列宫墙,子孙书香相继",但是在乾隆三十年谱墓图卷上,选择的却是"本钿公"。就此,墓图上的相关说明解释:

> 按公兄弟五房锻、錬、錭、镕、钿,今其谱者,惟锻公、錬公、钿公三派。锻公登科榜作县令,錬公身列宫墙,子孙书香相继,人以为得汤西山地灵所致,但今之子孙众多财产冠族者惟钿公后裔最盛,人才富贵兼得者难矣。若饶山此墓似秀不及锻、錬两公,而钿公上三代俱其汤西山,又安知灵秀不兼钟于钿公后乎,古今人事岂有定局哉。[1]

查世系表,在明嘉靖年间,长房、次房虽然显赫,但是传至清代乾隆年间衰落了。其中,长房到第二十六世有后传者,就剩下朱武时 1 人,第二十七世为 2 人,第二十八世为 4 人,第二十九世 3 人。次房到第二十六世有后传者为 3 人,第二十七世为 6 人,第二十八世为 5 人。而本钿公房支后裔繁盛,到二十六世有后传者达 22 人之多,一直繁衍到三十世,人数更多。因此,确实如其所说,"今之子孙众多财产冠族者惟钿公后裔最盛",让人萌生"古今人事岂有定局"的感慨。

以上两则案例,对祖先墓地的选择,都偏好于人丁兴旺的房支,说明了强支大房在家谱编纂中有更大的发言权。

再看琇初公支下入选的四幅墓图,其中"子闾公""本钟公""大动公"一脉相承,都是乾隆三十年谱的总纂、邑廪生朱润的"直系祖先";而"明琮

---

① 清乾隆三十年《泾川朱氏宗谱》卷 16《墓图·二甲本钿公墓图》,上海图书馆藏本,第 27 页。

公"是家谱分修之一、邑庠生朱庆榜的直系祖先。显然,以上墓图的入选离不开朱润和朱庆榜利用修谱之便作出的暗含深意的精心安排。

朱润从曾祖父大动公起离开泾县张香都,外迁往府城宣城,去世后埋葬在宣城的养贤圩,因此大动公是朱润一支的迁宣始祖。大动公之上的本钟公墓地、子阎公墓地,都是在泾县的老祖坟,其中子阎公墓地"万历十四买郑姓墓右二坎,安葬至今,今郑存标祭,冢上有碑,冢傍有地收租"①。朱润可能考虑到子孙后代远离家乡,与祖坟所在地疏远,对祖坟财产收益情况不明确,所以利用总纂家谱的机会告知后代子孙,充分体现了自身的利益关切。

家谱的分修人朱庆榜,不仅是二甲世系的统筹人,还是整个墓图卷绘制校勘的负责人,他的自身关切充分体现在了对"明琮公墓图"的选择上。"明琮公墓图"的文字说明指出:"墓前拜堂永禁做造添葬,磡下殡基两排,共十六棺,四房分执,但许琮公后裔义便,毋得射利卖与外人,其余买收田地俱存作公产,又有社屋冲祀田壹亩六分,轮年收管,永为祭扫之资。"②由此可见,该墓图下的相关说明,实际上是明琮公下的四房就墓地和祀田的所有权、使用权和收益权如何分配所达成的契约。四房中的二房文钦公是朱庆榜的曾祖父,对于这一关涉宗族利益的重大安排,朱庆榜将之刊载进家谱,无疑使契约借助家谱获得了更大的权威性和更为久远的生命力。

综上所述,如果我们要追问刊载进家谱的祖先墓图所遵循的甄选原则的话,会发现背后多半是人丁兴旺的强支大派的意愿和修谱人方便操控的特殊利益的反映。而且,墓图上的文字说明的现时感很强,是修谱当下宗族支派发展现状的反映,以至于"今之子孙众多财产冠族"的本钿公后裔可以沾沾自喜,对曾经显赫而今衰落的举人后裔发出"古今人事岂有定局"式的嘲讽。

无论是远祖墓图的建构过程,还是近祖墓图的甄选原则,在前两节论述中,我们已能初步感受到,家谱之上有很多坟山墓图反映了宗族和地方社会中重要利益关系的历史和现状以及对未来的安排,代表了编纂者的特

---

① 清乾隆三十年《泾川朱氏宗谱》卷 16《二甲子阎公同配赵孺人墓》,上海图书馆藏本,第 26 页。

② 同上,第 31 页。

殊的话语诉求。他们将这些诉求植入家谱,在民间多发的坟山官司中,很重要的目的是用于"弭争侵"。由此,墓图被附加了超过服务于宗族墓祭活动的特殊功能——充当法律证据文本的功能。反过来,正是因为家谱在明清特殊的司法环境下在一定程度上能充当这样的功能,又进一步吸引了编纂者借助家谱来表达话语诉求。

第三节 被赋予法律证据功能的墓图

一、"弭争侵"——被赋予法律证据功用的家谱墓图

墓图在家谱中承担的功能和意义何在?对此,清进士、担任过国史馆总纂的朱琦在道光五年谱中有过考证和分析。他说:

> 墓之有图,古志也,肇周官冢人墓大夫之职。郑注谓,画其地形及邱垄所处而藏之。藏之者将以区兆域、弭争侵,俾世世数典勿忘,意至深且远。后代既罢此官,官弗籍,则在私家为永守记,道莫若著之于谱。①

据朱琦考证,绘制墓图的历史由来已久,肇始自周代官职冢人墓大夫一职,原本由这些专职的官员来收藏。随着后世这些专门收藏墓图的官职消失,"私家"转而将墓图放入家谱里,并且认为"道莫著于谱"——这是"永守"祖先坟墓不失的最好办法。

由此,墓图的基本功用有"区兆域":用来记录墓地的界址和范围;"弭争侵":通过文献记录防止在后世流传过程中由于人事更迭可能产生的纠纷和被侵占的行为;总的意义就是希望借此能永久性地保护祖先坟墓,"俾世世数典勿忘",使子孙后代莫忘祖先。

家谱里的墓图之所以能更好地承担起"弭争侵""永守祖墓"的功能,

---

① 清道光五年《张香都朱氏支谱》卷29《墓图记》,上海图书馆藏本,第1页。

所谓"道莫若著于谱",与家谱这一特殊的载体有关。就此,七甲支谱中有一段简洁的回答:"谱牒之修,盖以水源木本,垂示后人,俾不忘也。祖宗虽远,窀穸犹存,倘不誌其地势、绘其茔形,则垂示之道未尽。每见节逢春露祭扫纷然,父率子、兄导弟,每至一墓必指而示曰:'此某祖也。'易一处又必指示曰:'此某祖也。'欲使后人勿忘之深意云尔。唯是登山瞻拜之时少,阅谱披图之日多,土名山向展卷瞭然,近祖远宗如在其上,庶几子子孙孙登坵垄而松楸界址,皎若列眉,非惟示以不忘,且可以杜毗联之侵占。"①这段引文指出,登山瞻拜祖先墓地的时日毕竟少,一般仅仅限于"春露祭扫"的特定时节,比较起来,在家中可以经常阅读家谱、披览墓图,坟山的土名山向借此可以一目了然,近祖远宗犹如陈列其上。这样,后代的子子孙孙"登坵垄而松楸界址","皎若列眉",不仅仅可以表示不忘祖先,而且能杜绝"毗联之侵占"。

从以上论述中,我们可以感知到,修谱者赋予墓图的功能,不仅要求族人按图索骥得以"敬宗祭祖",更重要的目的是借助家谱留下白纸黑字的记载,防止"失冢",被人侵占。家谱由此被赋予一种突出的充当法律证据的功能。

正是据于上述被赋予的功能,许多墓图呈现给世人的面目是,修谱者关于先人墓地的四至范围、所有权的归属、使用权的安排以及神圣不可侵犯所作出的"义正词严"的声明,在有争议的坟山墓图下还包含有关于纠纷过程的陈述、所达成的和解协议或官府对案件的判词。前两节中,笔者已经介绍过朱纬、朱兴、朱祺坟墓下列出官府判案用以证明张香朱氏对其的合法拥有权,近祖坟墓中"二甲明琼公墓图"下将四房就墓图的产权安排达成契约刊载进家谱,以便防患于未然。接下来再补充乾隆三十年谱墓图卷中其他三则材料:

> 山脉厚重,相形审势扦三冢……雍正壬子岁,修理坟墓,将山内所殡骸骨,行附葬,设立禁约,约嗣后不许在山殡棺,有悖议者作不孝论,

---

① 清道光六年《张香都朱氏七甲支谱》卷6《墓图引》,上海图书馆藏本,第1页。

凡我子孙各互凛遵。①

　　　　　　　　——五甲竹坞阳阴二基墓图

　　雍正间遭族八甲于穴前偷葬，兴讼九载，控至督抚，费有巨万，皆裔孙文开鼎力，祖宗丘墓，子孙保之均有责焉，仇怨顾可□于后人哉。②
　　　　　　　　——五甲天弼公配洪氏翠孺人墓图

　　查本山东至地塌，西至凸贺地，南至山背活石，北至贺屋，坐南朝北，坟坎下余地九尺，旧有议合禁约，永不许贺姓侵占做造。③
　　　　　　　　——五甲通真公墓图

　　"五甲竹坞墓图"，规定山上除三冢祖墓外，今后不许族内子孙再在山内添葬。"五甲天弼公配洪氏翠孺人墓"下，朱氏五甲指责雍正间遭到朱氏八甲在"穴前偷葬"，双方为此打了9年的官司。查道光五年谱中也有记载，这场官司八甲与"五甲族人构讼九年，控到督抚，赖册号确据官为断结"④。就此可以判断，五甲和八甲的官司，最后八甲胜诉，五甲败诉，所以五甲在乾隆三十年谱中说："祖宗丘墓，子孙保之均有责焉"，希望后人莫忘"仇怨"。最后一则是，五甲朱氏针对外姓贺姓的，这块墓地与"贺地"和"贺屋"交界，声明坟坎下余地九尺，"旧有议合禁约，永不许贺姓侵占做造"。

　　以上材料中的墓图说明都含有禁约性质的声明，声明所针对的对象是有差别的，第一则材料主要针对的对象是朱氏五甲支中竹坞村派内子孙；第二则材料是关于朱氏五甲和八甲之间的纠纷；第三则材料是朱氏对先人墓地作出的针对外姓贺氏的排除性规定。

　　墓图上的这些声明性规定，既是朱氏内部、朱氏和外姓间过往的关于

　　①　清乾隆三十年《泾川朱氏宗谱》卷16《墓图·五甲竹坞阳阴二基墓图》，上海图书馆藏本，第36页。
　　②　清乾隆三十年《泾川朱氏宗谱》卷16《墓图·五甲天弼公配洪氏翠孺人墓图》，上海图书馆藏本，第37页。
　　③　清乾隆三十年《泾川朱氏宗谱》卷16《墓图·五甲通真公墓图》，上海图书馆藏本，第33页。
　　④　清道光五年《张香都朱氏支谱》卷29《墓图·虎头山祖墓图》，上海图书馆藏本，第11页。

墓地纠纷达成的安排,是既有秩序的反映和强化,也包含着墓图提供者对有疑义的未实现的权益的持续声张,甚至勉励后人加以实现。这些墓图中关于先人坟墓的相关声明和现实生活中的坟山纠纷交织在一起,互为支援,并且随着时间的推移,地方资源的调整和流动,在某种契机中,可能死灰复燃。家谱作为一种承载证据的文本,深深卷入清代地方社会中大量坟山墓地的法律纠纷中。

那么为什么明清泾县基层社会中坟山纠纷频发呢? 以上我们已分析了远年墓地特殊的"回溯性"的构建方式,所引发的地方资源和利益再调整的情形。接下来我们把目光转向道光五年谱,进士朱琦在该谱的墓图卷中记录了一则距修谱不过十几年的关于近代先人坟茔纠纷的典型案例——茅里坑坟茔之争,详细展现了坟山纠纷发生的内在机理。

二、坟山纠纷频发的内在机理——以茅里坑坟茔之争为例

从地图上看,朱氏所在的张香都位于泾县的东乡,而茂林都位于泾县的西乡,两都路途遥远,且中间间隔一条青弋江,交通极为不便。然而在嘉庆年间,朱琦的伯祖父朱庆霞(字炳章)的坟墓选择建在了远离本乡的茂林都蓝山脚下的茅里坑。

朱琦对该地记曰:"蓝山我邑最胜处,已亥夏游迹所经,见峰势挺秀,下滨河,河外旷望无际,询之前,盖章氏村,伯祖炳章公裔新卜壤在焉。"①这块墓地,除埋葬朱庆霞外还有他的两个儿子朱泽先和朱瑞徵,也就是朱琦的两个堂伯。

查世系表,朱庆霞生于康熙丙寅年(1686 年),卒于乾隆癸卯年(1783年);其长子泽先卒于乾隆丙午年(1786 年),次子瑞徵卒于乾隆乙巳(1785年)。距离朱庆霞去世近四十年,到嘉庆壬申年(1812 年),其曾孙朱荣才选定蓝山脚下的茅里坑墓地,然而随即与居住附近的章氏发生了一场规模不小的冲突:

---

① 清道光五年《张香都朱氏支谱》卷 29《墓图·茅里坑祖茔碑记》,上海图书馆藏本,第 22 页。

　　先是嘉庆壬申,泽先公第六孙荣探寻及此。购自思齐都倪姓,倪受于章只一家,余胥若风马牛。券既明而他章强拦入,自相讦讼,词连公裔。赖其长,力作调人,议始定。丙子冬,届窀岁期,奋揭甫兴,忽洶洶声震,陵谷数十人持械异槥,直闯工所,群目眈闪,戟手欲斗状。仓皇间急避其锋,鸣诸漆林宗祠。漆林者即桼林渡,见李白诗,章族居,故亦称章家渡。祠内解纷,久之知情屈,仍异槥去。无何告藏,而别又夜异槥,潜堵墓门,肫谕之不从,爰愬邑宰。待讯,有敦劝者,导以悔而罢。然后漆林宗祠代申禁,杜侵犯,阅十载帖然无事。是役也,黠者觑伤,悍者蜂拥,彼此层出,公裔诸昆季惴惴心恐,而荣肩厥任,寝不安枕至累月。初从兄翔亭公疾革,谆谆嘱葬祖勿缓,又茔公偏历幽邃,迄乏成效,兹虽幸成,而力亦愈矣。荣弟份请记巅末。余谓世风日降,愈漓愈幻。物已售即我无与,而必溯源而再溯三溯之。葬尤甚,远支近邻视耽欲逐,撞搪哃喝,丝绪棼乱,轻性命如鸿毛,无他为利耳。而主葬者阴贪恋,身当要冲或酿巨狱,骑虎不能下,大抵起于求福。顾福犹属虚美之薰心,而祸先致,近灾之剥肤,抑何惑也。①

　　这场纠纷的过程是茅里坑附近的部分章姓族人阻止朱氏在此建筑坟茔,双方为此争锋相对,屡次交手。先是在墓地买卖交易的过程中,朱氏虽然从思齐都的倪姓手中购买了一块地用来建造坟墓,但是倪姓所卖地中有一部分最早是章姓卖出的,于是一些章姓族人借此干涉朱姓在此建墓,所以有了"倪受于章只一家,余胥若风马牛。券既明而他章强拦入,自相讦讼,词连公裔,赖其长,力作调人,议始定",这是第一波。第二波在嘉庆丙子年(1816年)冬,朱氏在此开挖墓穴,章氏突然抬着棺材、携带武器闯入施工现场,险些酿成血案,到了夜里又把棺材堵在墓门,阻止朱氏继续开工。最后一波,朱氏告到官府,在章氏宗祠的调解下,"代为申禁",才平息了冲突。

　　对于纠纷的深层次起因,朱琦有重要的分析。他一方面谴责干扰方为了利益敲诈:"物已售即我无与,而必溯源而再溯三溯之。葬尤甚,远支近

───────────────

① 清道光五年《张香都朱氏支谱》卷29《墓图·茅里坑祖茔碑记》,上海图书馆藏本,第23页。

邻,视耽欲逐,撞搪訇喝,丝绪棼乱,轻性命如鸿毛,无他为利耳。"另一方面
也要求主葬者反思:"主葬者阴贪恋,身当要冲或酿巨狱,骑虎不能下,大抵
起于求福。顾福犹属虚美之薰心,而祸先致,近灾之剥肤,抑何惑也。"最
后,朱琦希望后人"思其艰而图其易,毋锲舟求剑,甘被饴"。①

朱琦的分析,道出了当时宗族社会的特殊的丧葬生态,原本埋葬先人
的墓地由于与风水理论密切联系在一起,与后代子孙的福祉命运联系在一
起,进而成为人们激烈竞争的焦点。人们为寻找到一块风水好的墓地,经
常不轻易下葬,而是暂时停棺在家或郊外,有财力的人家甚至花费几年、几
十年的时间请"形家""茔公""地师"之类的风水先生"遍历幽邃",寻找风
水宝地。然而"远支近邻"往往"虎视眈眈",所谓"必溯源而再溯三溯之",
即借助"历史问题",使得现时的墓地土地买卖,增加了比普通的土地交易
更加复杂和不确定的因素,一旦无法妥协就会导致官方的介入。很明显,
当时社会流行的风水论和宗族墓地建设结合所导致的人们企图"荫及子
孙"的利益驱动,是这一特殊而又有充满火药味的丧葬生态的重要幕后
推手。

朱琦的曾祖东园公以下五房,除了上述长房伯祖父炳章远离张香都葬
在茂林都外,其余四房包括朱琦的祖父沛深公俱葬在张香都的路西冲墓
地,但是他们和长伯祖父一样,入葬时,"距殁时俱数十年"。所以就停葬
这一习俗,朱琦在墓图卷的另一处路西冲墓图下的《路西冲祖茔碑记》中
有更深刻的反思和议论:

> 近代多缓葬,泾尤甚,通儒病之。窃尝审思,盖亦有不得已焉。邑
> 里稠隘所在,陵埠尖削,难置椁,稍坦夷,辄已构冢。冢左右虽百武外,
> 勿敢动锱毫,违者讼。土复杂沙礓,水浮上,溽气蒸郁,勘北方严寒,蠹
> 易萌蘖,今明指为泉穴为虫灶,而忍归骨于沮洳酱蚀之区,将与上世举
> 亲委壑,供狸食蝇嘬何异?

接下来,朱琦笔锋一转,又指出:

---

① 参见清道光五年《张香都朱氏支谱》卷29《墓图·茅里坑祖茔碑记》,上海图书馆藏本,第
23页。

　　然则窀穸之卜，意主详慎，固未可厚非。若夫厥土燥刚、南柯遁藏，终惑术士言，益求其良，觊荫而发祥也。呜呼，为子孙谋，非为祖宗谋，使体魄不安，日引月长，微独蒙谯诟，□能忍夫尽伤哉？①

　　这篇碑记透露出，由于泾县地处山区，导致出现人多地少的矛盾，对于墓地的争夺本来就十分激烈。稍微平坦的地方，多数已经有墓存在，而且墓周边的地方被所有人视为潜在的势力范围，"虽百武外，勿敢动锚毫"，否则就会引发诉讼。因此坟山诉讼有其客观的地理和社会原因。然而人们往往"惑术士言"，"为子孙谋，非为祖宗谋"，"觊荫而发祥"，导致"益求其良"，对风水好的墓地的争夺形成恶性竞争的态势。这是坟山墓地的诉讼深层次的文化原因。

　　其实不独是朱琈对风水论所引发的严重后果有理性反思，类似观点在墓图卷中的某些墓图下也有反映，例如乾隆三十年谱的"九甲溪边祖墓"下就有论述：

　　　　阳宅与诸墓连近，生聚一堂，死同壤地，世代保守不失，岁时祭扫甚便，彼惑于风水之说者，或择吉不葬，任其经年暴露，或迁徙远方，久后子孙不知葬所，以致坟墓俱失，是非求福乃养祸矣。因作墓记并论及之，族有明理者万册为堪舆所愚也。②

　　对泾县缓葬的习俗③，泾县志中对此也有反映。乾隆年间所修钱志中说泾县弊俗相沿有三："曰停葬，曰溺女，曰健讼"，"礼三日而殡，三月而葬，古之制也。泾俗惑于形家，妄于牛眠龙耳，或厝停堂屋，或暴露郊原，累月经年，弗归抔土，甚至槽穿骱露，旁观且为惨目，为子孙者能为泚颡乎？更或水火不虞，尤非仁人所忍言也"④。而早在明嘉靖《泾县志》中，在议论泾县风俗时就说："至惑于风水暴露经年或靡费以葬，而于亲垄岁时间祭祀

　　　　　　　　　　　　　　　　　　　　

　　① 清道光五年《张香都朱氏支谱》卷29《墓图·路西冲祖茔碑记》，上海图书馆藏本，第25页。
　　② 清乾隆三十年《泾川朱氏宗谱》卷16《墓图·九甲溪边祖墓》，上海图书馆藏本，第77页。
　　③ 此习俗在与泾县地理环境相似、地缘和风俗关系接近的徽州一带也很普遍，徽州称呼为"棺柩浮厝"。
　　④ 清嘉庆十一年《泾县志》卷1《沿革·风俗》，黄山书社，2008年点校本，第68页。

多阙。"①明嘉靖《泾县志》还犀利地描绘出一个富有对照意义的画面,人们岁时到祖墓参加祭祀活动、伺奉祖先的积极性,尚不及寻找风水墓地以为子孙求福高。

　　然而令人纠结的是,一方面我们在墓图卷中看到关于风水恶性竞争带来的血腥争斗的记载,看到诸如上述对风水论的理性批判;另一方面,我们在墓图中更多地看到的是,"形家地师"对坟山墓地周边风水的精心描述,人们对"子孙兴旺源于祖先坟山地气灵秀"的习惯性推导,对于那些所谓"不吉之墓"导致"后代无传"的警觉与感叹。这些案例,让我们感受到的是风水论在丧葬生态中近乎渗透骨髓的推崇,其风头远远掩盖了质疑者的理性声音。

　　导致坟山纠纷的具体原因很多,但是这一被风水论主导下的利益指向子孙福祉的畸形丧葬生态所引发的恶性竞争,无疑是坟山纠纷频发的重要内在机理。坟山纠纷的现实又促进族人借助家谱这种特殊的文献记录表达自身的权益,通过白纸黑字的记录以求在司法冲突中留下证据。

　　再联系上面关于远祖坟墓的论述,可以得到这样一幅历史图景:一方面,人们根据旧的家谱的记载出发去寻找远祖的坟墓,往往引发了司法纠纷;另一方面,人们又将近祖坟墓的信息记录在新修的家谱,为求以后的司法冲突预留证据。由此,家谱作为一个法律证据被卷入一个滚动的司法过程中。

　　然而家谱作为证据,其实际法律效力如何,官府对之的态度是怎样的?这是我们下节要着重讨论的内容。

第四节　家谱在坟山纠纷中的法律效力

　　本章开头已介绍,一些研究者已经观察到,在明清时期的司法实践中,争夺坟山成为基层民间社会法律纠纷的一个焦点,特别是在诸如安徽这样宗族势力发达的地区。然而宗谱能否作为一个有公信力的证据来证明坟

---

① 　明嘉靖《泾县志》卷2《风俗》,上海书店据天一阁藏明嘉靖刻本影印,1989 年,第81 页。

山的归属？也就是在明清司法体系中对家谱中提供的证据是否认可？对此，安徽按察使陈辉祖曾于乾隆年间向朝廷奏定了一个关于规范坟山纠纷法律依据的条例：

> 凡民人告争坟山，近年者以印契为凭。如系远年之业，须将山地字号、亩数及库存鳞册并完粮印串，逐一丈勘查对。果相符合，即断令管业。若查勘不符，又无完粮串印，其所执远年旧契及碑牒等项，均不得执为凭据。即将滥控侵占之人，按例治罪。①

值得注意的是，这一条例奏定的时间是在乾隆三十二年（1767 年），而之前，明清法律中虽有与坟山保护相关的律例，但尚没有对坟山纠纷中的证据效力问题有过明确规定。

正式颁行于乾隆五年的《大清律例》沿用《明律》，对于挖掘他人坟墓的行为处以十分严厉的刑罚，在"贼盗"篇"发冢"的律文下规定：

> 凡发掘（他人）坟冢见棺椁者，杖一百流三千里；已开棺椁见尸者，绞（监候）；发而未至棺椁者，杖一百徒三年。（招魂而葬亦是。为从减一等。）若（年远）冢先穿陷及未殡埋而盗尸柩（尸在柩未殡，或在殡未埋。）者，杖九十徒二年半；开棺椁见尸者，亦绞。（杂犯。）其盗取器物砖石者，计赃准凡盗论，免刺。②

"发冢"律文下进一步又有十一条例文。第四条例文对发掘远年坟墓有专门的规定：

> 凡贪人吉壤，将远年之坟墓发者，子孙告发审有确据，将盗发之人以开棺见尸律拟绞监候。如非其子孙，又非实有确据之前人古冢，但

---

① 清光绪三十一年（1905 年）薛允升《读例存疑·户律》，转引自张小也：《从"自理"到"宪律"：对清代"民法"与"民事诉讼"的考察——以〈刑案汇览〉中的坟山争讼为中心》，《学术月刊》2006 年第 8 期。

② 马建石主编：《大清律例通考校注》，中国政法大学出版社，1992 年，第 755 页。

因有土墩见人埋葬,辄称伊远祖坟墓,勾引匪类,伙告伙证陷害无辜,审明,将为首者照诬告人死罪未决律杖一百流三千里,为从,各照诬告为从律科断。若实系本人远祖之坟被人发掘盗葬,因将所盗葬之棺发掘抛弃者,照祖父母、父母被杀,子孙不告官司而擅杀行凶人律,杖六十。若盗葬者并无发掘等情,止在切近坟旁盗葬,而本家辄行发掘者,应照地界内有死人不告官司而辄移他处律科断。如有毁弃尸骸,照地界内有死人而移尸毁弃律科断。盗葬之人仍照本律杖八十,责令迁移。若非系坟地,止在田地场园内盗葬,而地主发掘之者,除开棺见尸仍照律拟绞外,其不开棺见尸者,各照本律减一等科断。其盗葬之人,应照本律减二等杖六十,亦责令迁移。如两造本系亲属,其所侵损之坟冢、棺椁、尸骸与本人皆有服制者,各照律内服制科断。①

第四条例文中在揭示各类坟山官司如何定罪的过程中强调要"审有确据",但是并没有明确什么样的证据是官方所认定的。这一法律规定的漏洞,为在坟山官司中,家谱作为法律证据获得操作的空间。

重新回顾一下张香朱氏三、四世祖坟墓的案例,众人按照旧谱确定了祖先坟墓的位置,对于这一结果,泾县知县给予了明确的支持。可见,在明清相当长时间里,私修的家谱在缺乏明确法律规定的情形下充当了坟山纠纷中证据的角色。

但是很明显,由私家撰修的文献充当法律的凭据,其弊端是显而易见的。张小也在研究中也指出:"民间为坟山争讼,习惯于以远年旧契和碑谱作为证据,但是远年旧契与碑谱或与实际情况不符,或出于伪造,纠纷很容易愈演愈烈。"②在这种背景下,作为"回应社会事实和社会实践的一个结果",安徽按察使上奏的上述关于规范坟山官司中证据运用的条例,可以视为政府在审理大量坟山官司中所遭遇到的证据混乱问题困扰的一个重要反映。逆向思维进行推导,在此之前,包括家谱之类的私家文献作为证据应该是大量参与在司法过程的。

---

① 马建石主编:《大清律例通考校注》,中国政法大学出版社,1992年,第757页。
② 张小也:《从"自理"到"宪律":对清代"民法"与"民事诉讼"的考察——以〈刑案汇览〉中的坟山争讼为中心》,《学术月刊》2006年第8期。

　　这一条例很鲜明地表达了官方对于家谱等私家文献作为证据的法律效力的态度。在该条例中,官方将坟山纠纷情形分为两种,对于坟山之争,处理起来相对简单,即以印契为凭据。上述茅里坑祖墓之争,由于朱氏掌握了土地买卖的地契,章氏也想翻旧账,"溯源再溯源",但是总不如现时的契约法律效应大。但是为了保护这些契约在流传过程中不丢失,家谱常常是这些契约的载体,有时是摘要记录,特别重要的还会全文录入。因此,在这种坟山官司中,家谱不会完全靠边站,而是起到佐证的作用。而且可以推想,随着时间的推移,到后世如果纠纷再起,个人保管的契约丢失了,刊载契约的家谱又会被推上风口浪尖。

　　坟山官司最大的难点是对于远年祖坟的纠纷,乾隆三十一例规定是需要勘验比对山地字号、亩数及库存鱼鳞册,查验完粮印串等属于赋役制度下的官方文献,比对不吻合,又没有完粮印串,民人所持旧谱、墓碑等私家文献均不得执为凭据。

　　相比较而言,赋役制度下的官方文献比私人编纂的宗族文献更具权威性和可信度,官方从这一立场出发是符合理性的,但是这一条例是在假设官方库存鱼鳞册等文献与民间实际土地产权情况吻合的前提下考虑问题的。当这一前提本身就是混乱的,并失去了公信力,家谱等私家文献作为民众认可的一种必要的补充证据就不会退出坟山纠纷的场域中。

　　张小也研究了同样发生在安徽泾县的徐姓和吴姓争夺坟山的官司,就充分说明了这一点。这场官司发生在嘉道年间,也就是乾隆三十二年条例被奏定之后。吴姓按照家谱记载,认为自己的宋代始迁祖坟墓在由徐姓掌握的坟山瑶培垄中,按照上述律例,吴姓根本没有鱼鳞册等更重要的证据,这样的家谱是不足为凭据的,但是实际上官府还是受理了该案。问题是,在官府审理过程中,徐姓此地虽然在官方鱼鳞册有登记,但是对鱼鳞册登记数字与实地进行丈量比对,发现徐姓这一地块比鱼鳞册的登记多了三亩多,而徐姓所提供的地契所载地名为瑶培坑,而册载为瑶培垄。实测测量结果、地契和官府鱼鳞册不能完全吻合,就加大了案件审理的困难。而吴姓借助这样的漏洞,乘机执私谱不依不挠,最后导致徐姓族人上访北京,并在刑部门前引颈自杀,以至于惊动了当时的道光帝,后来被清人祝庆祺编入《刑案汇览》中。①

综览该案件的司法审判过程,尽管乾隆三十一年条例早已颁行,吴姓和徐姓家谱还是被官员们频繁引用,实际被当做一项重要证据贯穿在司法审判的过程中,很重要的原因是,客观详尽的有公信力的官方文献的供给不足,为家谱这种民间普遍重视的私家文献提供了侧身其中的空间,并被不同利益群体所主导发挥了难以尽言是好是坏但是影响了司法审判的重要作用。

同样是在乾隆三十一年条例颁布后,担任过国史官总纂等政府高官的朱珔似乎也并不理会这一条例,在道光五年《墓图记》还在长篇论述家谱刊刻墓图能起到为坟山纠纷预留证据的功能:

> 惟南中造茔,礱以石,锢以灰油,筑杵精坚,制差善,然岁久未免沕释,间阙修治,蔽翳蓬颗,渐与夷壤等。故我乡偶有营建,锹镤甫施,往往逢废穴。抑子孙稍式微,缘事外羁,疑于无主,黠者遂思冒认,思盗瘗,狱讼滋繁迷,指证不可诘究。昔宋淳熙四年,徽国文公初返里,访墓连同,失而复得。迨制谱序,又云二世祖妣方夫人,三世祖十五公暨妣冯夫人之墓,俱未由识。谨按自文公逆溯世仅七八,其间乏兵灾之扰而势已如此,若陵谷变更,更愈辽邈,更复何论?且朱氏迁泾祖为中孚公,墓几灭。族裔出死力叠控,乃克还故。至兴公祺公父子二墓,近依村落,墓迹终昧,或曰室其上。明神宗时,邑宰陈君大绶亲涖勘立碑,迄今祭寒食履塗而拜。假令当年曾绘图系说界画胥备,预绝淆紊。谱尤众睹,骤难遁匿,虽构衅端,援帙睇讯,宜获准的,必不致传闻影响,剖判依违,贻憾来叶。即斯以观,图肖墓而谱章图,符节之合,实资夫是矣。②

朱珔在该段引文前,先描述了他历官北方所见到的当地的坟墓多半是一抔土堆,特别容易"失冢",然后再说到引文中的南方修造坟茔的情况,

---

① 参见张小也:《从"自理"到"宪律":对清代"民法"与"民事诉讼"的考察——以〈刑案汇览〉中的坟山争讼为中心》,《学术月刊》2006年第8期。

② 清道光五年《张香都朱氏支谱》卷29《墓图记》,上海图书馆藏本,第1页。

虽然是"甃以石,锢以灰油",较为坚固和精美,但是时间长了也不免开裂塌陷,如果后世子孙式微,不加于修治,慢慢也会和土壤融为一体。因此,在家乡有营建,破土动工时往往看到疑似无主的废穴,这时常常会有"黠者"出来冒认,"思盗瘗",由此引发"狱讼滋繁迷,指证不可诘究"。接着朱琦又历数张香都朱氏的历代祖先墓地因为没有明确的文献记载而"失冢",导致后世子孙付出相当大的代价才"失而复得"。假设当年曾经绘制详实的墓图,则可以"预绝淆紊"。最后他说,家谱的优势是众人保管,不容易丢失,如果遭遇纠纷官司,可以将家谱作为法律的证据加以援引,"援帙睇讯,宜获准的",不必收到传闻的干扰,影响判决。

值得注意的是,以家谱作为坟山纠纷证据的情形甚至一直延伸到民国年间。研究者们常用的一个材料是:"桐城、望江、潜山、庐江、怀宁、英山等县,因坟山纠葛,涉讼于安徽高等审判厅及怀宁地方审判厅者,每月有数起或十余起不等,其提出之证据以宗谱为最普遍。"[①]

第五节　小结

家谱等私家文献的盛行,与官方文献供给不足是相对应的,与黄仁宇在研究明代赋役制度中所说的中国社会"数目字"管理落后相呼应。黄仁宇认为:"明朝力图在一广大的帝国内强制推行其野心勃勃的中央集权的财政制度,这种做法超出到达这种程度的技术水平,这种技术水平包括实际的技术手段和专门的经济知识。表现为交通运输、信息交流以及其他服务性事业,货币和银行规则,会计统计和数据保存的技巧,甚至官员的心态。"因此,"有明一代,田赋是收入的主要来源,但在其 276 年的历史中却从未编辑过一套完整一致的土地数据"[②]。而清政府作为外来的征服者缺乏管理经验,"他们没有进行过全面的制度性变革,财政做法尤其是如此。

---

① 前南京国民政府司法行政部:《民事习惯调查报告录》,中国政法大学出版社,2000 年,第226 页,转引自张小也论文《从"自理"到"宪律":对清代"民法"与"民事诉讼"的考察——以〈刑案汇览〉中的坟山争讼为中心》,《学术月刊》2006 年第 8 期。

② 黄仁宇:《十六世纪中国明代的财政与税收》,生活·读书·新知三联书店,2001 年,第457 页。

在中国历史上还没有其他主要的王朝像清朝这样几乎完全承袭前朝制度"①。

可见,受到治理能力低下和技术水平的限制,明清政府无法精确掌握基层社会的土地人口数目,由此导致在仲裁田地财产等法律纠纷中的困境。黄宗智等研究者曾经概括了明清司法审判中"情理法"合一的特点,认为法律的原则往往被民间惯习部分消解了,造成了法律表达和实践的经常性偏离。延续上述角度思考问题,在没有健全的权威的官方赋税文献及其管理制度相配套的情形下,官府单单依靠一纸法律条规来处理民事关系中纷繁复杂的经济社会纠纷,又何以可能呢? 借助融入情理的其他民间习惯,也是不得已之举。家谱就在这种司法环境下发挥了重要作用。

与官方文献供给不足相伴随,在宗族建设过程中,家谱作为一种在民间有一定公信力的私家文献而崛起。由于家谱,毕竟是以宗族名义集体兴修,承载了宗族的历史、规定了家法族规,在历代传承中又加封了神秘的色彩,因此在宗族内部具有一定的公信力。族人以宗谱记载寻找远祖的坟山,以宗族的集体名义认定祖先墓地,一方面在伦理道德上更容易得到官方的支持;另一方面,也与官方对一些土地的归属没有明确掌握有关。到后来,当人们进一步发现家谱是一个很好的文献载体后,族人们又主动将重要的利益诉求在家谱中作了或虚或实的"备案",导致家谱更加深层次地卷入司法纠纷中。

综上所述,家谱虽是宗族私修的文献,但并非是一种仅仅为宗族内部事务服务的文献,也非死气沉沉的宗族历史的记录,而是一种编修者和他们所代表的宗族权力对地方社会若干重要利益的话语表达。话语都有实践性,宗族权力通过家谱力图去表达相关的话语诉求,进一步又推进到基层社会运作中。于是在关于坟山纠纷中,我们经常观察到,家谱之上的祖先墓图在某种契机下突然"死灰复燃"了,推动地方资源和社会秩序根据新的权力格局不断进行再调整。如此"长袖善舞"的神圣家谱,族人在其上对墓图的构建、筛选和编排煞费心机也就更容易理解了。

从软权力运作的角度上看,家谱上附载坟山墓图,是基层社会族老、士

---

① 黄仁宇:《十六世纪中国明代的财政与税收》,生活·读书·新知三联书店,2001年,第469页。

绅进行文化软权力控制的重要产物,对内和强化族人的祖先崇拜,达到凝聚族人的效果;对外则是对家族坟山所在势力范围的有力宣示。然而这种宣示涉及不同家族和个人的财产关系,深度介入了家族之间的利益纠纷,经常会引发地方社会的激烈纠纷,导致软权力企图维护的秩序反而面临失灵的危机,最后不得不引入官方硬权力的介入。文化软权力在运作过程中所引发的冲突性,由此可见一斑。

结　语

通过五个章节的叙述,笔者希望本书的研究,在为茫茫"谱海"推荐了几部来自泾县的家谱之余,还能借助文本解构的方法,以解读家谱中的话语表达为重点,获得少许与以往有所不同的认识,使家谱这一"旧史料"释放一些新的价值和意义。

一、神圣与世俗:家谱之上的话语表达

家谱,通常为世人展现神圣的面相。经典的谱学论者,从理论上赋予了家谱"敬祖收族""厚风俗"乃至"管摄天下人心"的神圣使命,所谓"谱何以修,程子曰,管摄天下人心、收宗族、厚风俗,使人不忘本源"①。在家谱上,修谱人常谆谆劝导族人:"家谱详载历代祖宗名讳,展阅时宛如先人之灵俨然在上"②,营造了庄严神圣的气氛;在实际生活中也的确发现,多数领谱者对之精心收藏,族人则为之顶礼膜拜,敬若神明。这些都真实地反映了家谱性质的重要方面。

然而如果将家谱当作一部包含自身历史叙述的"史书"著作来解读,则要求我们特别注意编纂者的特定目的、意图、观念,它们在家谱上化身为"话语"的形式,集中表达了编纂者对现实社会的物质的、文化的利益诉求。当本书试图通过文本解构的方式,捕捉渗透在家谱之上的这些话语表达时,家谱世俗的功利的另一种面相就呈现在我们面前。

---

① 清乾隆三十年《泾川朱氏宗谱》卷首《凡例》,上海图书馆藏本,第 1 页。
② 清道光六年《张香都朱氏七甲宗谱》卷6《领谱名目》,上海图书馆藏本,第 1 页。

（一）家谱是宗族构建集体话语权的平台

张香朱氏系列家谱传递给我们最重要也是最"不露声色"的集体话语体系，是自明天顺谱以来通过历修家谱集体传承下来的一套"历史的话语传统"——关于"祖先从哪里来"的早期世系的解释体系。

对于张香朱氏来说，这套话语传统的核心内容就是"祖先与朱熹同出"。在张香朱氏族内，这套话语传统拥有类似意识形态的地位。事实上，张香朱氏随着人口的繁衍外迁，加上内部因为异姓养子问题积累了重重矛盾，导致宗族内部派分支别、内讧不断。但是张香各派在信仰上始终一致认同祖先出自朱熹所在的婺源茶院朱氏，认同始迁祖朱纬和他名下的早期谱系系统。这套历史的话语体系成为维系张香朱氏宗族形式尚存的精神内核。

话语传统的权威性自然离不开"真实性"。只不过这种"真实性"是一个历史过程，通过历修家谱的传递、强化，甚至在机缘巧合下实现发酵膨胀式改造，成为存在于后世族人意识中的"深信不疑"。而通过对文本的解构式研究发现，这套话语体系的原型不过是由早期修谱人在带有相当的盲目性、偶然性、功利性的情境中创造出来的，包含很大虚构成分的一套世系关系体系，呈现世系关系具有可拟制性的典型特征。

话语传统的权威性，也必然主要由宗族建设风潮的需要所赋予。利用或实或虚的资源，构建一套关于祖先来源的历史解释是宗族建设的关键，是宗族在地方社会权力关系大网中安身立命的前提。从某种程度上说，宗族建设是一场集体建造祖先神的竞赛。话语传统一旦建造出来，就很难逆转，而是随着竞赛的走势和历史的惯性滚动下去。

在理学成为明清社会主流意识形态的情形下，张香朱氏这套与朱熹挂钩的话语传统的现实意义无疑十分直接。对内可以用"与圣人同族"来激励和教化子孙后裔；对外则可以提高宗族的社会地位，在地方社会的权力竞争中博取更多的文化资本；甚至在矛盾和冲突中，这一强势的话语传统，可以化身为集体的话语强权，推动地方社会利益格局的调整。这一点从张香朱氏宗族为远祖寻找坟墓的一幕中可以看出来。

宗族建设理论上有远祖世系，就应该有远祖坟墓与之相配套。在张香朱氏早期世系的话语体系形成一百多年后，我们看到，张香朱氏在明万历年间迎来了寻找远祖坟墓的高潮,话语传统跳出"纸面",进入实践层面。两个鲜明的案例,一是朱氏通过与贺氏打了一场付出生命代价的官司重建了始迁祖朱纬墓,这是话语传统和地方权力竞争相结合的生动体现;二是通过县令的裁定,朱氏宗族在本族朱麟鹏的屋后为三世祖朱兴、四世祖朱祺强行建立起一座"精神的坟墓",由此可以观察到,历史的话语传统化身成集体的话语强权,个人利益的申诉在其中显得柔弱无力,被成功压制了。

(二)宗族集体话语表达在家族发生支分派别和利益分化时的变化

当宗族发生支分派别和利益分化时,宗族的集体话语表达往往随之分裂成多个支派的次级集体话语体系。在矛盾冲突的情况下,家谱甚至成为不同宗族支派之间进行话语权争夺和较量的工具。

如朱润在乾隆三十年谱中所述:"谱牒之修,所以敦宗睦族,亦每以招尤而召怨。"在实际的历史场景中,宗族编修谱牒并非总能实现"敦宗睦族",也时常因此"招尤而召怨"。对张香朱氏来说,矛盾分歧的焦点集中在"异姓入继者"的入谱权问题上。

在这场冲突中,明嘉靖谱首先发难,以宗族名义制定了"异姓来继者不书"的谱例,并依此为依据,剥夺了族内"螟蛉子"的入谱权,将被认定为异姓养子的多宗公后裔排除在家谱之外。

到清代道光年间,多宗公派后裔借助兴修七甲支谱,奋起反击前谱,由此产生后修家谱与前修家谱进行话语较量的现象。一方面多宗公后裔在支谱中通过提供分家单、契约等证据证明自己并非异姓养子,并改写了前谱"异姓来继者不书"的谱例;另一方面抨击嘉靖谱作为宗谱的公正性和权威性,指责嘉靖谱被修谱人朱爵一人操纵,"于己身则片事必详、于人则无书且略","宦势熏炎,颐指气使",欺负"我甲读书识字者少","不得为宗谱"等。七甲支谱中的话语控诉中,必然带有过激的情绪色彩,但还是以一种不寻常的激烈表达形式,暴露了家谱的编修在权力关系主导下所产生的许多有损公正的作法,令家谱作为一种族内公共文献的神圣尊严黯然失色。

此外,乾隆三十年谱、乾隆四十五年谱、道光五年谱等家谱根据自己的派别立场,参与进这场关于族人入谱权如何限定的论战中,表达了各自特殊的话语关照。家谱作为一种宗族以及支派构建集体话语权的阵地和媒介由此展露无遗。

(三)作为族内公共文献的家谱,存在个别利益群体的话语渗透

处于"差序格局"中的家谱,对外是"私家文献",对内又系宗族的公共文献。但是在作为宗族公共文献的家谱中,我们经常观察到个别利益群体的话语渗透,典型的如家谱人物志的编选和书写。人物志编选的本意在于"彰美扬善",实施教化,希望以祖先"忠孝节义"的形象,来感化和教育后代子孙,但在实际操作中,人物志很大程度上成为少数有能力主导家谱编纂的人们竞相标榜自己家庭和直系祖先的"封神榜"。这样做的后果是"忠孝节义"的入传标准被部分消解甚至扭曲,于是我们看到某些扮相难堪的人物靠涂脂抹粉也强行出场了,而其所标榜的教化子孙的神圣职责能多大程度落实,自然要画上问号了。张香朱氏家谱中的坟山墓图卷关于近世祖先墓图的安排,存在类似问题。一个鲜明的例子,在二甲朱氏的仅有的 10 幅墓图中,总纂人朱润的直系祖先就占了 3 幅。个别利益群体在家谱之上的话语渗透,无疑损伤了家谱所标榜的神圣性。

(四)话语表达背后反映的是地方社会宗族权力关系格局及其变动

以上我们观察到,集体或个体的话语诉求借助家谱这一平台表达出来:禁止"异姓养子"入谱的强硬规定,将"异姓养子"另行登记的变通,澄清己身来源合法的辩解,对"异姓出继者"问题的新安排;坟山墓图的构建与编选,关于坟山祀田的保护性契约的刊载;对宗族人物入传的要求,和与县志人物志的积极互动等。此外,还有本书没有分析到的家谱上其他一些内容,如族规家训、祠堂祀田等也常包含类似话语诉求。

话语表达的实施显然主要依靠对修谱权的掌握,而修谱权更迭和兴修家谱的历史轨迹背后反映了宗族在地方社会的权力关系格局中的发展态势及其变动。

在多数情况下,宗族与宗族之间、宗族内部各分支的发展呈现不平衡的态势,由此构成一个强弱不均并且处于流动状态的权力关系网络。在这一权力关系网络中,宗族的修谱权主要由处于权力关系中强势地位的群体所掌控。

从张香朱氏宗族发展脉络上看,从明后期到清前期,二甲朱氏在张香朱氏中最为强势,编纂张香朱氏宗谱的编纂权就主要掌握在二甲朱氏手

中。例如,明嘉靖谱是张香朱氏宗族范围内的宗谱,但实际上为二甲朱氏的朱天爵所主导。乾隆三十年谱是由张香朱氏与花林朱氏合修的通谱,来自二甲朱氏的纂修朱润是其中的核心人物。

乾隆三十年谱后,张香朱氏再也没有形成全族范围的宗谱,而是出现了一系列由不同的张香派别所修的支谱,反映了张香朱氏旧有的权力关系格局发生激烈变动的现实。传统的强势派别二甲朱氏开始走下坡路,失去兴修宗谱的号召力。此时,八甲朱氏由于势力的上升,在新一轮支谱的兴修中表现得十分活跃。其中最为抢眼的是八甲成叔公派。八甲成叔公派曾试图领导续修全族的宗谱,虽然没有成功,但是他们所修的道光五年支谱和光绪三十二年支谱,体例完备、印刷精美、影响力大,俨然成为张香朱氏后期家谱的代表,充分地展示了八甲成叔公派在张香朱氏族内后来居上的地位。

修于道光六年的七甲支谱是最为典型的借家谱构建自我话语权的样本。这其中,多宗公后裔借七甲朱氏的名义表达了自己的话语诉求。可以想见,如果多宗公后裔没有足够的财力、物力和号召力做支撑,是不可能动员七甲朱氏各派集体参与修谱的。

当然,兴修家谱的门槛并非绝对很高,在权力关系格局中的弱势群体也可以通过兴修本支的小型房支谱,实施自己的话语表达,展示出福柯所强调的权力关系并非绝对的单向而是多元互动的特点。

那些具体操作修谱的修谱人们,基本上属于地方的士绅阶层,处于宗族权力关系网络中的关节点上,不仅是本宗族或本支派的代言人,也是有血有肉的"经济人",他们在家谱中时而是群体利益的化身、时而又具体到个人利益。他们在家谱上的特殊的利益关照,往往挤占了族内的公共资源,损害了作为宗族公共文献的家谱的神圣面目。

在学界,英国人类学家弗利德曼将家谱称为宗族的"宪章"(charters),它形象和生动地揭示了家谱与宗族之间的基本关系。① 但是宪章作为一

---

① 参见[英]莫利斯·弗利德曼:《中国东南部的宗族组织》第一章《福建广东地区的村落与宗族》,原文为:Genealogies on the development and structure of the lineager for which they constituted the chaarters;钱杭教授将之翻译为"族谱对宗族的发展和结构具有影响,并成为宗族的宪章",参见钱杭:《莫里斯·弗利德曼与〈中国东南部的宗族组织〉》,《史林》2000 年第 3 期;该书的刘晓春中译本对该句的翻译不准确。

个在西方现代宪政运动中产生的特定名词,与生俱来透露出较强的公共精神、笼罩有庄严的神圣面相,因此运用"宪章"这一喻称有可能使人们忽视家谱中呈现出来的浓浓的世俗性和功利性。事实上,钱杭教授指出:"族谱作为宗族之'宪章'的地位由其基本原则而定,并不意味着因此就会排斥'功利的世俗面相'。"家谱的基本原则是世系原则,世系原则来源于多样化的"世俗",包含了丰富的生活内容,家谱就是根据与"功利的世俗面相"紧密相连的世系原则才可建构而成。研究其"神圣"之所以为"神圣",与"还原其功利的世俗面相",两者不可偏废,是家谱研究的两个方面。① 由此可知,只有充分注意到其"神圣"和"世俗"两种面相,才能真正解读作为宗族"宪章"的家谱。

二、家谱功能与地方社会

从分析权力话语入手,揭示家谱世俗功利的面相,进一步也可以发现家谱在现实社会中发挥了比"敬宗收族"更为丰富的意义,笔者由此对家谱在明清地方社会中担当的一些特殊功能或曰发挥的具体作用做了拓展性思考。如此立意还在于,更深入理解权力话语为何在家谱中体现这一文本集聚的问题。

必须要指出的是,笔者所阐发的家谱的那些具体而微的特殊功能,并非否认或忽视家谱的一般功能。恰恰相反,认识一般性是着手研究特殊性的前提。对明清家谱功能的一般性认识是,宋元明清时期,家谱由官修转为私修,家谱由之前承担比较明显的政治功能向发挥社会功能和伦理教化功能的方向发展。具体而言,家谱的功能主要通过记录世系,宣扬伦理道德,"尊祖敬宗而收族",服务于宗族建设本身。然而随着宗族建设在民间社会的普及和宗族制度在明清基层社会发挥了越来越重要的作用,家谱也必然随之在"一般功能"之外产生了或多或少的"溢出性功能"。如笔者在各章中所观察到的:

其一,家谱在基层社会的户籍人口管控方面发挥了协作性功能。本书

---

① 参见钱杭教授《族谱的世系学研究》课程笔记,第一章《世系学原理》。

第四章对此有述。明晚期到清代,政府编造户籍的重点转向对土地和税粮的登记和查核,人口登记的意义逐渐丧失,政府户籍制度不再掌握到具体的个人。这时,一些宗族往往掌管了本族的户籍人口,家谱则成为宗族进行人口登记的有用工具。宗族通过操纵家谱之上族人的"入谱权",实际控制了族人的户籍。而官府要对人口进行管控,也往往需借助宗族作为中介。换句话说,官府与宗族形成一种户籍管理上的默契和配合,家谱就在其中发挥了重要作用。家谱之上"入谱权"的社会经济层面的意义,由此凸显,进一步家谱之间围绕入谱权所展开的激烈的话语较量就不难理解了。

其二,家谱在司法冲突中充当了重要的证据功能。这突出表现在坟山争讼中,家谱之上的坟山墓图扮演了引人瞩目的角色。本书第五章的研究认为,由于政府无法精确掌握基层社会的土地财产人口数目,导致有公信力的官方文献的模糊和供给不足,这直接引发了官方在处理民间田地坟山财产等法律纠纷中的仲裁困境。另一方面,随着家谱的大量普及,家谱逐渐成为一种在明清社会中具有一定公信力和影响力的民间文献。尽管官方并不承认家谱的法律证据效力,但在没有健全的、权威的官方赋税文献及其管理制度相配套的情形下,官府单单依靠一纸法律条规来处理民事关系中纷繁复杂的经济社会纠纷是不可能的。于是,我们观察到,家谱在法律纠纷中作为一种法律证据的文本发挥着真实的效力。

其三,家谱通过与方志的互动,在参与地方文化建构中发挥了作用。本书第三章的研究认为,明清社会官方修志与民间修谱呈现同步共振的走势。在官方的编修方志形成机制化、常规化的态势下,地方社会主导的家谱编修也形成一波波的热潮,成为修志者不得不借重的民间文献之一,尤其在人物志的编修中融入了许多家谱元素。由此可知,家谱不是一个封闭的文献体系,而是一有机会就参与到地方文化建构中,成为地方宗族赚取文化资本的得力工具。

综观这些"溢出性"功能,说明家谱作为宗族生产的私家文献在基层社会中发挥了重要作用,而与之相伴随的背景是官方文献的供给失效或不足。这些现象与明清基层社会中引人瞩目的发展趋势相吻合:一方面是官方建立起来的基层社会管理制度——里(图)甲制的变质与废坏;另一方面是地方社会主导的宗族制度的上升与扩张。两种性质不同的制度,走势此消彼长,在一个适当的平衡点上达成妥协,在基层社会形成相互补充的长期的共生状态。或者用科大卫的描述是,官方与地方社会共谋,将宗族作为明清基层社会秩序的重要基础。

进一步讲,承载了话语表达的家谱文本必须放置于明清基层社会变动的历史脉络中加以考察才有意义。换言之,在宗族成为明清时期普遍的社会组织和基层社会制度的重要组成部分,形成了鲜明的地方社会宗族权力格局时,宗族及其支派乃至个人在家谱上的话语表达才变得活跃起来,并衍生出实际的意义。

三、软权力视野下的家谱研究

自美国学者约瑟夫·奈提出"soft power"这一概念以来,软实力研究成为风靡学术界的一个热点方向。文化软实力的研究视角,在当前的历史学研究中运用不多,重视也不够,但是从这个研究视角出发,对许多历史研究的传统话题会有许多新的启示。

在本书中,笔者从历史课题研究的实际出发,回归于"soft power"的本义,采用了"文化软权力"的概念。从文化软权力的视角来看家谱研究,家谱是乡村族老、士绅实施文化软权力的载体。或者说,从家谱上可以观察到文化软权力的具体运作。它的具体运作方式包括:围绕远古世系作文章,极力打造宗族出身名门的文化名片;打造族内名人的文化形象,并争取跻身地方志这一更高的文化平台;调整"入谱权"的规定,作出于己有利的解释,以更好控制族人;借助坟山墓图的绘制,争夺地方坟山资源。

进一步,我们更加深入地触摸到了样本背后明清基层社会的历史情境——一个文化软权力活跃的社会。在明清基层社会中,作为对政府基层硬权力不足的补充,打造文化软权力来实施柔性治理是广泛存在的,而且大多数时间是行之有效的。文化软权力的实施者主要是国家和民众之间的中介力量——乡村士绅、族老。他们通过编修家谱等文化活动,追溯血缘世系、倡导认祖归宗,尊奉儒家孝道伦理,强化民众宗族认同,进而将民众有效地整合进不同的宗族组织中,保证了社会秩序的平稳运行。

不过,这些大大小小的宗族组织之间却是高度分散的。他们之间为了争夺有限的地方资源,经常存在竞争关系。这种竞争关系不只存在于异姓宗族之间,而且也存在于宗族内部不同的房支之间,这种矛盾关系在本书的样本中体现得尤为明显,呈现了激烈的"文化冲突"的景象。由此,文化软权力运作过程中有可能激化社会利益矛盾,引发社会冲突,这一负面作用也不容小觑。利益分歧的高度激烈化最后可能导致了文化软权力整合作用的失灵,甚至需要政府硬权力的介入。总体而言,正是以软权力的运作为主,同时硬权力和软权力相互配合,才保证了中国基层社会在多数历史时期内的稳定有序发展。

附 录

附录一：现存新中国成立前泾县家谱统计表^①
（总计 41 个姓氏 114 种谱牒）

表 1 现存明代泾县家谱统计表

时间	名称
嘉靖十四年（1535）	龙坦胡氏家乘
嘉靖十七年（1538）	洪氏家乘
嘉靖十九年（1540）	泾川朱氏宗谱 *
万历五年（1577）	漆林章氏宗谱
万历六年（1578）	荥阳潘氏统宗世谱
万历八年（1580）	泾川吴氏统宗族谱
万历二十六年（1598）	泾川查氏族谱
万历二十六年（1598）	万氏宗谱
万历三十四年（1606）	胡氏宗谱
万历四十六年（1618）	泾川张氏宗谱
万历年间（1573—1620）	重修龙坦胡氏世谱
天启元年（1621）	紫溪佘氏宗谱
合计：10 个姓氏 12 种	

① 数据主要采自《中国家谱总目》，小部分来自笔者田野调查，打 * 号者为本文研究的朱氏系列家谱。

表2　清前中期泾县家谱统计表（1851年太平天国运动前）

时间	名称
康熙二年（1663）	安吴王氏世谱
康熙四十一年（1702）	泾县施氏宗谱
康熙年间（1662—1722）	泾县查氏统谱
雍正十三年（1735）	义门李氏家乘
乾隆二十九年（1764）	周氏宗谱
乾隆三十年（1765）	泾川朱氏宗谱＊
乾隆三十二年（1767）	泾川水东翟氏支谱
乾隆三十九年（1774）	泾川朱氏支谱＊
乾隆四十二年（1777）	泾川秦峰程氏宗谱
乾隆四十二年（1777）	泾川左氏宗谱
乾隆四十三年（1778）	兰陵江氏宗谱
乾隆四十三年（1778）	谯国曹氏宗谱
乾隆四十四年（1779）	泾川朱氏支谱＊
乾隆四十五年（1780）	泾川朱氏支谱（朱安尧本）＊
乾隆四十五年（1780）	泾川朱氏支谱（朱熙本）＊
乾隆五十三年（1788）	新紫山倪氏七甲支谱
乾隆五十六年（1791）	湾滩吴氏宗谱
乾隆五十八年（1793）	延陵吴氏宗谱
嘉庆二年（1797）	黄村镇九义村滔田郑氏宗谱
嘉庆十三年（1808）	燉煌洪氏支谱
嘉庆十四年（1809）	泾川后氏宗谱
嘉庆十四年（1809）	燉煌郡清塘洪氏支谱
嘉庆十七年（1812）	谯国曹氏宗谱
嘉庆十八年（1813）	泾川倪氏支谱
嘉庆二十一年（1816）	泾川柳氏宗谱
道光三年（1823）	胡氏燕翼堂家乘
道光五年（1825）	张香都朱氏支谱＊

续表

时间	名称
道光六年(1826)	张香都七甲朱氏支谱 *
记事至清道光七年(1827)	张香都朱氏六甲支谱 *
道光七年(1827)	泾川北亭都一甲唐氏续修宗谱
道光十年(1830)	泾县施氏宗谱
道光十年(1830)	泾川欧阳宗谱
道光十九年(1839)	管氏宗谱
记事至道光二十三年(1843)	泾川左氏宗谱
道光二十六年(1846)	张香都朱氏支谱 *
道光二十七年(1847)	舒氏支谱
道光二十八年(1848)	石匮吴氏新修族谱正编
记事至咸丰元年(1851)	泾川朱氏一线谱 *
合计:22 个姓氏 38 种	

表3　晚清泾县家谱统计表[含太平天国运动(1851—1864)及后]

时间	名称
咸丰七年(1857)	泾川桃花潭水东翟氏宗谱
咸丰七年(1857)	泾川水东翟氏支谱
同治十一年(1872)	泾川小岭曹氏宗谱
同治十三年(1874)	泾川徐氏宗谱
光绪四年(1878)	金鼎王氏宗谱
光绪九年(1883)	纪村卫氏宗谱
光绪十一年(1885)	荥阳潘氏统宗谱
光绪十二年(1886)	河南方氏宗谱
光绪十二年(1886)	泾川左氏重修宗谱
光绪十二年(1886)	邰阳凤氏谱系
光绪十三年(1887)	黄氏达亨分支谱
光绪十四年(1888)	檀岭王氏宗谱

时间	名称
光绪十七年(1891)	茂林吴氏四代钦旌五世同堂全图
光绪十九年(1893)	汪氏西园家谱
光绪十九年(1893)	泾川水东翟氏宗谱
光绪二十年(1894)	檀岭王氏宗谱
光绪二十二年(1896)	泾川西阳胡氏宗谱
光绪二十三年(1897)	皖桐会城肖氏宗谱
光绪二十五年(1899)	泾川童氏宗谱
光绪二十八年(1902)	泾川朱氏支谱＊
光绪二十八年(1902)	泾川刘氏宗谱
道光二十二年(1842年)编、光绪三十一年(1905)补编	王一本堂享录
光绪三十二年(1906)	泾川张香都朱氏续修支谱＊
光绪三十四年(1908)	泾县查氏支谱
记事至光绪间(1875—1908)	泾县吴氏宗谱
记事至光绪间(1875—1908)	吴氏始祖系图
宣统元年(1909)	荥阳潘氏统宗谱
宣统元年(1909)	泾县汪氏宗谱
宣统三年(1911)	吴村吴氏宗谱
合计:18个姓氏29种	

表4 民国泾县家谱统计表

时间	名称	时间	名称
记事至民国初年	周氏支谱	1923年	泾川徐氏宗谱
记事至1913年	王氏宗谱	1924年	泾川中村董氏宗谱
1914年	泾川小岭曹氏宗谱	1925年	泾县王一本堂总录
1915年	双井黄氏宗谱	1928年	东隅王氏宗谱
1916年	义门李氏重修宗谱	1931年	泾川马氏宗谱
1916年	朱氏宗谱＊	1931年	秦峰程氏宗谱

时间	名称	时间	名称
1916 年	丁氏宗谱	1931 年	屏南欧阳氏宗谱
1916 年	柳溪金鼎王氏支谱	1933 年	泾南王氏宗谱
1916 年	＊俞氏支谱	1934 年	茂林吴氏支谱
1916 年	考坑肖溪陈氏重修宗谱	1937 年	广川董氏宗谱
1917 年	安吴王氏世谱	记事至 1938 年	二甲朱氏荣成一线谱＊
1918 年	豸山胡氏宗谱	1932 年,增补记事至 1939 年	茂林吴氏谱系
1919 年	泾川渣湖肖氏宗谱	1940 年	胡氏家乘
1920 年	双井黄氏宗谱	1942 年	泾川童氏宗谱
1920 年	泾川黄氏宗谱	记事至 1947 年	朱氏一线谱＊
记事至 1922 年	八甲朱氏庆槲一线谱＊		
1922 年	郭峰王氏世谱		
1922 年	新岑陈氏宗谱		
1922 年	鹿园吴氏宗谱		
1923 年	新洲陈氏宗谱		
合计:18 个姓氏 35 种			

附录二:重要张香朱氏家谱序跋选辑

1. 乾隆三十年谱后跋[①]

跋

我族婺源朱氏以茶院古僚公为始祖,源头来历读文公世谱序,久已昭

---

① 该跋语是对乾隆三十年谱编纂情况的重要说明;上海图书馆所藏乾隆三十年谱"跋"部分缺失,现将河北大学该藏本"跋"全文抄录,以补上图藏本之缺,方便研究者检索和参考。

然。张香与文公同五世祖,皆出自惟甫公后也。南宋时,城山府君纬公,一名中立,官守淮安,始由婺迁宁郡泾川。是时,泾川或旧有朱氏亦未可知。而四六兴公、八一祺公则父子相继登宋进士,墓碑犹在望也,是亦足以征信于后人矣。

张香有旧谱,一修于天顺壬午,再修于嘉靖庚子。嘉靖时,会通阙里而联□其谱首凡十九世,若合符节,且其时秉笔者,敦请北涯游先生,即婺源名宿也。其族侄震,得以进士观政吏部,曾为文以序之,其详皆可考矣。旧谱,旦公后有旺公、兴公、荣公三派。旺公行四四,迁青阳;荣公行四八,迁花林一派,载入三代少四、少二,后未详焉。尝考核嘉靖谱修于迁徙六百年后,迄今又二百二十余年矣。文公有云,人家三世不修谱,则为不孝;谓世远年湮,即不能保其名分之不淆、真伪之易混也,谱之关系大矣哉。润常有志于是,曾于戊辰岁启族人而谋之,挠之者众,遂以中止。第自念,先大人迁居宛陵,目前已经四代,即余一身而下子若孙已有茫然于桑梓之乡者矣,而况于同族之人哉,有不相视、为途人者鲜矣。且花林与兴公同雁行,张香谱已间十一代未修,而花林则遥遥二十代未修矣。于不可已者而已焉,其忍乎哉。

张香族大齿繁,村居星散,向亦未有宗祠。岁时祭享会萃无所,风俗犹尚简朴。明季修谱后,振起科名,渐曾仕途宦迹,而久不与徽婺通往来,则以五岭崇峻,故聚会难也。自康熙三十六年张香始建宗祠,越十八年,而翰博方斋公以荣袭归,过访宗祠,出旧谱查核源流昭穆,印证不诬,乃进"紫阳正宗"匾额于叙伦之堂。自是五十年来,相继世好,真亲者无失其为亲矣。

近十年间,婺源族人约修瑰革二公宗谱,飞函时至。昨岁甲申,又有宗族世潆、肇槐、椿年诸君设局婺源,相招再四,张香祠众始约钦梓费,而束装至阙里。谒翰博雨亭宗台先生,乃知婺局思溯介公为统宗始祖,谓介公四传而有古训、古僚、古祝、古祐四公,诸派并传,将欲会通闽省以及各处同源者合修之。但派益繁而事益难以告成,故翰博雨亭亦不兴其事。

我宗祠诸族人曰,事已会聚,将仍前辙,以张香旧谱例而继增之,可乎?维时雨亭亦欣然首肯,而赞襄之同来张香宗祠。自略叙其前此未及者凡十代世系中,而冠以新序,此谱事所由成也。

查旧谱内,有异姓义养十余家,例不入载者,在当时已大费详慎,况兹二百余年中,又不知添却几许螟蛉矣。至于作恶逆者不书、归僧道不书、身入下流匪类者不书、积世欺祖者不书,悉遵谱例而不敢滥为招致。惟是螟蛉一条,邑中诸位巨姓家乘,多有另派附后者,是亦宽严并济之道,兹谱亦照是式,别之异同,原不相掩也。

花林谱未会而今同修,续于事更为完美,但旺公之后迁青阳者,前今俱未入谱,仍存其名,以俟后会可也。自今以往,谱系明而亲疏有辨,尊卑有序,由大宗以及小宗,元元本本,递传无穷,尊祖敬宗睦族之道,胥于此寓焉。已而,余亦快然于有志之竟成也。

是役起于乾隆甲申之秋,成于丙戌春仲,同局协修者若干人,并列名于前。润不揣固陋,妄为秉笔,爰述其始末,而谨跋于后。水源木本,孝子慈孙所鏖念也。诸宗人其共笃此义于勿替哉。

时 大清乾隆三十年岁次乙酉孟冬月朔日

宗祠内局职修谱事、茶院二十八世孙、张香二甲、邑廪生

润 薰沐书跋

2. 道光五年谱朱珔谱序

新修张香都朱氏支谱序

古图谱局掌以郎令史,盖氏族之法最重,其盛者史家凭作世系表。迨官籍失而私谱尤亟,顾瓜绵枝蔓,殊苦纠纷,大抵徵诸近则实求诸远,则诬他不具论。即我朱氏本曹姓而曹叔振铎之裔别为曹朱,出自邾或曰小邾。小邾亦邾嗣也,邾夷父,字颜,后遂为颜氏,则朱与颜通矣。小邾居郳,为郳氏,旋去邑为儿,又避仇改为倪,则朱与倪通矣。邾即邾娄国,而复为娄氏,汉初娄敬,高祖赐姓为刘,则朱与刘通矣。展转则缪孰得而董之。昔沈约自叙先世,不知聃季食采为沈子国,与沈姒蓐黄之沈不同,见讥于洪迈林宝作《元和姓纂》,而自姓不知所自来,亦为郑樵所嗤,故历代通儒述谱,必断自可知而无疑者。

朱之族望为沛国,为吴郡,厥后丹阳、钱塘、义阳、永城、太康各以望著,而渴烛浑、可朱浑,并改朱氏,称河南族者弗与焉。自徽国文公崛起,新安于是茶院一支独显。茶院越六世,拙翁府君迁泾之始祖也,传又十五世实

为我成叔公。泾族多萃处,然徙居不一,派繁衍,兼综极难。宗谱之成系前明嘉靖庚子尚无分歧,至本朝乾隆乙酉复修我分甲祖用铿公以下已不能合。未几,二房济源公暨我三房倏公、绂公胥有支谱浸寻,及今年适周甲而成叔公支谱乃克立。案文公谱上追茶院仅九世,成叔公逮珰之身盖十世。世数差似,然则谱断自公,固犹是文公之志也。呜呼,人之生非如空桑之荒诞也。水有原,木有本,乌可不笃。故凡谱之所以修者,一在尊祖、一在敦族。传言:"上治祖祢,尊尊也。"各尊其祖,而因共尊其远祖坟茔毋替,祭祀毋阙。且尊祖,即思尊祖之遗体,贻以令名,倘不厉言行、交非类是亵祖矣。唐柳批述家训书曰:"名门右族,莫不由祖考忠厚勤俭以成立之,莫不由子孙顽率奢傲以覆坠之。"三复斯语,悚惧滋切。若夫族之敦,未可挟私意交相责也,惟各尽而已。成叔公派现存丁男业已千二百有奇,逆而溯焉,则祗公一人,人知一人之分为千余人,而总千余人之本于一人。忿争豪夺由来者渐广。汉汝敦第一女子耳,乃能致田宅奴婢之让,岂鬓眉甘为巾帼笑? 苏老泉谓:"观于谱而孝弟之心可以油然生。"窃亦谓:"观于谱而忮竞之心可以涣然释。"珰不敏,承父老命从事衷辑,既讫功爰推此义序而弁其简。

大清道光五年太岁在旃蒙作噩仲冬月之上澣
成叔公十世孙、赐进士出身、诰授奉政大夫、日讲起居注官、右春坊右赞善、尚书房行走、前翰林院侍讲、国史馆总纂、教习庶吉士兼撰进拟文字
珰 谨撰

附录三:《七甲支谱》中多宗公后裔提供的自证"清白"的证据

1.明正统二年"寿生公分家单"

立分单

父朱寿生所生四子,长子膡宗、二子多宗、三子永宗、四子亨宗,凑父在之时,请凭亲族,将祖遗父分并已置田地山塘屋宇风水什物等项,逐一肥瘠

好反均匀搭作四股执业,所有税粮马草无分官民田地,均作四分输纳,其充当赋役应干差,使依分均出。自分之后,照单各执各业,毋得争论,日后并不得许恃强凌弱,越单混执,倚势强占。如有此情,乃不孝罪论。其田地坵亩条段土名开后。又讨伴仆姚有、姚铁,将前头山屋壹宅、山地肆亩,又横山坟一所,与姚有、姚铁子孙住种安葬,不许私卖。听我子孙永远四分使用,倘有不服用,罚银拾两公用。一样立此分单四纸,各执一纸,永远存照。

计开:

大片里田一亩四分,叶江口田七亩贰分,社城河边田贰亩四分叁厘,徐村田叁亩七分贰厘,共田拾四亩七分五厘。

——膡宗执

谢母坦田玖亩六分、姚村田贰亩四分四厘,共田拾四亩七分五厘。

——多宗执

剥路坎田六亩八分叁厘,张家冲田四亩六分,共田拾四亩七分五厘。

——永宗执

叶江口贰亩,剥路坎田五亩三分、黄仰桥田四亩,社城田四亩四分,共田拾四亩七分五厘。

——亨宗执

姚村地壹亩五分,松儿山地七分,共地壹亩九分。　　——膡宗执

张宗冲壹亩九分,共地壹亩九分。　　——多宗执

西山坞地壹亩贰分,黄山壹亩壹分,共地壹亩九分。　　——永宗执

张家冲壹亩四分,共地壹亩九分。　　——亨宗执

州沙岭田贰亩又地九分,又坟山八亩五分,四人均分。

又大片里田壹亩,与永宗迎年接土主。

双花园山壹亩五分,余石山山拾亩六分,共山拾叁亩四分。

——膡宗执

小深坑山八亩,虎头山山贰亩八分,共山拾叁亩四分。　　——多宗执

小凤山山壹亩五分,塘山山叁亩七分,横山山壹亩七分,共山拾叁亩四分。

——永宗执

针匠坑山拾亩五分,共山拾叁亩四分。　　——亨宗执

已上项分产业,倘有阴阳风水,四人均做无异。

正统二年三月初十日立分单
父:朱寿生,同男:膡宗、多宗、永宗、亨宗
凭侄:勝宗、礼宗
凭亲:胡正、管兴、俞泰、君昌
凭舅:汪添、洪仁

右为寿生公分单,四房各执一纸。麟麟炳炳,词严义正,确凿可凭。今日捧诵,宛如亲炙。永宗公世居华家冲,彬儿时,亲承武杯公指示,其地曰屋基里,且曰,国初罹祝融之厄,因而散居,一切笔墨,焚毁无存。想分单亦化为烟云矣。故今只存三纸。恐后去更有遗失,吉光片羽,欲睹维艰,故刊于谱首,俾墓下子孙,咸识先人之手泽,兼足以微考各分产业也。

道光六年立冬前十日
一彬 谨记

以上亩数不符,因年久字迹剥蚀,不敢妄改。

2.多宗公裔助大宗祠基地契

立助契人玉荣、华富嗣孙迪伦、钜岩

今始祖纬公派下建造宗祠,众卜身分祖居右边基地一业,计丈壹亩,东至烟店屋,西至墩墓界,北至本门地,西北角至横山地。又田三亩,计价纹银壹百六拾两,助出造祠。又本家缉公分店屋二进,木料基址风墙砖瓦并随屋基三块,计额壹亩,内钜下一半一并助入宗祠。日后一总勒石,镌名其业,听众建造输差,并无异言,立契存照。(烟下大树一株助入,又照烟笔,又地内树一株一并在内)

康熙三十八年四月二十六日
立契人迪郁、伦孝、钜团、岩、烟、锋、铉、辉

立收字二甲翼

今有七甲坎下玉荣、华福分所助祠堂基地文契一纸身,收执字照。

康熙三十八年七月十六日立收字翼(有押)

　　谨按我族大宗祠创建以来,一百二十八年,美仑美奂,堂皇大观。今日瞻仰,莫不心服,祖宗经营之善,犹窃喜历年司事者,兢兢业业,岁修不怠,规矩整肃,益加壮丽,是诚祖宗之灵,亦善继之道也。乾隆乙酉谱,载有宗祠记,铺叙浮文,并未及始基始创之由。兹因修谱于顺百公书箧内,查出昔年助契钞白并二甲翼公收字,始知我多宗公裔踊跃慷慨,一翻盛举,亟录刊谱,庶有考核焉。

道光六年立冬前五日
一彬　敬识

参考文献

一、历史文献

(一)家谱

1. 佚名修:《八甲朱氏庆榉一线谱》暨出生簿(记事至1922年),安徽泾县榔桥镇朱谱祚之女藏。

2. 佚名修:《二甲朱氏成荣公一线谱》(记事至1938年),安徽泾县榔桥镇朱小满藏。

3.〔清〕佚名修:《泾川朱氏一线谱》(记事至清咸丰元年),中山大学图书馆藏。

4.〔清〕佚名修:《张香都朱氏六甲支谱》(记事至清道光七年),安徽泾县榔桥镇朱小满藏。

5.〔明〕佚名修:《朱氏统宗世谱》(明嘉靖三十四年),上海图书馆(以下简称上图)藏。

6. 佚名修:《朱氏一线谱》(记事至1947年),上图藏。

7.〔清〕朱安尧等修:《泾川朱氏支谱》(清乾隆四十五年),上图藏。

8.〔清〕朱昌燕等修:《海宁朱氏宗谱》(清光绪十年),上图藏。

9. 朱承铎等修:《新安月潭朱氏族谱》(1931),上图藏。

10.〔清〕朱恩绥等修:《花园朱氏宗谱》(清刻本),上图藏。

11.〔清〕朱封等修:《紫阳朱氏武林派宗谱》(清嘉庆八年),上图藏。

12.〔明〕朱拱辰修:《朱氏统宗谱》(明崇祯四年),上图藏。

13.〔清〕朱珛等修:《张香都朱氏支谱》(清道光五年),上图藏。

14.〔明〕朱爵、游北涯等修:《泾川朱氏宗谱》(明嘉靖十九年),南京图书馆(以下简称南图)藏。

15.〔清〕朱宁成、朱武考等修:《泾川朱氏支谱》(清乾隆三十九年),南图藏。

16.〔清〕朱润、朱世润等修:《泾川朱氏宗谱》(清乾隆三十年),河北大学图书馆(以下简称河大图)藏。

17.〔清〕朱润、朱世润等修:《泾川朱氏宗谱》(清乾隆三十年),上图藏。

18.〔清〕朱世熊等修:《朱氏正宗谱》(清乾隆三十四年),上图藏。

19.〔清〕朱寿均等修:《白苎派朱氏宗谱》(清光绪十三年),上图藏。

20.〔清〕朱武江等修:《泾川朱氏支谱》(清乾隆四十四年),河大图藏。

21.(民)朱秀芝等修:《紫阳龙潭朱氏宗谱》(1917),上图藏。

22.〔清〕朱一彬等修:《张香都七甲朱氏支谱》(清道光六年),上图藏。

23.〔清〕朱彝等修:《张香都朱氏续修支谱》(清光绪三十二年),上图藏。

24.〔清〕朱益高等修:《泾川朱氏支谱》(清光绪二十八年),中国社科院历史所藏。

(二)地方史志资料

1.安徽泾县地方志编纂委员会编:《泾川佳境》,内部资料,1987年。

2.安徽泾县地方志编纂委员会编:《泾县史志资料选编》(一、二),内部资料,1987年。

3.安徽泾县地方志编纂委员会编:《泾县志讯》,1985、1986年合订本。

4.安徽泾县文化局编:《泾县文化志》,内部资料,1987年。

5.安徽泾县文化局编:《泾县文物志》,内部资料,1986年。

6.安徽泾县政协编:《泾县文史资料选辑》(一、二、三),内部资料,1985、1986、1988年。

7.〔清〕常明、杨芳灿等修纂:《四川通志》(清嘉庆二十年),巴蜀书社,1984年。

8.葛兆铣主编:《泾县古民居录》,香港飞天图书有限公司,2002年。

9.〔清〕何应松、方崇鼎等修撰:《休宁县志》(清道光三年),《中国地方志集成·安徽府县志辑52》,江苏古籍出版社,1998年。

10.〔清〕李德淦、洪亮吉等修纂:《泾县志》(清嘉庆十一年),黄山书社,2008年。

11.〔明〕李默等修纂:《宁国府志》(明嘉靖十五年),上海书店据天一阁明嘉靖刻本影印,1962年。

12.李则纲:《安徽历史述要》,内部资料,1982年。

13.〔清〕刘良璧等修:《重修福建台湾府志》(清乾隆七年),台湾大通书局,1983年。

14.〔清〕鲁铨、洪亮吉等修纂:《宁国府志》(清嘉庆二十年),黄山书社,2007年。

15.〔清〕钱人麟等修纂:《泾县志》(清乾隆二十年),上图藏。

16.〔明〕丘时庸、王廷干等修纂:《泾县志》(明嘉靖三十年),上海书店据天一阁藏本影印,1989年。

17.〔清〕阮文藻等修纂:《泾县续志》(清道光五年),《中国地方志集成·安徽府县志辑46》,江苏古籍出版社,1998年。

18.〔清〕沈葆桢等修纂:《重修安徽通志》(清光绪七年),上海古籍出版社影印,1995年。

19.〔清〕陶澍等修纂:《安徽通志》(清道光十年),上图藏。

20.汪渭主编:《泾县志》,方志出版社,1996年。

21.吴培基主编:《泾县民间故事》,内部资料,2004年。

22.〔清〕习全史等修纂:《泾县志》(清顺治十三年),南图藏。

(三)其他

1.〔明〕戴廷明、程尚宽等撰:《新安名族志》,黄山书社,2004年。

2.上海交大档案馆藏:档号L82-487:《交大毕业生名册》(1947)。

3.〔汉〕司马迁:《史记》,中华书局,1999年。

4.〔明〕宋濂等撰:《元史》,中华书局,1999年。

5.〔清〕陶澍:《陶澍全集》,岳麓书社,2010年。

6.〔元〕脱脱等撰:《宋史》,中华书局,1999年。

7.〔清〕张廷玉等:《明史》,中华书局,1999年。

8.〔清〕朱琦:《小万卷斋文稿》(清光绪十一年),上图藏。

二、研究著作

1. 曹树基:《中国移民史》(第5卷),福建人民出版社,1997年。

2. 常建华:《中国文化通志·宗族志》,上海人民出版社,1998年。

3. 陈支平:《近五百年来福建的宗族社会与文化》,上海三联书店,1991年。

4.《传统中国研究集刊》第5辑,上海人民出版社,2008年。

5.《德意志意识形态》,《马克思恩格斯选集》(第一卷),人民出版社,1972年。

6. [美]杜赞奇:《文化、权力与国家——1900—1942年的华北农村》,王福明译,江苏人民出版社,1996年。

7. [日]多贺秋五郎:《宗谱之研究》,周芳玲、阎明广编译,中国社会出版社,2008年。

8. 费孝通:《乡土中国》,上海人民出版社,2006年。

9. 冯尔康:《清代史料学》,台湾商务印书馆股份有限公司,1993年。

10. [法]福柯:《权力的眼睛——福柯访谈录》,严锋译,上海人民出版社,1997年。

11. [法]福柯:《知识考古学》,谢强等译,生活·读书·新知三联书店,1998年。

12. 国家档案局二处、南开大学、中国社会科学院等编:《中国家谱综合目录》,中华书局,1997年。

13. [美]海登·怀特:《后现代历史叙事学》,陈永国等译,中国社会科学出版社,2003年。

14. 华东师范大学古籍所编:《朱子全书》,上海古籍出版社、安徽教育出版社,2002年。

15. 黄仁宇:《十六世纪中国明代的财政与税收》,生活·读书·新知三联书店,2001年。

16. [美]吉尔兹:《地方性知识:阐释人类学论文集》,王海龙、张家瑄译,中央编译出版社,2000 年。

17. 金观涛:《历史的巨镜》,法律出版社,2015 年。

18. [日]井上彻:《中国的宗族与国家礼制》,钱杭译,钱圣音校,上海书店出版社,2008 年。

19. (香港)科大卫:《皇帝和祖宗——华南的国家与宗族》,卜永坚译,凤凰出版传媒集团、江苏人民出版社,2009 年。

20. [日]濑川昌久:《族谱:华南汉族的宗族·风水·移居》,钱杭译,上海书店出版社,1999 年。

21. [英]理查德·艾文斯:《捍卫历史》,张仲民、潘玮琳、章可译,广西师范大学出版社,2009 年。

22. 梁启超著、朱维铮校注:《梁启超论清学史二种》,复旦大学出版社,1985 年。

23. 廖庆六:《族谱文献学》,南天书局,1993 年。

24. 林耀华:《金翼》,生活·读书·新知三联书店,1999 年。

25. 刘志伟:《在国家与社会之间——明清广东地区里甲赋役制度与乡村社会》,中国人民大学出版社,2010 年。

26. 罗香林:《客家研究导论》,上海文艺出版社影印本,1992 年。

27. Maurice Freedman, *Chinese Lineage and Society*:*Fukien and Kwangtung*,University of London:The Athlone Press,1966。

28. 马建石主编:《大清律例通考校注》,中国政法大学出版社,1992 年。

29. [英]莫里斯·弗利德曼:《中国东南的宗族组织》,刘晓春译、王铭铭校,上海人民出版社,2000 年。

30. 潘乃穆等编:《潘光旦文集》,北京大学出版社,2000 年。

31. 钱杭:《库域型水利社会史研究——萧山湘湖水利集团的兴与衰》,上海人民出版社,2009 年。

32. 钱杭、谢维扬:《传统与转型:江西泰和农村宗族形态——一项社会人类学的研究》,上海社会科学院出版社,1994 年。

33. 钱杭:《血缘与地缘之间:中国历史上的联宗与联宗组织》,上海社会科学院出版社,2001年。

34. 钱杭:《中国宗族史研究入门》,复旦大学出版社,2009年。

35. 钱杭:《宗族的世系学研究》,复旦大学出版社,2011年。

36. 钱穆:《中国近三百年学术史》,商务印书馆,1997年。

37. [美]塞缪尔·亨廷顿:《文明的冲突与世界秩序的重建》,周琪等译,新华出版社,2010年。

38. 上海图书馆等编:《中国家谱总目》,上海古籍出版社,2009年。

39.《社会生活的历史学:中国社会史研究新探》,北京师范大学出版社,2004年。

40. 束景南编:《朱熹佚文辑考》,江苏古籍出版社,1991年。

41. 唐力行:《徽州宗族社会》,安徽人民出版社,2005年。

42. 王鹤鸣等编:《中华谱牒研究》,上海科学技术出版社,2000年。

43. 王鹤鸣:《中国家谱通论》,上海古籍出版社,2010年。

44. 王鹤鸣主编:《中华家谱研究》,上海科学技术文献出版社,2000年。

45. 王家范:《中国历史通论》,华东师范大学出版社,2000年。

46. 王懋竑编:《朱熹年谱》,中华书局,1998年。

47. 王铭铭:《社会人类学与中国研究》,生活·读书·新知三联书店,1997年。

48. 王铁:《中国东南的宗族与宗谱》,汉语大词典出版社,2002年。

49. 王亚新、梁治平编:《明清时期的民事审判与民间契约》,法律出版社,1998年。

50. 行龙:《从社会史到区域社会史》,人民出版社,2008年。

51. 徐建华:《中国的家谱》,百花文艺出版社,2010年。

52. 杨念群:《中层理论——东西方思想会通下的中国史研究》,江西教育出版社,2001年。

54. [美]约瑟夫·奈:《硬权力与软权力》,门洪华译,北京大学出版社,2005年。

55. 张仲礼:《中国绅士——关于其在19世纪中国社会中作用的研究》,李荣昌译,上海社会科学院出版社,1991年。

56. 赵世瑜：《小历史与大历史：区域社会史的理念、方法与实践》，生活·读书·新知三联书店，2006 年。

57.《中国谱牒研究》，上海古籍出版社，1999 年。

三、研究论文

1. 卞利：《明代徽州谱牒的纂修、管理及其家国互动关系研究》，《江海学刊》2010 年第 1 期。

2. 曹天生辑：《安徽泾县丁家桥丁姓宗祠碑记》，《历史档案》2000 年第 2 期。

3. 常建华：《二十世纪的中国宗族研究》，《历史研究》1999 年第 5 期。

4. 常建华：《中国族谱学研究的最新进展》，《河北学刊》2009 年第 11 期。

5. 陈瑞：《明代徽州家谱的编修及其内容与体例的发展》，《安徽史学》2000 年第 4 期。

6. 陈瑞：《明清时期徽州家谱的控制功能》，《安徽大学学报》（哲社版）2007 年第 1 期。

7. 胡鸿保、定宜庄：《虚构与真实之间：就宗族和族群认同问题与〈福建家谱〉作者商榷》，《中南民族学院学报》（人社版）2001 年第 1 期。

8. 胡键：《软实力研究在中国：一个概念演进史的考察》，《国际观察》2018 年第 6 期。

9. 靳扬扬：《朱玙考论》，苏州大学硕士论文，2009 年。

10. 李晓方：《县志编纂与地方社会：明清〈瑞金县志〉研究》，华东师范大学博士论文，2011 年。

11. 刘晓春：《家谱、历史、权力》，《读书》2001 年第 7 期。

12. 刘志伟：《清代广东地区图甲制中的"总户"与"子户"》，《中国社会经济史研究》1991 年第 2 期。

13. 刘志伟：《历史叙述与社会事实——珠江三角洲族谱的历史解释》，《东吴历史学报》2005 年第 14 期。

14. 刘志伟：《明清珠江三角洲地区里甲制中"户"的衍变》，《中山大学学报》1988 年第 3 期。

15. 刘志伟:《祖先谱系的重构及其意义——珠江三角洲一个宗族的分析意义》,《中国社会经济研究史》1992 年第 4 期。

16. 栾显成:《明清徽州宗族的异姓承继》,《历史研究》2005 年第 3 期。

17. 钱杭:《帝系:传说时代的世系观念及其表达方式》,《天津社会科学》2010 年第 2 期。

18. 钱杭:《共同体理论视野下的湘湖水利集团——兼论"库域型"水利社会》,《中国社会科学》2008 年第 2 期。

19. 钱杭:《"烈士"形象的建构过程——明清萧山湘湖史上的"何御史父子事件"》,《中国史研究》2006 年 11 月号。

20. 钱杭:《莫里斯·弗利德曼与〈中国东南部的宗族组织〉》,《史林》2000 年第 3 期。

21. 钱杭:《莫里斯·弗利德曼与〈中国宗族与社会〉》,《史林》1999 年第 3 期。

22. 钱杭:《世系观念的起源及两种世系原则》,《华东师范大学学报》2010 年第 1 期。

23. 钱杭:《真实与虚构之间的历史授权——萧山湘湖史上的〈英宗敕谕〉》,《史林》2004 年第 6 期。

24. 钱杭:《中国古代世系学研究》,《历史研究》2001 年第 6 期。

25. 钱杭:《宗族建构过程中的血缘与世系》,《历史研究》2009 年第 4 期。

26. 钱杭:《"族"与"前宗族时代"——兼论"宗族"概念的二元结构》,《上海师范大学学报》2009 年第 5 期。

27. 沈菊芳:《明清徽州坟山、祀田及其纠纷研究》,华东政法大学硕士论文,2008 年。

28. 谈家胜:《近二十年徽州家谱文献研究的学术审思》,《安徽大学学报》2009 年第 6 期。

29. 谭其骧:《中国内地移民史——湖南篇》,《史学年报》1932 年第 1 卷第 4 期。

30. 唐力行:《徽商在上海市镇的迁徙与定居活动》,《史林》2002 年第

1 期。

31. 唐力行:《徽州宗族研究概述》,《安徽史学》2003 年第 2 期。

32. 唐力行:《"千丁之族,未尝散处";动乱与徽州宗族记忆系统的重建——以徽州绩溪县宅坦村为个案的研究》,《史林》2007 年第 2 期。

33. 王利亚:《海内外对中国族谱的开发和研究》,《晋阳学刊》2003 年第 2 期。

34. 王振忠:《一部徽州族谱的社会文化解读——〈绩溪庙子山王氏谱〉研究》,《社会科学战线》2001 年第 3 期。

35. 吴长庚、赵火金:《铅山〈石岩朱氏家谱〉述略》,《上饶师专学报》1992 年 4 月号。

36. 武新立:《中国的家谱及其学术价值》,《历史研究》1989 年第 6 期。

37. 熊远报:《多贺秋五郎的中国宗谱问题研究》,《中国社会经济史研究》1994 年第 4 期。

38. 徐彬:《历史意识与历史编撰理论对明清徽州家谱的影响》,《安徽史学》2010 年第 3 期。

39. 翟屯建;《徽州私撰家谱与公修族谱的差异》,《安徽史学》2006 年第 6 期。

40. 翟屯建:《新安朱氏与朱熹》,《安徽史学》1996 年第 4 期。

41. 张侃:《编撰族谱与晚清乡村知识分子的地方文化实践——基于闽西培田〈吴氏族谱〉的分析》,《寻根》2008 年第 3 期。

42. 张小也:《从"自理"到"宪律":对清代"民法"与"民事诉讼"的考察——以〈刑案汇览〉中的坟山争讼为中心》,《学术月刊》2006 年第 8 期。

43. 张小也:《清代的坟山争讼——以徐士林〈守皖谳词〉为中心》,《清华大学学报(哲社版)》2006 年第 4 期。

44. 张小也:《历史人类学:如何走得更远》,《清华大学学报》2010 年第 1 期。

45. 赵富华:《〈新安月潭朱氏族谱〉卷一非朱熹佚文考——与〈朱子文集〉辑录者商榷》,《安徽大学学报(哲社版)》2007 年第 2 期。

46. 赵世瑜:《传说·历史·历史记忆——从 20 世纪的新史学到后现代史》,《中国社会科学》2003 年第 2 期。

47. 赵世瑜:《后现代史学:匆匆过客还是余音绕梁》,《学术研究》2008年第 3 期。

48. 郑振满:《明清福建的里甲户籍与宗族组织》,《中国社会经济史研究》1989 年第 2 期。